滄海拾筆

追憶侍從蔣介石的特勤生涯

張毓中 著

毛序

張毓中兄的名字，我早在抗戰初期，就常聽外子毛森先生談起，但卻要等到十年以後，到了台灣才真正見到他。我國八年抗戰雖獲勝利，國共戰事反節節失利，以致上海地區的國軍，不得不進行戰略性的大撤退，移師舟山及台灣，上海警察局同仁亦隨軍撤抵台灣。臨離上海之際，外子是上海警察總局局長，毓中兄是隸屬總局的分局長之一。在台灣的初次相見，與毓中兄一起同來的還有夫人吳宛中女士，以及他們的女公子張棠和公子張海、張溪。

外子與毓中兄，本是浙江省警官學校正科二期的同學，畢業後，同被選入杭州「甲種特警訓練班」受訓，結業後再同被遴選至南京續訓，所以關係和感情，特別深厚。但他們自民國二十二年二月，南京續訓結束分發工作以後，就各奔前程，各為自己的任務去盡職及奮鬥，而沒有連繫。僅依仗偶然的機會相遇，和輾轉經由其他同學同事，互告一些近況或消息而已。

此一時期，我國家正遭受日寇侵略，他們出動了強大的兵力和先進的武器，向我步步進逼，必欲亡我而後甘心，當此國家民族生死存亡關頭，幸仗我英明領袖蔣委員長的呼籲號召，全國軍民，均能奮發而起，一體投入全面抗日的陣營中。此時，毓中兄被派在蔣委員長侍從室，從事護衛最高領袖安全的工作，外子則投入了前線殺敵的籌備工作，旋即開始進行出生入死、艱險萬狀，與敵作殊死戰的搏鬥。

毓中兄的這部回憶錄，承張棠姪女的信賴，我有幸先睹為快。毓中兄文筆流暢，描述細緻動人，娓娓道來，鉅細無遺。他的記憶力驚人，令我非常佩服，他不但能記述到這麼多與事件有關的人名和地址（這是必須靠他自己的記憶，或者他自己留有文字紀錄），他連年、月、日都能清楚交待（這雖然說可以外查資料，但也是須要很有系統，並花費時間和精力去做的）！

記得早在十多年前，一次我回台灣時去探望毓中兄，閒談中他說，近年來在整理資料撰寫回憶錄，然後他從書房裏抱出一堆卷宗來給我看，告訴我這是他收集的部分資料，還給我看許多他自己拍攝的照片，並說：「但從目前來看，何時可以發表，卻還需要考慮，因為有些內情，只怕事涉機密，不宜隨便外洩。」由此可見毓中兄對於撰寫回憶錄一事，十分用心，也非常慎重。

毓中兄記述的內容，範圍很廣泛，不單是他個人所經歷的往事，也旁及當時國內外及社會上發生的大事，對於所述事件，都有詳盡和精彩的敘述。在他的字裏行間，屢屢流露出他始終如一，只為領袖的安全著想，對於他自身的名利得失，從不計較，此種「忠」與「誠」的精神，實在令人欽敬！似毓中兄這等一片赤誠、公忠體國的情操，好像只有在我們那種艱辛困頓的年代裏才會出現，如今恐怕是不容易見到的了。毓中兄的回憶錄，是由這樣一位忠勤幹練、誠信待人、在蔣總統身邊服務了二十多年的老侍衛官所寫下的歲月鴻爪，確是值得信賴和值得作為民國百年來的史實參考的。

此次毓中兄的遺著能夠順利出版，張夫人吳宛中女士實是費了不少心力加以整理和修輯，女公子張棠更付出大量公餘時間來重編、校對和修飾，並多方奔走、接洽，才完成了此一大工程。她的一片孝心，堪以告慰毓中兄於泉下了。

但是，最可惜的事，乃是張夫人宛中女士，竟等不及毓中兄這部遺著的面世，已在前年仙逝了。毓中兄在許多篇幅中，對這位六十多年來共患難、同歡樂的愛妻，所作的情意綿綿的敘述，已不再有人會甜蜜地凝望著那些字句來欣賞和出神了……

毛胡德珍　二〇〇八年三月於美國加州

成露茜序

二〇〇四年暑假，我去了一趟洛杉磯，正巧碰上台灣大學一群商學院的校友替他們的會計老師李兆萱教授慶祝百歲生日，席開幾十桌，十分熱鬧。同桌一位學妹張棠很客氣的問我，他不久前去世的父親留下一部回憶錄，不知《傳記文學》有無興趣出版？之後《傳記文學》雜誌自第五〇九期（二〇〇四年十月）至五二一期（二〇〇五年十月）先行連載，又數年經張女士反覆核對補充，這就是本書《滄海拾筆》的來龍去脈。

世界各國元首都有專人負責他們的安危，中國自然也不例外。舉凡郵件檢查、先遣、食物偵測，乃至貼身防衛，無所不包。一點疏失、一絲猶疑、一個錯誤的判斷，都可能導致元首受害喪生，造成國家危機。這些專責的人，曾以許多不同的名稱出現，如保鑣、特警、護衛、侍從、隨扈等，雖然總是在元首左右，但又像隱形人般，難以分辨。正因為他們最能接近元首，不僅是敵對者處心積慮滲透策反的對象，也是政治權力鬥爭中重要的一個據點。

民國以來擔任國家元首最長的蔣中正先生有過多少侍從？我不得而知。但寫過回憶錄的至少有張令澳、陳賡、賀耀組、段伯宇、俞濟時、唐縱、翁元等，其中多以爆料為主。《滄海拾筆》作者張毓中先生卻是平直細膩的紀錄了他自己從一個鄉下孩子，歷經種種磨練與機緣，入選為領袖侍從的過程，以及在這個職位上的工作、觀察和體會。讀者看到的是一個愛國的熱血青年，把救亡復興的希望寄託給領袖，以保護他為自己一生最大的榮譽。這樣的心情和抉擇，必然與他對領袖個人的認識有著難以拆解的因果關係。讀者不必得認同張先生的觀察和分析，回憶錄的可貴在於流露當事人的真實感受，這一點作者沒有讓我們失望。

感謝張棠女士將他父親遺留的回憶錄整理並交由《傳記文學》出版，讓我們對一向充滿了神秘色彩的侍從工作多了不少認識，有助於填補民國史研究的這個缺口。

CONTENTS 目錄

CONTENTS 目錄

CONTENTS 目錄

第一章　家世與童年

家世

我於民國前一年（一九一〇）閏六月初十，生於浙江省永嘉縣竹林鄉學詩村。學詩村原名湧沙墩，位於浙江省甌江下游北岸，在溫溪上方，離溫州灣約兩百華里，是個名不見經傳的小村。「湧沙墩」，顧名思義是甌江上游沖來的沙石，積年累月，堆積而成的一個大沙墩，後來被窮苦人家闢為家園。到了清末民初，湧沙墩已發展成為一個一百多戶、四百多人的小村莊，湧沙墩的名字也在此時被改為文雅好聽的「學詩村」。

在我出生時，學詩村是鄰近村落中發展得最好、最快的村落，村民分別從事撐船、經商、種田、做工、幫傭等工作，遠赴外地，到法國、荷蘭、德國、義大利等處謀生的村民，為數亦眾多。

我父諱作美，祖籍浙江永嘉縣永強鎮。張姓是永強鎮大族，據說是明丞相張璁後裔。家祖在太平天國戰亂時，拋家棄園，向外逃亡，與家人失散，他帶著三個幼小的子女，到湧沙墩安命落戶。誰知逃到湧沙墩不久，他和幼子就相繼去世，只剩下我父親與他姐姐相依為命，後來姑母嫁到竹頭村陳家，我父親就孤苦零丁，孑然一身了。父親幼年，替人牧牛、做工，到十八、九歲時，幫傭似的拿些微薄薪酬，為人撐船。他為人忠厚老實，勤勞刻苦，深得雇主信任，沒幾年，他就用省吃儉用、辛苦積存的儲蓄，買了一條破得漏水的蚱蜢船，經營起南北雜貨的生意。所謂的「蚱蜢舟」，船形狹長，貌似蚱蜢，長十多公尺，底平，頭尖尾窄，腹部寬大，船身中央有「倒U」形的竹編篷帳，篷帳可以拿開，也可以蓋起來避雨遮日。

甌江水域的地形非常奇特，自溫州出海口到溫溪水位較深，而自溫溪上溯至青田、麗水、松陽、龍泉各地，大都是淺水和急灘，蚱蜢船就是為了應付這種特有的地理景觀，應運而生的交通工具。船上備有槳、篙、竹索和桅帆，行船時，深水用槳，淺水用篙，遇風用桅帆，急灘用竹索。竹索是用竹片編織而成的繩索，遇到急灘時，由數人合力，到岸上去用繩索強拉蓬船過灘。撐舴艋船的工作不但辛苦，也很危險。甌江上游冬天非常寒冷，然夏秋之際，颱風肆虐，豪雨成災，江水暴漲氾濫，蚱蜢船無法上行，而下航則狂流急湍，疾行快駛，十分危險，尤其遇到江中漩渦，往往會送命喪生。所以撐蚱蜢船的人必須年輕力壯，刻苦耐寒，深諳水性，既有嫻熟的撐船技巧，又有冒險犯難的精神。

▶我的母親（一九七三年）。

甌江是浙江的重要水道，在公路尚未開闢的時代，蚱蜢船是溫州北到麗水府各縣鎮，載人運貨的重要運輸工具。船夫與船東得地利之便，發展空間大，收入比一般行業高，靠撐船而獲厚利者，大有人在。父親身體好，識水性，誠實勤勞，有人緣，進取心強，生意越做越好，他三十歲左右和我母親尹美蘭女士結婚，母親是農家女，婚後育我大哥學善，大姐金鳳，二姐翠鳳，三妹金翠，小弟毓華和我等六個子女，我在家中排行第四。大哥學善長我九歲，他長大後，輔助父親，作船東兼船夫，經營運輸和雜貨生意，有了大哥作幫手，父親的事業格外順暢，到我出生時，家中已蓋了洋房，買了相當多的田地，又在永嘉縣城西郊開了一家木炭行，這時我家已是鄉中的小康之家了。

五小

民國初年，中國的教育水準尚未普及，鄉下文盲率非常高，我父母親和姐妹都不識字，大哥粗識文字，可

▶張氏三兄弟：毓華（左起）、學善、毓中（一九三五年）。

以幫父親作生意記帳。我八歲啟蒙，進私塾讀《千家詩》、《大學》、《中庸》等書，父親要我讀書，也無非是要我記帳和寫信而已。在私塾，我古書背得爛熟，但意義卻不明白，後來松陽一位父執輩叔叔，一再勸我父親送我去新式學堂就讀，那時家鄉無小學，父親只有送我去「縣立第五高等小學」（五小）就讀。

五小離我村七十華里，在姑溪八里鄉，是一所創辦不久的新式學堂，學生一律住校，分「一、二、三」三班，共有學生四十餘人，都是來自鄰近各鄉鎮的農村子弟。學校有六位受過新式教育的資深教員，他們用著近乎隱士式、有教無類的教學方法，教導我們這群程度參差不齊、年齡大小不一的學子。五小的校址，原是香火清淡的寺廟「寶台寺」，校舍非常簡陋，但教室宿舍是新建的，光線足、空氣好，操場很大，校前溪水涓涓，林木蔥籠，野花環繞，實在是一個求學讀書的好所在。

我是民國十三年（一九二四）夏，虛歲十四歲時進五小就讀。剛去時，程度極差，英文、數學、史地都一竅不通。記得第一次上國文課，老師出「為什麼要讀書」的作文題目，我竟茫然不知如何下筆，一時羞愧難當，無地自容，悶悶不樂，極為自卑，很不喜歡上學。幸得師長的愛護及同學的關心，使我很快的適應了新環境。

在五小，我特別喜歡學校的圖書館。圖書館訂有《兒童世界》、《少年》等雜誌，以及一些淺易有趣的書刊，這些書本雜誌一律陳列在書架上，供學生自由閱讀，我偶然去了一次，就產生了濃厚的興趣，以後只要有空，我總會逗留在圖書館中，遍覽群書。

我因入學晚，年齡較大，領悟力較高，在學科方面，進步快速，使師長們大為吃驚；就連從未接觸過的足球和木棍球，也因我很快的成為足球健將和木棍球球手，而贏得了同學們一致的敬愛。我的自卑感也就慢慢地消失了，我對讀書的興趣越來越濃厚。三年的時間轉瞬就到，畢業時，我名列第二，父親很高興，主動的鼓勵我去溫州縣城投考中學。

▶一九二七年高等小學畢業時。

十中

那時舊溫州府所屬的永嘉、瑞安、平陽、樂清、泰順、玉環等六縣，僅永嘉縣辦有「省立第十中學」（十中）和「私立藝文中學」兩所中學。藝文中學是教會所辦，後改為甌海中學。十中是歷史悠久、遠近遐邇的公立學校，每年僅收學生八十名，能考上十中，非常不容易，如能榜上有名，就有如龍門一登，身價百倍。

與我同在五小畢業的同學有程宗寬、程宗衡（溫溪人）、尹志涵、尹志和（尹山頭人）四人。當時藝文中學錄取名額較多，比十中早幾天招考，我們五人自認程度不高明，當然先去報考藝文再報考十中，幸好放榜出來，我們五人全都考上藝文。及至十中放榜，八十名正取生中居然有我、尹志和與程宗寬三人，真是喜出望外，大爆冷門，替我五小大大的爭了一口氣，五小也因破天荒有三名學生同時考上十中，而揚名溫州六縣。

從湧沙墩到永嘉縣城九十華里，比到寶臺寺多二十華里，但天天有航船可通，我父親在永嘉縣城有事業，認識的朋友多，使我讀書很方便。

十中校址大，坐落在城區中心，學校教室、寢室、自修室、飯廳、圖書館都是一層或兩層樓的洋房，款式新穎，門窗寬大，光線充足，空氣流通，桌椅、床鋪、燈光等設備良好，飲食衛生都很有水準，學生生活之舒適，遠遠超過當時的一般家庭。除普通教室外，十中還設理化、史地、生物、圖畫等專用教室，學生上課時理論與實用並重。學生大都住校，學校對品德、生活和體育活動同樣重視，對行為不端、生活不檢點、學科不及格的學生，絕不姑息，因此學生人人循規蹈矩，個個努力用功。

十中校風優良，薪傳永延，造就出許許多多卓越的人才，無論在政治、軍事、教育、學術上，因有特殊成就與貢獻，而揚名於海內外的校友，人數眾多，不勝枚舉。我三生有幸，躋身門牆，豈能不兢兢業業，全力以赴。

▶一九三〇年溫州第十中學畢業時。

遠去杭州

在我讀五小、十中的時期，正是國家政軍情勢變動最大、社會變遷最多的大時代，也恰逢睡獅覺醒，革命浪潮風起雲湧的時代，加上五小、十中兩校都有愛國狂熱的老師，不斷的呼籲國人，不分老幼，一起投入革命的洪爐，為國家、為人民貢獻心力。我雖出自民風閉塞的鄉下，但在接觸到新思潮以後，馬上激發了我的愛國情操，我十五歲在五小讀三年級時，就暗中和黃埔軍校招生人員接觸，自願投考軍校報效國家，但因年齡太小而被婉拒。

民國十七年五月三日，日軍在濟南向我駐軍挑釁，引起衝突，擊傷及殺害我軍民，並開機關槍、大砲示威，企圖阻撓革命軍北伐，這就是歷史上令人痛心的「濟南五三慘案」。消息傳來，全國軍民無不義憤填膺，引以為恥，奮起抗日和抵制日貨。溫州各界熱烈響應，十中學生愛國不落人後，立即採取反日和抵制日貨的實際行動，我被推為學生代表，參加各項活動，這些運動增長了我的政治意識，並改變了我對人生的看法。

我於民國十九年夏，虛歲二十歲時畢業於十中，畢業後想去浙江首府杭州讀書，我和五小同學尹志和、尹志涵、程宗衡三人商量，大家有志一同，一致認為有志青年應該到杭州去闖天下。

就費用來說，應該不成問題，家家都能負擔。至於要徵得家長的同意，我的問題最大，因我父親比較固執，對子女管教嚴格，我貿然要去杭州求學，他必定不肯，我為此忐忑不安、心神難寧。經過理智與感情的再三掙扎，我終於決定「移孝作忠」，準備瞞著父親，在畢業典禮後，逕由溫州乘招商局海輪直航上海，再從上海轉滬杭甬鐵路去杭州。

出走的主意雖然打定，但身上祇有零用錢，去杭州的大筆旅費將如何籌措？我馬上想到了西角外大街上的溢源行老闆葉叔叔。葉叔叔是我父親最好的朋友，他說我誠實、正直、有禮貌，對我一向愛護有加，我在十中讀書的學費和生活費用全是向他拿的，不論錢數多少，祇要我開口，他從無難色。

我特別到葉叔叔的店裡去，把去杭州讀書的計劃坦誠相告，並向他借一百元大洋，葉叔叔毫不遲疑的把錢如數給我，還懇切的對我說：「我知道你是有志青年，到杭州求學是對的，杭州是我省省會，生活費用一定比溫州高，要用錢，隨時寫信或打電報給我，出門在外一切要自己留心。」一百大洋在民國初年，是很大的一筆數字，葉叔叔居然連收據也不要，也沒問我父親知不知情，葉叔叔對我如此信任，如此溫情，我終生感謝。

旅費和生活費用的難題解決了，我懷著興奮、忙亂和惘然等等複雜的心情，上了招商局的海晏輪船，就在我登上船頭甲板，瀏覽江中風光的一剎那間，我忽然想到了我的父親。這次杭州之行會不會太唐突了？我的不辭而別，父親知道以後，會不會火冒三丈，大為震怒？想到這裡，我不寒而慄，幾乎動搖了去杭州的決心和勇氣。等冷靜下來，我決定回艙寫信稟報父親，把我的雄心大志，以及從小因懾於父親的威嚴，而不敢事先稟報等的種種苦衷一一相告，並懇請他的諒解。寫完信，看看時間，離開船還有一、二個小時，我就匆匆上岸，把寫好的信交給葉叔叔，請他派人送交我父親，並拜託葉叔叔為我美言。

想不到父親的回信很快地就到了杭州。收到來信，我緊張得呼吸都停止了，我雙手顫抖，焦急不安的拆開父親的來信，心中千迴百轉，惶恐難安，父親會大發雷霆嗎？會罵我不告而別嗎？會痛斥我的不孝嗎？

萬萬沒有想到，事情完全出人意料之外，父親不但沒有震怒，還稱讚我的膽識和勇氣，要我安心上進……，信還沒看完，我已感動得流下了眼淚。

以我家當時的情況，大哥遠去歐洲，在法國、芬蘭等國經商五年，父親年屆花甲，身體欠佳，家中實在需要我回去幫忙接棒。看完父親的信，我這才體會出父親當年送我去五小讀書的苦心。我父自小孤苦零丁，飽受貧窮艱辛，他以過人的努力，吃盡了千辛萬苦，終能白手成家，在他辛苦奮鬥的過程中，一定因目不識丁，而遭受過許多難言的苦痛，也正因如此，他見我擅作主張，跑去杭州求學，不但不生氣，反而感到欣慰。

溫州青年在杭州

我們四人到了上海以後，不想浪費金錢，就馬不停蹄地趕到火車北站，轉搭滬杭甬鐵路去杭州。

「天不怕地不怕，最怕溫州人說官話」，一離開溫州，我們馬上發現溫州土話，外地人聽不懂。幸虧十中和藝文的老師外地人很多，他們用普通話講課，我們因此聽得懂普通話，也能講生硬的普通話。杭州受到南宋建都的影響，言語是近於京音的普通話，比較容易懂，所以杭州話雖不同於溫州話，卻沒有給我們帶來太多的困擾。

我們順利的找到火車站附近的青年旅館，住了下來。這是我生平第一次離家出遠門，第一次走過十里洋場的上海，第一次乘坐擁擠而快速的火車，劉佬佬進大觀園，樣樣好看，事事新鮮，興奮得忘卻了旅途的勞累與困頓。一放下行李，我們就興匆匆的去逛西湖。西湖的湖光山色實在太美了，西湖的文物古蹟、傳說韻事，無不令人景仰讚嘆，我天天頂著烈日驕陽，暢遊西湖，留連而忘返。

我連日遊玩，興奮之中，不覺勞累。夏天的杭州，天氣燠熱，旅館床席之間臭蟲極多。到了杭州十多天後，我忽然高燒不退，臥床不起，幸得溫州同鄉會的照拂，送進醫院，原來我得了嚴重的副傷寒症，承醫師高明的治療，加上自己年輕力壯，抵抗力強，三週後，我病癒出院，但身體仍然虛弱，咳嗽不止。

更糟糕的是出院時已是八月下旬，預備投考的學校，都已招考完畢，這使我心情沉重，懊惱不已，只好決定先去裡西湖一帶租房住下，再進補習班補習，等明春再作打算。

我大哥遠去法國、芬蘭等國經商多年，在國外的情形很不理想，返國又不甘心，滯留國外，食之無味、棄之可惜。我一直想去歐洲接替他，好讓他早日回國襄助父親。因此我在十中時，對英文和地理特別用心，後來我大膽的出走杭州，其中的一個動機，就是要為出國鋪路，準備投考著重英文的教會學校。

我出院不到一星期，一位小同鄉來找我。原來他對警察工作非常有興趣，他投考了「浙江省警官學校」，卻不幸落榜。警官學校招生的名額原是兩大隊，二百多人，誰知第一次招考，僅一百五十人達到錄取標準，現在警校要第二次招考，小同鄉收到了通知，準備重考，但他對自己的成績毫無信心，就來找我護航陪考。講情義，義不容辭，講道德，我不能答應，我就找藉口推辭，說讓我想想，明天再作答覆！

翌日清晨，我去敲他的房門，沒人應門，顯然他見我沒有答應，很不高興，就一大早負氣出門，單獨報名去了。我感到歉意與不安，馬上趕到警校去找他，但沒找到他，我只好付了兩元報名費，報了名。回到旅館，見到小同鄉，我告訴他我會陪他去應考。

我記得考期是民國十九年八月二十與二十一兩日。到了考場，我看到小同鄉已先我而到，坐在前排右方。那天考場防備森嚴，在場監視的有兩位監考官，為防止作弊，稿紙貼死在考卷後面，不能移動。

第一堂考國文作文，題目是「儉足以養廉說」，為時長達三小時，看來是這次考試的重頭戲。我在五小、十中六年，特別喜歡國文，曾背誦過多篇論說文，「儉足以養廉說」的題目很合我的口味，不到一小時，我已將草稿書寫完畢。我抬頭看小同鄉，見他滿面漲紅，似乎不知如何下筆，我於心不忍，就拿起草稿，故意低著頭，做出斟酌字句的模樣，用溫州土話輕聲慢吟，希望給坐在前面的小同鄉一點提示。才唸了幾句，忽然發現監考官已站在背後，表情嚴肅的望著我，我驚惶失措，無地自容。監考官（以後知道他姓韓）拿起我的考卷仔細的檢視了一番，再把我打的草稿翻來覆去的看了好幾遍，然後用溫州話輕聲的說：「草稿已打好，為什麼不趕快謄清交卷？不要以為溫州話別人聽不懂，就可以搞鬼作怪，我看你文筆不錯，放你一馬，現在馬上謄稿繳卷，不許再有任何小動作！」我一時羞愧難當，立即謄稿離座，出了考場。

本來這次投考完全出於對朋友的道義，我並不在意錄不錄取，現在經過這番折騰，我反倒冷靜了下來，既來之則安之，不如趁此機會，測試自己的實力，我開始認真的參加考試。接下來的有三民主義、數學、理化、史地、法律財經等科，獨無英文，題目都不難，就是從未接觸過的「法律財經」一科，也因考題全是基本常識，而輕易過關。

考試後一個禮拜就放榜了，我因心中充滿了矛盾，就不願意、也不想去看榜，我的小同鄉因心中膽怯，也不敢去看榜，因此到放榜兩天以後，我們仍不知結果。還是同來的尹志和一再催促，我才帶著可有可無、滿不在乎的心情跑到警校去看一看。榜貼在警校大禮堂的牆壁上，光線充足，字很大，我老遠就看到了自己的名字。我特意走到榜前，從右到左，從上到下，仔仔細細的看了好多遍，都找不到小同鄉的名字，這使我非常的難過與不安，只好帶著啼笑皆非的無奈，回旅店去安慰他。他似乎早有心理準備，聽到榜上無名的消息，並無頹喪或不快，這使我安心不少。

陪考風波剛剛閉幕，想不到新的困擾又接踵而至。放榜後的第三天，我收到錄取通知單，通知我九月五日到校報到，並繳服裝、伙食和雜費等九十餘元。我本來無意投考警校，也沒想到會考取警校，因此對入學一事毫無準備。現在開學在即，從葉叔叔那裡拿來的百元大洋，早就因旅費、食住、住院療病等等，用去泰半，所存無幾了。當年交通不便，匯款十分困難，就是請我父親馬上從溫州匯款來杭，也要好些時日，絕對趕不上警校開學，我考慮再三，決定放棄。

誰知，人生的另一個轉機正等待著我。

第二天，一位同住青年旅社的同鄉不請自來。這位同鄉是藝文中學的畢業生，他和我們同船同車到杭州來，一路上我有三個同學結伴，有說有笑，不知寂寞，因此和這位同鄉雖一路同行，僅只有點頭打招呼而已，連他的姓名都不知道。他一進門就笑著對我說：「聽說你考上浙江警官學校，現在要放棄，是不是？」

「是啊！請問貴姓大名？」

「我叫林純經。」

「幸會！我叫張玉麟。」我的原名是張玉麟，後因進軍校時，與人同名同姓而改為張毓中。

「考上警官學校很不容易，為什麼要放棄？」

「我對警察沒有興趣。」我把陪考的事說了。

「我聽說你一到杭州就生病了，所以沒考別的學校，事實上警官學校的軍事訓練，可以鍛練身體，你不去讀，實在太可惜了，請告訴我，你是不是還有其他的苦衷？」

一個陌生人對我這樣關心，使我驚訝，也使我感動。我就把投考警校又放棄的種種來龍去脈，和盤托出，最後我老實告訴他，帶來的錢因一場大病消耗殆盡，人在杭州無親無戚，打電報回溫州匯錢來，耗時費日，然警校開學在即，就是我不想放棄也不可能了！

「你的事，我已聽人說起，但你不告訴我，我也不好意思開口，現在我冒昧的來看你，就是想要幫你。」這位同鄉誠懇的說。

「事情是這樣的，我考取的浙江大學工學院，九月十五才開學，現在我家給我的學雜費已經寄到了，反正我還有半個多月才繳學費，你不如先拿我的一百元去救急，等你家中的錢匯到了，再還我不遲。」

一個素昧平生的人，說出這樣的話，做出這樣的事，我怎能不感動？不感激？我又怎能拒絕一個善良、熱忱同鄉青年的美意呢？就這樣經過了一而再，再而三的波折以後，我進入了浙江警官學校正科第二期。命耶？運耶？

從此以後，一個受到命運撥弄的鄉下青年，他的人生，就再也不一樣了！

第二章　浙江警官學校

浙江警官學校

浙江省警官學校，係朱家驊先生任浙江省民政廳廳長時所創。

朱先生是留德博士，思想前進，眼光遠大。他在任民政廳長期間，創辦了「浙江警官學校」及「地方自治學校」，並兼兩校校長。同時又開歷史之新紀元，大刀闊斧的舉辦了縣長考試、土地陳報、戶口調查等等的政治革新，受到國人之敬佩，國際人士之矚目。

朱家驊先生尤其了解建國必建警的重要。民國十六年十二月，他成立「浙江省警官學校」籌備處，邀請警察先進、軍事將領和省方仕紳，擔任籌備委員，積極推動建校事宜，多方羅致警察學和法學教授，選定杭州市上倉橋一所寬敞的老營房為校址，於民國十八年九月，正式成立「浙江省警官學校」，招收正科第一期學生。

同年他成立「警士教練所」，請美國西點軍校出身的曾錫珪先生擔任所長，舉辦「巡官巡警訓練班」，輪調各縣市現職巡官、巡警，接受新思想教育，推動警察革新。是年冬天，又成立「浙江省警官速成科」，給優秀編餘軍官百餘人，施以警察教育一年，結業後擔任警政工作，使軍警融為一體。

浙江警校正科第二期，招生兩大隊，學員兩百多名，每大隊又分三區隊。我被編入第一大隊第二區隊。寢室以一個區隊為一單位，每人一床，房間寬大，雖三十多人共處一室，不覺得擁擠。教室分「一、二、三、四」四個教授班，教室光線充足，照明良好，空氣流通，桌椅每人一套，無論上課自修皆很安適，學校另設修械室、化驗室、圖書館、醫務室等等。學校甚至蓋有馬廄，飼養駿馬兩匹，供學生學習馬術之用，學校的操場很大，除作軍事訓練之外，也是學生定期學習馬術的場地。從設備來說，浙江警校可以說是一個相當完整的警察學府。

民國十九年，朱校長親自前來主持開學典禮，他身材標準，衣著講究，風度翩翩，稱得上是一個美男子，但口才卻不怎麼高明。

教育長施承志是日本留學生，說一口杭州話，眉目清秀，身材削瘦，留短髭，態度和藹可親，有儒將之風，深受學生們的敬愛。總隊長原係空軍名將周至柔將軍，後來由資歷極高的伍崇仁將軍接任。

第一大隊隊長黃沖先生，區隊長靳易、樓復樑、徐步奇三先生，都是很有經驗的隊職官，他們和學生朝夕相處，是和學生關係最密切的師長。

當時警察辦得最好的國家是奧地利和日本，朱校長留德多年，他就借鏡奧國警政之優點，作為發展中國警政之藍圖，他先邀請奧國法學家莫克（Rudolph Muck）為顧問，協助我警政之革新和高級警官之培育，日後他再邀日本東京警視廳廳長山田一隆為顧問，山田經驗豐富，學有專長，他教「犯罪搜查」一課，使我們受益良多。也正因為這些淵源，我校正科第一期有十名同學去奧國留學，二十人到日本學警政。

我初進警校，環境陌生，對軍事管教很不習慣，幸我來自鄉村，從小父親管教嚴厲，能吃苦耐勞，於是我很快的就適應了新環境。

我們學校以政治課程、警察學科、軍事訓練、體技訓練為四大重點，特別注重精神教育。我大病初癒，又以高中同等學力投考，開始時很擔心學科和體力兩不勝任，後來發現只要體格健全，國文還可以，讀起來並不吃力。

警校有第一流的師資，教官們幾全是日本留學生，只有教三民主義的鍾教官，出身於中山大學，是唯一的例外。因此教官們大都以日文資料講課，學生們也自動習讀日文，以便閱讀日文參考書籍。

▶一九三一年就讀浙江警官學校。

軍事訓練是由基本訓練開始，再逐步進入班、排、連、營訓練，經常在杭州萬松嶺、鳳凰山、南星橋等地打野外，和實地演習，這些訓練雖比不上正式的軍校，但也勉強稱得上是允文允武了。

我們第二期學生，以浙江省籍佔大多數，學歷很不整齊，像我一樣，以同等學力投考的，人數不少，也有人已工作多年，曾任教師、黨務和社會工作等工作。學生一般年齡在二十歲左右，年近三十的也有好幾位。

學生嚴守紀律，認真學習，彼此和睦相處，師生間感情融洽。我在校中，生活有規律，身心愉快，病後的瘦弱很快的就無影無蹤了。師長們的循循善誘，使我在思想和學識上都有了長足的進步。

遺憾的是，朱校長因與上級政見不同，突然辭去了所有職位。朱校長前來和我校師生話別，勉勵我們努力學業，要為明日的警察大業獻身，說到辭職的苦衷時，忍不住內心激動，熱淚盈眶，我們聽了，也黯然神傷，感慨萬千，泫然而淚下。這是我生平第一次領略到政壇之多變，仕途之難測。

朱校長走後，教務長施承志代理校長。施代校長一直是學校的實際負責人，他的資歷、學問、道德、修養無不令人敬仰，朱校長的離開，對我校應該沒有直接的影響，但是在學生的心理上，免不了蒙上了一層陰影，既為學校的未來擔心，也為個人的前途不安。

武裝示威遊行

警校大禮堂前裝有一具大型擴音機，音量大，聲音清楚，在晨、午、晚休息時間，播放音樂和新聞，因學校教官大多留日，我們也經常收聽日本節目。

民國二十年，日本侵略中國，發動「九一八事件」，在廣播中大事宣傳這駭人聳聞的消息，被我校教官聽到，瞬息之間傳遍全校，全校師生氣憤填膺，情緒激動，不約而同的向大禮堂奔去。經過一陣騷動與混亂之後，大家決定推出代表，將「九一八事件」的真相，告知杭州各界，同時也決定以實際行動，向日本帝國主義提出強烈的抗議。

我校全體師生五百餘人，立即全副武裝，裝上雪亮的刺刀，拿著抗日的標語，一路以整齊的步伐、雄壯的隊伍、響徹雲霄的歌聲、慷慨激昂的口號，浩浩蕩蕩向塔兒頭（近斷橋殘雪）日本領事館前進。隊伍所經之處，馬上引起人們的注意，這時大家才知道日本軍閥在今日黎明，無端在東北瀋陽發動九一八事件，侵略中國。許多民眾馬上加入隊伍，隨我師生一起到日本領事館示威抗議，遊行的隊伍如雪球一般，愈滾愈大。

我校從鳳山門、清河坊、過湖濱、出錢塘門到了日本領事館，以嚴整的隊伍，在領事館前，連續高呼抗議，並派代表向日本領事遞交抗議書，歷時一小時，然後再以整齊的隊伍，照原路返校。遊行示威，從上午七點多鐘得到消息，到下午二時返校，我校師生始終精神飽滿，士氣高昂，忘記飢渴和疲勞，完成了轟動杭市的反日行動。

這次愛國活動，激起了杭州市民的熱血沸騰，熱烈的展開了如火如荼的愛國救亡運動。尤其大專學生，除展開宣傳外，還紛紛和我代表聯絡，要組織學生抗日軍，請我們擔任教練，以實際行動，上前線和日本帝國主義作殊死之戰。杭州愛國青年積極反日活動的消息，不脛而走，全國反日救國組織也紛紛和我校聯絡。一個普通的浙江省警官學校，開始受人矚目，事後日本報章和電臺不斷地大事喧嚷，指責浙江警校的武裝遊行和抗議，是反日行為，他們的叱責，更加深了國人對浙江警校的注意。

九一八事變，本是中國近百年來的奇恥大辱，國人之憤怒、青年的愛國救亡運動，都應該是可喜可貴的現象。可惜有人認識不清，又有人從中利用，逐漸使熱血青年失去方向，將政府內憂未解、國防脆弱、軍情不能洩露、保存實力不能出兵等等不得已的苦衷，被視為妥協懼日，造成熱血青年盲目的在全國各大城市，湧向政府機構請願，要求政府出兵抗日。不但給政府帶來極度的困擾，也造成社會的混亂與不安。

杭州的愛國學生，也同樣的，向省政府和教育廳等機構請願遊行，要求中央出兵抗日。大概是九月十九日的早晨，愛國學生團體到教育廳長張道藩家請願，張廳長不在家，就有人傳言張廳長藐視學生，故意避不見面，因而引起請願學生之公憤，情緒激動的闖入張廳長家，搗毀了門窗、家具和藝術品。聽說這種學生的暴力行為，在南京、上海、北京更為嚴重，幸政府冷靜容忍，疏導防範得宜，而無流血事故發生，不久學生請願風波逐漸平息下去，請願的學生也一一回校上課去了。

大軍包圍

雖然學生請願的風波逐漸平息了下去，但因杭州學生搗毀了張道藩廳長公館，浙江警校的風波卻開始了。

九月三十日上午，正是星期一，我校師生，一如往日，在禮堂舉行總理紀念週會。浙江保安處，派了一營兵，在上倉橋一帶戒嚴，極機密的層層包圍我校，再嚴密的派兵監視大禮堂，限制我們行動，使我們大為吃驚，也非常憤怒。困惑、迷惘、緊張、沉悶，我們被困在大禮堂裡長達兩個多小時，其間只偶爾聽到士兵們「不許動」的高聲大吼。

直到士兵們全部撤離以後，總值星官才來告訴我們：「保安處搬走了我們全部的槍支彈藥，因有人密報，匪諜利用我們的愛國情操和愛國狂熱，企圖謀奪學校槍彈和機械修護設備，為了警校和國家社會的安全，國家不得不出此下策」，他又說：「他們很客氣，沒有搜查任何人和任何東西，也沒有審問和逮捕本校任何學生師長，現在請同學們冷靜理智的回去上課出操。」

這次保安處計劃周密，行動機密，很輕易、高明的繳械了我們所有的槍支與子彈。當時我們年輕氣盛、血氣方剛、純潔天真，不論總值星官如何安撫，我們仍一致認為是奇恥大辱，依然喧嚷咒罵，情緒激動，秩序混亂。

施校長老成有斷，馬上召集全體同學訓話，一開頭就說出他的沉痛和遺憾，然後向我們道出國家民族存亡的危機，並一再強調，一個有為的政府必需忍辱負重，不爭一時之氣，要爭國家的千秋大業，所以大家要明白政府的苦心和抗日決心，最後他語重心長的勉勵我們，要識大體，認清敵友，努力學業，咬緊牙關，不計艱難打擊，一旦時機成熟，立即投入打倒日寇的行列，救國救民。

施校長德高望重，是我們最敬服的長者，他醍醐灌頂的訓示，點醒了我們的理智，滿腔的怒恨一下子就煙消雲散了。

永誌難忘

九一八事變，日人公然侵略我瀋陽，是我校最早得到消息，立即在兩三小時以內，作有組織、有紀律的武裝示威遊行；並包圍杭州日本領事館，以行動向日本抗議示威，引起整個杭州的抗日愛國狂潮。這狂潮很快地傳遍了全國，激起全國青年與學生的愛國狂熱。當年杭州學生慷激昂、熱血沸騰的愛國狂熱，我終生難忘。

然浙江警校的學生沒打過仗，竟被大軍包圍和繳械武器，在中國學生愛國運動史上，可以說是一個極大的諷刺。

說來我們正科第二期學生，真有點生不逢時，才開學不久，朱家驊校長就因政治因素，卸下所有的職位，到廣州去了。朱校長在學術界是相當有權威的學者，在政治上更是熠熠明星。他的突然離去，對我們的學業與前途，自然有很大的影響，日後又發生「九一八」和「一二八」事件，國難當前，時局難料，這一而再，再而三的衝擊，幾乎使我們無法安心讀書。幸有施校長諄諄善誘，淞滬戰爭又建立了國人的信心，使我們認清了時代的使命，堅定了意志，終能繼續埋首讀書，有待來日，伺機報國。

第三章　戴笠的特訓班

政治特派員戴笠

民國二十一年六月初，離我們畢業只有兩個多月，正是我們忙於畢業論文和參觀訪問的時候，學校突然接到省政府公文：「奉中央命令，派參謀本部辨公廳主任戴笠，為浙江省警官學校特派員，主持政治教育……」

當時我們最渴望的，是像第一期同學一樣，參加政府的留學考試，到日本或奧地利留學深造，從未想到學什麼政治教育，大部分同學也像我一樣，既不了解政治，對政治也毫無興趣。

▶恩師戴笠。

想不到戴笠帶著六位政治指導員，隨著公文同時到來。他們一到，立刻馬不停蹄的佈置辦公室，編政治小組，派指導員等等。氣魄恢宏，說幹就幹，令人觀念一新，覺得此君來頭不小，大有作為。但是，戴笠是誰？他葫蘆裡賣的是什麼膏藥？

第三天的上午，戴笠率領六名指導員，召集全體同學在大禮堂講話。戴笠的聲音宏亮有力，講起話來，身體晃來晃去，彎著腦殼，揚起濃眉，翻著大眼睛，向左右上下打轉，給人有難以捉摸的神密感。他一面講話，一面不停的掏出手帕擤鼻涕。（似患有鼻竇炎？）

他先自我介紹一番，再一一介紹六名指導員，然後簡單扼要的說：「中央為培植優秀青年，命我多方留意，加以政治教育，灌輸革命思想，為國家盡忠，救國家人民於水深火熱之中。我素知貴校校風優良，學生品學兼優，是國家未來的棟樑之才，你們這一期即將畢業，適逢其會，經報請中央核准，派我擔任政治特派員，負起政治教育之重任，讓你們認識革命理論，走上正確的革命途徑，達到革命救國的目標。」他這別開生面的講話，既新鮮又動人，馬上鼓舞了我們，使我們隱隱約約的感覺到，這將是我們人生轉捩的一個新契機。

講完話，他將我們兩百多人分成六個

▶一九三二年浙江警官學校畢業時。

小組，每一組派一位指導員負責領導，每天開好幾次小組會議，以專題討論方式，擬好綱要，人人先抒己見，再作綜合討論，最後由指導員作結論，寫成紀錄，在各小組間互相傳閱。傳閱後，彙交特派員，由特派員辦公室油印分發給同學。我記得討論的題目有「三民主義與共產主義」、「國家資本主義與社會資本主義」、「國家主義與個人主義」、「獨裁制度與專制制度的分野」、「領袖的重要性」等等，都是針對時代現象和革命趨勢的大題目。指導員的深入分析，精闢見解，使我們茅塞頓開，大感興趣，在不知不覺間，啟發了我們的革命思想，也讓我們認識了時代青年的新使命。

這六位政治指導員中五人是軍校六期的，他們是徐亮、胡國振、簡樸、羅杏芳和謝厥成，第六位是後來擔任中央警官學校校長的趙龍文。我那一組的指導員是胡國振先生，浙江東陽人，他坦誠親切，受他教導如沐春風，這套新穎進步的政治教育，叫人佩服得五體投地，但也逼得我們口忙（一定要發言），手忙（一定要記筆記），大喊吃不消。也就因此，時間過得飛快，一轉眼就到了八月初，政治教育剛告一段落，我們畢業的日期也就接踵而至了。

按規定，警校正科學生，在受完二年高等警察教育之後，要到浙江省各縣市警局見習一年，再分派職務。我因傳奇性的進入警校就讀，到畢業時還希望找一個比較大的警局見習，以便進修外文、數理，再投考普通大學的插班生。現在有了中央特派員戴笠的介入，情況必有變化，前途如何，難以預料，只有靜觀其變了。

緣定三生

畢業後，我暫時搬進一個公寓去等候消息，就在這家庭式的公寓裡，又有一件奇事，改變了我的一生——我認識了杭州市籍的吳宛中小姐。

吳小姐原名廷玉，是官宦之後，祖上任江西、湖北兩省大官，父親服務湖北省政府財政廳，因時局多變，攜眷回老家居住。但因祖屋破舊，正在補葺之中，就暫居公寓，剛好與我比鄰而居。當時吳小姐是一個十六歲不到的小姑娘，一見生人就頭低臉紅，非常討人歡喜，她的弟弟約七、八歲，活潑調皮，老是跑到我房間來聽我吹笛子，和我廝混。他知道姐姐愛讀書，就把我書桌上的報章雜誌和書籍，借回去給他姐姐閱讀，經過吳小弟的仲介，我和吳小姐以書會友，不知不覺間滋長了感情，但偶爾相遇時，彼此只點頭打招呼而已，從未交談。不久以後，我被派到外地受訓，這段微妙的感情也就戛然中斷了。

▶少女時期的吳宛中。

民國二十七年八月，敵機瘋狂濫炸武昌，在蛇山附近，我和宛中小姐居然邂逅重逢，但僅見過三次面。就因時局緊張，她隨家人搬到宜都去了。而我也飄泊不定，從武漢、桂林、貴州，輾轉到了重慶，和她又失去了聯絡。

命運之神真的非常奇妙。在武昌時，我曾將服務單位的名稱告訴過宛中，想不到民國二十八年春，她考上「軍委會政治部軍事教官訓練班」，路過重慶，又和我聯絡上。她的訓練班在綦江附近的杜市，我剛巧被派在儲奇門海棠溪工作，到杜市來去非常方便。見面次數多了，產生了真正的感情，我們就在重慶市海棠溪結婚，四年內連生一女兩子，分別以「海、棠、溪」三字命名，是為我女張棠，我子張海、張溪。

在烽火連年、動亂不安、生死未卜的亂世，我們一家人幸運的到了臺灣，過著安定的生活，子女都受到了高等教育，不管是緣是命，我都應該心滿意足了。

中央警察研究所

民國二十一年九月初，我沒有收到警局見習的命令，卻接到戴特派員的談話通知，心中免不了十分納悶。由公寓到學校的途中，我碰到了好幾位同學，大家好久不見，高興的握手寒暄，互相交換學校和分發實習的消息。我搬出學校後沒有和同學聯絡，可以說什麼消息都不知道，當我告訴他們我被戴特派員通知約談時，他們既驚訝又羨慕。

在學校時，戴特派員似乎很忙碌，常常出差在外，很少和我們見面，我們可以說對他非常陌生。我準時到達戴特派員的辦公室，在會客室裡沒等多久，就被警衛引見了。

戴特派員的辦公室改裝得相當氣派，我向他說報告、行禮後，他的眼睛才離開卷宗，抬起頭來向我凝視片刻，然後開始問話。他眼睛炯炯逼人，在我的眼睛和他的眼睛交觸的一剎那，他眼睛的懾服力，令我緊張不已。

他簡單的問了我的姓名、年齡和家庭狀後說：「為了革命偉業，我需要培育一批愛國的優秀青年，所以創辦中央警察研究所，特別到警校來遴選同學，受訓半年，再按成績分發到各中央機構工作。經我這幾個月對你的觀察和考核，你的表現很好，現在決定選你受訓，如果你願意，就等候通知。」他態度誠懇，語氣堅定，幾乎沒問我什麼問題，就一口氣把話說完，我連思考的機會都沒有，就興奮的連連說「願意」、「願意」，而告退了。想不到這樣短短的約談竟關係著我一生的命運。

約談後大概第三天，我再度踏進母校大門，向戴特派員報到，在分配床鋪和書桌時，才知道戴特派員從兩百多名同學中，僅遴選了三十八名受訓，其中四位是女同學。老同學又重聚一堂，抱著對未來的憧憬和希望，大家暢談歡笑，興奮之情溢於言表。

回校後的第二天上午九點，戴特派員在餐廳召集我們三十八名同學訓話，大意是：「各位同志，今天是我們中央警察研究所開訓的第一天，我覺得很高興。不過各位要知道這個研究所，不是研究警察，而是學習革命理論，研究救國圖強的實際方法和技能，擔任特種工作，採取絕對秘密的方式進行，所以今天沒有開學儀式和邀請來賓。各位是我從二百多位同學中慎重挑選出來的，從今天起，你們就是中央的人，你們以後的工作都由我來負責安排，我一定會使各位學到別人想學都學不到的東西，這些東西對國家民族會有很大的貢獻。訓練的時間暫定三個月，除了訓練費用統統由我負責以外，每月發十五元大洋，作你們的伙食和零用。從現在起，一個月內不放假，不會客，不准對外通信、通電話，我對你們期望很高，希望你們安心的、專心的接受特種訓練，革命工作應出於自願，假如不願意，現在還可以退出。」當時大家沉默不語。我們完全不明白特種訓練的真面目，心中免不了充滿了好奇、神祕、疑懼等等複雜的心情。

中午，特派員和我們會餐，酒菜豐富精美，大家吃得很開心。當特派員離席時，指導員羅毅先生（軍校六期）告訴我們：「以後口頭稱特派員為戴先生，公文稱主任。」從此以後，我們就改稱特派員為戴先生了。

戴先生個子高大，身材結實，馬臉，挺直的鼻子，宏亮的聲音，在講臺上講話，不停的搖晃著上身，老是向右彎著腦殼（以後我們給他取個綽號叫彎腦殼），並且頻頻從褲袋掏出手帕，捂著鼻子，用力大擤鼻涕。他似乎有用不完的精力，說起話來自負自信，不時昂起頭，揚著濃眉，以炯炯如炬的目光向大家掃射，令我們不得不敬畏懾服。

我們受訓的教室和飯廳原是第二大隊的寢室，寢室房間寬敞，光線好，空氣流通，冬天還裝了火爐，生活十分安適。教室每人單獨一桌一椅，學員每月領十五元，其中伙食費八元，七元零用。以當時的生活程度來說，我們吃得好，零用錢花得開心，比一般學生舒服太多了。

在受訓初期，每人發拍紙簿一打，鉛筆半打，老師講課不用書本講義，完全口授，學生記筆記，一時「聽、看、抄」同時進行，「心、眼、手」同時並用，非常緊張。下課後忙著整理筆記，閱讀指定書籍，寫讀書心得，真是忙得不亦樂乎，忙到連休息和睡眠的時間都嫌不夠。

訓練的項目很多，以政治教育和精神課程為主，特別注重情報學、爆破學、偵察學、俄共格別烏（切卡）歷史、祕密通訊、化裝學、攝影術、人相學，還有方言、速記、汽車駕駛、手槍射擊等等。原來這些就是戴先生所謂的「特種工作」，正如戴先生所說，這些都是「別人想學都學不到的東西」，也不是「人人想學就學得到的東西」。

幾個月下來，除了速記令人頭痛之外，不論是政治理論、祕密性或技能性的課目，樣樣新鮮有趣，令我既好奇又興奮。

化裝術非常有意思。我祇要簡單的改換衣著，隨便的在臉上塗些灰土，就是在街上和同學朋友們擦身而過，他們都認不出是我。

爆破術最危險也最刺激。製造爆破物品時，需將配放的炸藥和殺傷物（如玻璃、鐵釘等）裝入瓶罐或特製容器之中。在配藥、安裝、保管與攜帶的過程中，隨時都會爆炸，致人於死命；但是一旦將自己如履薄冰、小心翼翼製成的爆炸物，用小瓶小罐裝好，跑到郊區，居高臨下，對準目標，一擲而下，轟然一聲，硝煙四散，那種感覺，對年輕的我們來說，說有多刺激，就有多刺激！

教方言的是一位風姿綽約、聲音甜軟的朱太太，她先生是教我們看相術的朱惠清老師。朱太太是廣東人，上海出生，北平求學，能說三地標準語言，使我們在短短的時間之內，會聽，並能講簡單的南腔北調。

我個人對攝影學最感興趣，日後成為我的終身嗜好，我也藉著這個嗜好得以保存了許多珍貴的歷史鏡頭。

我對駕駛最有心得，日後服務侍從室，在擔任護衛領袖的工作上，非常實用。

一位出色的女同學

特訓班甲班，本來清一色全是警校二期同學，但一個月後，班上忽然來了一男一女。由於他們的加入，我班人數湊成了四十整數，男的是丁希孔（可能是化名），廣東人，軍校三期生，訓練不久，就不知所蹤，很可能另有祕密任務而離開了。

女的是姜毅英，原名姜岳根，「姜毅英」是她進特訓班受訓時，戴先生特別為她取的化名。她是浙江江山人，戴先生的同鄉，剛從杭州第一高級中學畢業。她中等身材，長長的秀髮，靈活的雙眸，端正的五官，樸實的打扮，沉默寡言，給人端莊文靜的好印象。在短短數日之內，她贏得全班同學的好感，許多男同學都為她傾心，想盡辦法與她接近。其中追得最熱烈的是葉文昭同學，作為葉文昭的好友，我也樂得君子成人之美，有意無意的幫他的忙。

▶特訓班同學姜毅英。

在我們結業時，戴先生放我們三天假，我要去筧橋航空學校訪友，姜毅英也說要去筧橋農校會堂姐，要我作伴同去，我當然答應，約定坐第二天早晨的火車。同時我又把去筧橋的消息告訴葉文昭，他高興得跳了起來，求我幫忙，我就叫他第二天早上八時到車站會合。第二天，我們三人在車站會了面，姜毅英見到葉文昭，馬上心中有數，但她沒有表示。三人一路有說有笑，氣氛十分美好，到了筧橋，約好回程見面的時間，我就故意找藉口，請文昭單獨護駕。這一次筧橋之行，就成了他們日後感情發酵的一個重要契機。

以後我去南京受訓，戴先生派他們進電訊班受訓，湊巧的是他們畢業時，正逢閩變，戴先生就命他們以工作夫妻（假夫妻）身分，潛伏廈門，佈置祕密電臺，負責通訊。就情報工作而言，通訊至關重要，就工作性質而言，危險性特別高。他們旗開得勝，達成任務，平安歸來。一對原已滋長著愛苗的青年男女，在險惡的環境中朝夕相處，相互關愛，這種患難與共的感情，絕對超過一般的真正夫妻。近水樓臺先得月，文昭兄如願以償，終於贏得毅英的芳心，而結為連理。

閩亂平息後，他們再潛伏昆明，設立祕密電臺。當時「雲南王」龍雲對中央的態度不很友善，地下勢力根深柢固，情報人員潛伏工作，絕非易事，隨時隨地都有生命的危險。他們以智力與勇氣，又成功的完成了任務。

抗戰期間，漢口淪陷前，他們在漢

▶與同學葉文昭（一九三四年）。

口法租界祕密建立電臺，日本的情報工作相當厲害，潛伏極為困難。由於他們的機智，在極危險的情況下脫險而歸，功在國家，是情報人員的典範。

照理說，這樣出生入死的患難夫妻，應當永結同心才對；然因個性不同、抱負迥異、粗心過錯等生活的摩擦，亮起了婚姻的紅燈，終至離異分手，演變成日後各奔前程的結局。

乙、丙訓練班

在我們甲班受訓不久，戴先生又開了乙、丙兩訓練班。

乙訓班約二十人，全是男性，學員是由警校正科以外的班次中挑選出來的，指導員是軍校六期的劉乙光先生（西安事變後他隨扈張學良先生數十年），訓練時間比甲班稍短。以後我才聽說乙班是以「行動」、「警衛」、「交通」等作為訓練的重點。

丙班人數不到十人，分成兩組，分別受西餐服務和理髮的專門訓練，當然也有情報課程。除領班廚師為男性之外，其餘學員都是年輕貌美的少女。戴先生在我們教室的右後方，特別為他們開設了一家西餐廳和理髮店，以供實習。

甲、乙、丙三班的訓導主任是軍校三期的史銘先生，他面惡心善，對我們學生很愛護，我們也很敬畏他。

為了保密的關係，甲、乙、丙三班雖是隔鄰，卻分開受訓，分開生活，彼此不准來往。但西餐廳和理髮廳不能對外公開營業，又不能沒有顧客，只好網開一面，准許甲班同學前去應卯。

所謂西餐廳，其實僅供應簡單的豬排、魚排、咖啡、紅茶、西點而已，其目的在於訓練員生的西餐禮儀、刀叉擺設、服務態度等等，作為將來擔任實際工作時之掩護。因西餐廳的價格極為便宜（幾乎等於白吃），我們就理所當然的成為餐廳常客了。

理髮店的服務，一律免費。我們這群年輕小伙子，見有年輕貌美的理髮小姐，免費洗頭修面，明知是她們的試驗品，仍趨之若鶩，絕不輕易放過這難能可貴的機會。後來倪永潮同學（勝利後任漢口市警察局督察長），真的追到了理髮的蔡小姐，締結良緣，成為同學間的美談。

化裝演習

化裝演習是訓練課程中最有趣的項目，在訓練期間我們有過三次演習。

第一次演習，是考驗性的化裝演習，男女同學一律參加，戴先生命我擔任督察。督察的工作是要依演習計劃，考核每個化裝的同學，對他們的場所選擇，化裝技術、言行舉止、外形神態等，我都需詳述暗記，再做成祕密報告，報呈戴先生察閱。

戴先生從口袋裡掏出十元大鈔，給我購買衣物和工具，我僅花了兩塊錢，就在舊貨店裡買好了所有的化裝工具。當我把餘錢歸還給戴先生時，他不但不收，還似怒似喜的訓斥我：「真沒出息！連錢都不會花，把這些剩下的錢都拿去用罷！」這是我第一次碰戴先生的橡皮釘子。

那天我化裝成電氣小工，租一部腳踏車，面上抹些灰土，按照腹案，滿城飛馳，一個也不遺漏的巡查過去。完成督察任務之後，承蒙戴先生慰勉有加，有了他的讚許，我所有的辛勞也就忘得一乾二淨了。

綜合當天演習所見，大致上人人都事先費了一番心機，表現得十分良好。尤其張培蘭同學，化裝成賣芝麻糖的小販，一身鄉下土布衣褲，配合扁擔籮筐，坐在小板凳上，形象神態都唯妙唯肖，是化裝最成功的一人。

戴先生看了我的報告，十分高興，特別命我陪他到實地觀看。張培蘭在湖濱公園口、杭州體育場前面擺攤，地點選得很適當。戴先生遠遠的下了車，邊走邊觀察，面帶笑容的走到他身旁，正準備拍照做參考時，張同學竟驚慌失措的站了起來，立正鞠躬，使戴先生啼笑皆非，連聲說：「完了！完了！這麼精彩的化裝，被你這樣一來，就失去意義了，這證明我們訓練不夠。以後要以此事為鏡，加強訓練！」這是我們化裝表演中最具教育意義的一個插曲。

我班四位女同學，只有三位參加。姜毅英（後為少將）化裝成高貴少婦，濃妝艷抹，衣著華麗，到西湖湖濱公園一轉，驚鴻一瞥，引起遊客注目，對她評頭論足，使她不得不快步離開，僱車返校。龔成香同學為人保守，想來想去，都想不出化裝成什麼好，最後急得掩面哭泣，只有請我這個臨時督察，轉請戴先生免除她的化裝演習，經我轉報後，戴先生一笑置之。吳孝姑同學（後為國大代表）比較成熟大膽，化裝成村姑，手提竹籃，高聲叫賣落花生，非常入戲。她事後告訴我，當天撞到幾個吃豆腐的登徒子，極為討厭。

第二、三次的化裝演習，實際上是化裝警衛演習。因委員長在我們受訓期間，曾兩度巡視杭州，戴先生就利用這個難得的機會，命令我們秘密組成一個周密的警衛網，由指導員指揮，合力擔任衛護委座安全的重要任務。這是人生難得的際遇，我們感到十分榮幸，人人莫不竭盡智力，全力以赴。我化裝車夫與小販，到指定的艮山門一帶（艮山門是杭州到筧橋航空學校必經之地）負警衛任務，幸一切順利，我們圓滿的達成任務，使戴先生極為高興。

嚴格來說，這幾次演習，我們還是鬧了不少笑話。我們的化裝不外乎小販、黃包車夫、小工等，而我們學生對社會百態、民間習俗所知太少，雖然外形化裝得唯妙唯肖，而舉止言談破綻百出。例如裝小販的斤兩不分，價格亂開；拉黃包車的街道不熟，遠近不明，說不出車資，等客人進屋去拿零錢時就溜之大吉，或根本不收車錢；有位同學竟忘其所以的說「不要了！明天再來拿」；有的藉口等人不作生意等等，莫衷一是，笑話百出。

缺陷

戴先生開杭州、南京兩特訓班，是中國情報史上破天荒的創舉，既無成規可循，老師又難請，更缺乏教材設備，缺陷之多可以想見。就老師而言，都是多方設法，臨時聘請而來的。但因交通不便，時間調配困難，有幾門課程，就一連幾天，一口氣教完，教的人固然辛苦，聽的人也難免乏味。

我們爆破射擊、照相、駕駛等訓練的地區都是在杭州市區和市郊，訓練時大模大樣，一點也不保密，自然被市民看在眼裡，引起注意。我們幾次化裝演習，更是笑話百出，有悖常理，不免引起市民的種種猜疑，以致流言四起，謠傳浙江警校是藍衣社的訓練基地和大本營。其實當時並無藍衣社的組織，也無藍衣社的名稱。

我們還是以後得知，那時軍委會政訓處劉健群，提倡組織藍衣社，以南京為中心，在全國各階層發展組織，分發小冊子，進行反日肅奸的愛國活動，大振民心士氣，成為日寇的眼中釘，共黨、軍閥、政客等的死對頭。但也因此被日寇利用，揑造事實，誣我政府組織藍衣社，進行反日與排除異己的陰謀，引起各方震動，國際注目。杭州各界也因此捕風捉影，認為浙江警校是藍衣社的大本營。

雖然問題多多，困難重重，但因是前所未有的創舉，使我們年輕人大感新鮮刺激。尤其四個月的訓練，生活安適，精神愉快，我們都慶幸有這千載難逢的奇遇。

洪公祠特訓班

我們特訓班甲班，於民國二十二年元月下旬圓滿結束，沒有任何儀式和慶典，只有戴先生在杭州青年會，請我們師生四十餘人吃西餐，告訴我們吃西餐的常識，使從來沒有吃過西餐的同學大開眼界，是極富教育意義的一個惜別餐會。驪歌既唱，我們也就奉命分散了。

元月二十八日我同毛森、石仁寵、張人佑、鄭海良、王滌平、羅道隆、程慕頤共八位同學，奉命到南京洪公祠特訓班「再受訓」。從杭州到南京，我因年輕無知而鬧了笑話。我們奉指導員指示，兩人一組，秘密乘坐滬杭聯運火車，到南京牌亭巷的一個旅館下榻待命，途中不許暴露身分。我和蔣志向同學一組，兩人非常認真的編造彼此關係，以及編造到南京考大學的故事等等，以防指導員的考驗，和憲警的盤問等等。總算一路順利，輕鬆愉快的到達了南京。南京是中國首都，我嚮往已久，今天親身瞻仰風貌，興奮得難以形容。提著簡單的行囊，跨出車站，看到燈光明亮，廣場寬闊，氣派不凡。然夜晚冬寒，車站前面空空蕩蕩的，有些淒涼！為了保密起見，我們故意裝成從容不迫的樣子，慢條斯理的步出車站。想不到到了廣場，居然找不到一輛出租的汽車和馬車。經我們一打聽，原來汽車和馬車早已被前面的旅客捷足先登了，在懊惱之餘，我們見尚有黃包車可雇，就很快的跳上黃包車上路。

一近挹江門，見到雄偉的城牆聳立天空，我們被壯麗的景觀、廣闊的柏油馬路、茂盛整齊的梧桐樹所吸引，一時尚不覺寒冷。但沒多久，驚覺到南京比杭州冷多了，寒風迎面吹來，手足僵痛，肌膚欲裂，全身顫抖，實在忍耐不住。我回頭問後面車上的志向兄，他也說要凍死了。於是我們兩人同時下車，跟在黃包車後面，慢跑禦寒，一口氣跑了十多華里，跑到牌亭巷時，熱氣騰騰，溫暖舒暢。

到旅館時已值深夜，雖十分疲勞，卻想到前途未卜，思潮起伏，雜念紛集，以致轉輾床褥，無法入眠。將近黎明時分，迷糊中見志向兄被人叫起，匆匆離去。我在學校和志向兄最為投緣，這次自動組成一組前來南京，途中暢談歡笑，極為愉快。今晨突然分別，為了保密，連他的去向都不知曉，就握手而別了，怎不叫人黯然神傷呢！

志向兄學識能力都很優秀，但為人倔強，雖擔任過很多公開和秘密的工作，卻常不稱心如意，一再的遭受挫折。抗戰勝利後，他任上海市消防處科長，攜家帶眷，總算有了安定的生活，享受著天倫之樂。可惜好景不常，上海淪陷後，他竟慘遭共黨殺害，妻女下落不明，每一想及於此，我就痛心不已！

我於翌晨向洪公祠特訓班報到。洪公祠是南京豐富路（離新街口不遠）的一條小巷子，訓練班設在一所古老的舊衙門裡面，環境十分隱密僻靜，平時門扉緊閉，高深莫測。園內有舊式木造廳舍多間，面積不大，但足夠做為教室、禮堂、臥室、餐廳、辦公室之用。房屋右方靠牆角處，有多株常青古樹，古木蒼勁高大，枝葉茂密，潮溼多蔭，既神祕又詭譎。更奇特的是有一大群黑壓壓的烏鴉，以古樹為家，不知已有多少歲月。每當日落黃昏，群鴉夜宿，鼓噪不止，久久才能安靜棲息，更加深了洪公祠的神祕性。

班主任名義上是王固盤先生。王主任，天津人，是中國警察界的耆宿，民前五年畢業於北洋高等巡警學堂，進德國柏林警察大學深造，歷任警務處長、首都警察廳長、內政部警官高等學校校長、浙江省警官學校校長等職，對中國警察行政和教育貢獻很大。民國二十一年，王主任擔任參謀本部第二廳少將處長、兼南京特訓班主任，下有大隊長李士珍先生，區隊長張炎元、陳玉輝先生，祕書鄭介民先生，好像記得戴先生僅以「力行社特務處處長」的身分在領導，並沒有特別的名義。

該班訓練時間的長短、學員人數、學術課目和「杭州訓練班」完全一樣，但學員全出身軍校前期（以六期最多），資歷深，能力強，富社會經驗，和我們純學生相比，真有天壤之別。實際上他們的訓練已接近尾聲，和我們在一起受訓，只有短短的三週。而我們的「再受訓」，也只不過是和他們一起接受政治和精神教育而已。很明顯的，這是戴先生為了日後工作的需要，所作的特別安排。

洪公祠同學之間，以數字為代號，彼此用化名，混合訓練的時間雖只有三個禮拜，但彼此沒有隔閡，也沒有壓迫感，大家相處融洽。到了二月下旬，我們就互道珍重，各奔前程去了。

這就是我參加特種工作訓練的全部經過。許多人猜想特種工作的訓練一定恐佈、不人道，事實上對年輕的我們來說，這是既新鮮又有趣，叫人永難忘懷的一種訓練。

戴先生和浙江警校的淵源

從戴先生到警校擔任政治特派員和特訓班主任，前後約六個月，因他經常出差，和我們學生們相處談話的時間並不多，但他舉止灑脫，態度誠懇，談吐不拘束，讓我們在不知不覺間對他又敬又愛。六個月中我們對他大有來頭的聲勢和特種工作的使命，已漸漸有些了解，但對他的底細與未來的計劃，則一無所知。

還是到了後來，才知道當時有個復興民族、救亡圖存的革命團體，由黃埔先期同學所發起，定名為「三民主義力行社」（簡稱「力行社」）。經領袖核准，採極秘密方式，推行抗日反共救中國運動，設有組織、訓練、軍事、特務等處。其中各處人選都已核准，唯獨特務處空懸未定。據戴先生親口對侍從室特務組長黎鐵漢說，力行社十多位最高級的核心幹部，都知道特務處的分量，雖有心問鼎，卻不表示意見，恭待領袖裁決。誰知事情大出人意料之外，領袖在幹事會裡說：「戴笠同志對特種工作有天分，近年來他在這方面的成績，表現得非常優異，特務處可交他一試。」戴先生因此就登上特務處的寶座，領袖同時又親下一張條諭，勉勵他好好努力。

在當時極重視階級和資歷的時期，戴先生才不過是軍校六期畢業生，既無戰功，也從未擔任過任何重要公職，比軍校一、二期的老大哥，無論資歷階級都相差一大截。但他受到領袖的賞識，因此有人嫉妒他，也有人敬佩他、巴結他，他本人當然十分清楚，他的責任艱鉅，阻力四伏，這一任務的成敗將關係著他一生的成敗。

戴先生畢竟是稀世天才，有超人的智慧，加上他有別人所無的江湖閱歷，認識三教九流的朋友，洞悉社會百態。他一接到任命，立即展開才華，刻不容緩的邀請他最知心的同學好友十餘人，於民國二十一年四月一日在南京徐府成立特務處。他更知道要特務處積極的展開工作，一定要有忠心勇敢的幹部，於是他立即開辦南京洪公祠特訓班（掩護名為中央外語研究所），請王固盤先生出面擔任主任，號召他軍校同學（以六期佔大多數）三十八人入班受特種訓練半年，成為他的第一批高級核心幹部。

他又高瞻遠矚的看上浙江警校，有計劃的以警校為訓練人才的中心，進而爭取警察，成為他革命大業的生力軍。因此在他接任特務處僅兩個多月，就被任為浙江省警官學校「中央政治特派員」，於二十一年六月初，到我校展開政治訓練。九月初正式接辦警校，調王固盤先生擔任校長，招考正科第三期學生。

同時他又開辦杭州特種訓練班（名為中央警察研究所，戴先生自任主任），在警校正科二期應屆畢業生中挑選三十八人入班訓練，課程和教官都和南京特訓班完全相同。南京特訓班辦了兩期後停辦，以後專以浙江警校為訓練基地，除繼續辦理警校正科和特訓班等已有的班次之外，還添設無線電和譯電訓練班。一直到抗戰開始，戴先生一共培育了特種工作幹部和高級警官約一千餘人，先後資送范學文、陳宜生、黃佑、馮文堯、王渭周、葉霞翟（日後和名將胡宗南將軍結婚）等先後赴德、美兩國留學。

民國二十五年八月，中央為統一警官教育而下令：「就警官高等學校，合併辦理較有成效之浙江省警官學校，成立中央警官學校，各省已辦之少數警官學校一律停辦」，從此「浙江警校」和「警官高等學校」合併為一，成為「中央警官學校」，使浙江警校在中國警察史上佔有重要的地位，也使我們各期各班同學服務的區域遍及全國，這都是戴先生的力量。

民國二十六年，戴先生為適應抗戰肅諜除奸的需要，以「中央警官學校校務委員會主任委員」的身分，特別經呈兼校長蔣委員長核准，成立「中央警官學校特種警察訓練班」，培養政治、軍事、情報、警察人才。他又先後開辦臨澧、蘭州、黔陽、息烽、東南、建甌、北平等訓練班，培育忠心的革命幹部，共計一萬二千餘人。人人抱著絕對效忠領袖，獻身黨國，以抗戰建國、鞏固國家政權為終身職志。

第四章　初出茅廬

郵電檢查處

民國二十二年，我虛歲二十三。

是年二月底，洪公祠訓練班結業後的一個月，我和詹藜青（軍校三期、南訓班）、徐遠舉（軍校六期、南訓班）、馬壬、虞廷金（兩人均為浙警正二期、杭訓甲班），分發到「南京警備司令部——郵電檢查處」擔任郵件檢查工作，由詹藜青任組長，我副之。

首先我們去晉見「參謀本部第二廳」廳長楊宣誠將軍，承他告知郵電檢查對國家人民安全的重要性，以及全世界各國都做郵電檢查的原因。又承他訓勉，做郵電檢查人員，除保密之外，還要有良知和道德操守等等。隨後他命參謀發給我們到差公文，從公文中，我才知道詹組長、徐遠舉分到竺橋郵局，馬壬、虞廷金到三牌樓郵局，而我一個人則被派到新街口郵局。

這是我跨出學校以來，第一次步入社會工作，又不知道什麼是「郵電檢查」，心中免不了忐忑不安。

新街口郵局有平房三大進，是很有規模的一等郵局，員工二十多人，每天進進出出的信件和包裹數量相當龐大，因此郵局人員和郵差都很忙碌。我見了局長張承祖先生和有關人員後，就向一位顧組長報到。顧組長是警備司令部派來的，人很和氣，說一口江北話，很不好懂。據他說郵局員工對「郵檢」有厭惡排斥之心，而信件這麼多，也不可能逐一檢查，就是抽查，也查不出名堂，最多不過是查扣、彙交一些由香港和兩廣寄來的反動雜誌與報刊而已。

聽了顧組長的解釋，我了解到郵件檢查的工作，上級並不重視，派來的檢查員多是酬庸性質。後來我見到應該是中央黨部派來的一位女檢查員，大約三十多歲，態度冷漠，不苟言笑。每次到郵局來，旋風一轉，就不見了蹤影。依我的猜測，她很可能就是一個掛名的人。

我再環視郵檢工作的地方，在郵局第三進左邊角落，有背對背的書桌兩張，桌上只有象牙籤兩片，每片象牙籤約三寸長兩三分寬，兩頭削成薄薄的半月形，這就是檢查信件的全部工具了。至於郵務人員，我早就聽說他們是憑本事考進來的，人人奉公守法，負責盡職。我到郵局後，和他們禮貌的周旋，輕鬆的談笑，盡量消除他們對我的厭惡與排斥。

大概一週以後，我對郵局的作業有了全盤了解。郵局平信的數量極多，因此有收信、發信兩大過程。不論是從郵筒收來，或從別處郵局轉來的信件，在遞送之前，都要先匯聚在一起，經過「收信」、「分信」的手續。而快信、掛號信因數量稀少，處理起來就簡單多了。

知道了他們的作業流程以後，我每天比別人早到，等郵局把信件倒出來分發處理時，我馬上從中拿出一批來，一一翻看寄信和收信人的姓名與地址，然後憑直覺，抽出其中的幾封來檢查，在郵局分信結束之前，我也全部抽查完畢，既不耽誤他們的時間，也不妨礙他們的工作。

至於快信、掛號信，不但有時間限制，又常常牽涉金錢，郵局非常重視，指定有專人管理，如想檢查，非常困難，稍有疏忽，還會惹禍上身，因此檢查人員從來不查。我年輕膽大，一面處處配合郵局的工作流程，一面又和郵局上下相處融洽，他們就讓我試著檢查，想不到一舉成功，我從快信、掛號信中得到了很多重要的資訊。

閩北歷險

民國二十二年十一月二十日，福州李濟琛、陳銘樞，與十九路軍等在福建省成立「中華共和國人民革命政府」，公然反叛中央，舉世震憾，人人惶恐。

三民主義力行社特務處戴笠處長，早已洞燭機先，派出精幹的情報人員，蒐集到正確情報，用當時新開發成功的祕密輕型無線電台，迅速的將情報呈報領袖，裨使領袖帷幄運籌，掌握所有的軍情與叛亂情況。

在戴處長調派浙閩粵精幹到福建蒐集情報時，我們南京首都郵件檢查處的三位同志：馬壬、虞廷金和我，也被緊急召調到閩北服務，由我擔任組長，用「參謀本部軍事雜誌社」記者身分，祕密攜帶各單位聯絡資料，星夜由杭州奔向福建浦城晉見戴處長。

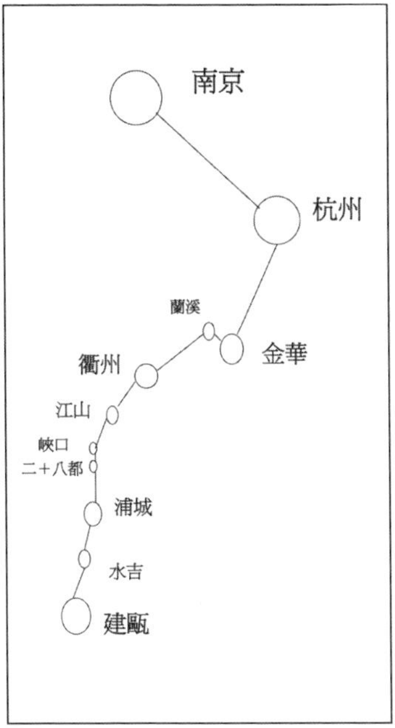

▶從南京到建甌

我們於民國二十三年元旦，搭京滬杭鐵路，趕到杭州，與負責人胡國振先生聯絡。胡先生是戴處長親信的黃埔六期同學，也是我們三人的政治指導員。他是浙江東陽人，在浙閩贛交界處有很深的人脈關係，對當地的風土人情知之甚詳。他親切的把我們帶進辦公室，指著地圖，詳細的指點我們：「現在由杭州到金華的火車票還買得到，到江山和浦城就難說了……」

去金華的火車票很快的買到了，胡先生勉勵我們說：「由江山翻越仙霞嶺的一段，十分驚險，火車軍運管制極嚴，混上去極不容易，但你們年輕力壯，機警敏捷，祇要同心協力，一定能到達目的地……」

果真，當我們黃昏到達金華火車站時，就被軍方趕下火車，無法前行了。

我們穿著便衣，只有「軍事雜誌社」通訊員的一紙條戳，雖與有關人員再三交涉，都遭到不友善的回拒，我們徘徊在月台與車站之間，再三的打聽，才知道目前唯一可行之路，是由公路從蘭谿到衢州轉江山。

金華到蘭谿、衢州、江山的公車本來就不多，現在軍運孔急，火車客運停開，我們商量了一下，像我們一樣改乘公車的旅客一定為數眾多，公車必定擁擠不堪，而我們的行程，急如星火，絕不能在車站望車興嘆，於是我們扔掉一些行李，提早趕到車站，佔好有利的位子，相互掩護著去搶購車票，再用霸道式的方法，分由車門與車窗上車，總算順利的上了車。

▶閩北歷險時的戰地通訊員。

到江山時天色已晚，經我們打聽，從江山到浦城，問題多多，困難重重，經過一整天的焦慮不安，大家都疲累不堪，祇好隨便找個小旅館暫住一宿。

在平時，江山附近山光水色，景致宜人，現在成為軍需補給中心，是軍隊調遣的重點，全城充滿了濃厚的戰爭氣息。

翌晨我們奔到車站，才知道要去浦城，祇能乘公路局車到峽口，轉車到二十八都，再從二十八都轉浦城。

峽口離戴先生的家鄉很近，設有警察分局，分局長魏賢是我警校學長，想到峽口地位特殊，對我們此行必有幫助，於是毫不遲疑的買了車票去峽口。

幸虧去峽口的乘客不多，我們順利抵達，可惜魏兄公幹外出，經警局人員相告，下午將無任何車輛開出，我們無計可施，祇好暫借警局辦公室過夜，這兩天拚命趕路，既緊張又疲累，大家草草吃飯，早早入睡。

我責任在身，一時思潮起伏，煩躁不安，無法合眼，忽然心血來潮，爬起來跑到車站，時已午夜，車站仍然燈火通明，站長還在辦公。站長姓蘇，長相清秀，年紀很輕，寒暄間，我發現他是我同鄉溫州瑞安人，我們以溫州話交談，頓感親切，馬上拉近了彼此的距離。他主動的問我，為什麼要在兵荒馬亂的深更半夜趕到二十八都去，我就說：「我是軍事雜誌社的戰地通訊員，務必趕到戰區去採訪新聞，所以內心十分焦急，再加上寒冬時刻，客居異鄉，苦寂寒冷，無法入眠，就前來車站碰運氣，希望有車可乘。」

他對我非常同情，誠懇的說：「客車已全被徵調軍用，你身穿便衣，想搭任何車輛都無可能。」

在失望之餘，我沮喪的請他幫我僱挑伕步行趕路，他見我去前線的心意堅定，不得不格外的同情：「徒步確是一個辦法，但路途遙遠，你人生地不熟，在這動亂不安的時期，翻山越嶺，實在太危險了，你不如把行李拿到車站來，讓我幫你想想辦法吧！」

我喜出望外，高興得手舞足蹈，飛奔警察分局，叫醒馬、虞兩兄，背起行囊，連走帶跑的趕到火車站。蘇站長看到我們自背行李匆忙而來，感動的說：「你們做事這樣敏捷認真，你們苦幹的精神實在叫人佩服，老鄉！我一定會設法送你們到二十八都去。」

說也湊巧，軍方臨時在峽口徵僱伕子三十名，連夜要用汽車送他們到二十八都去，我們向蘇站長一再道謝，在深夜一時，和伕子們一起擠上了卡車。公路坎坷多彎，顛簸震動，時為隆冬，寒風刺骨，老牛破車，氣喘吁吁，開在荒山野嶺之間。夜霧飄渺，月亮隱約，景色朦朧淒涼，如夢似幻，幾不知身在何處。我瑟縮在車後的稻草堆上，昏昏沉沉，似睡非醒，聽伕子們的鼾聲，此起彼落。半夜三時左右，我們平安的抵達了二十八都。

二十八都是浙江、福建和江西三省之間的交通要道，平時商賈來往，相當繁榮，現在戰情緊急，軍旅雲集，雖已深夜，燈火處處，嘈雜之聲，不絕於耳。經過好多道哨兵的盤問，我們才找到警察分駐所，暫求一宿，不意碰到警校同隊同學何茂星，那天他正好在警所值夜，他鄉遇故知，同學相見，情不自禁的，緊緊握住彼此的雙手，久久不能放開。

由二十八都到浦城的公路，是臨時趕築而成的，除軍車之外，一無任何其他交通工具可用。何兄建議我先去軍委會，找林處長幫忙，如不行，只好花錢買黃牛票了。事不宜遲，休息不到五小時，我就匆匆忙忙的去見林處長，想不到事情大大出人意料之外，他擺出一副官僚架子，態度極其惡劣，還不等我把話說完，就把我狠狠的訓斥了一頓，我想也許是戰事緊張，他心情不佳，於是忍氣吞聲，一再懇求，他硬是鐵石心腸，理也不理，拂袖而去。

不得已，我們只好走黃牛路了。經過了半天的摸索，總算找到一位駕駛班長，他對我們冒險犯難的精神非常佩服，答應以每人兩元的代價，悄悄地到指定地點上車。卡車上裝的是大桶的高級汽油，人蹲伏在汽油桶上極不舒服。到浦城必須翻越仙霞嶺，仙霞嶺山高路險，商旅視為畏途，現因戰事，臨時趕造出來的一條公路，路況極差，僅勉強可通車，路上坡度大，彎道多，一路顛簸震盪，驚險萬狀，迄今回憶起來，猶毛骨悚然，心有餘悸。抵達浦城時，腰酸背痛，手腳發麻，滿身灰沙，狼狽不堪。

再赴建甌

到了浦城，很快的找到聯絡地點，戴先生剛好有急事去建甌，吩咐報務員丁祥峨（我同期同學）留虞廷金在浦城工作，命我和馬壬立刻會同電台台長蘇明（軍校六期）率三位報務員趕赴建甌。我們匆匆忙忙吃了一頓飯，經過一波三折，到黃昏時刻，才僱雇到四名挑伕，然後拖著十分疲困的身體，立即起程，星夜趕路。

從浦城到建甌原可乘船順流而下，但在戰爭期間，軍用繁忙，根本雇不到船隻，不得已只好靠雙腿步行了，連日來，我和馬壬疲累已極，現在還要帶著笨重的電台、電瓶連夜趕路，真是苦不堪言，我們現在總算嚐到了「特種工作」的特種滋味了。幸蘇台長老於世故，很多困難都能一一克服。

我們一行摸黑趕路，才橫過浦城機場不久，就發現方向不清，路徑不明，迷了路！還好附近有一小村莊，我們找到熱心的村長，安排食宿，才得以度過第一夜的難關。

當時閩北交通不便，地方落後，山高水惡，土匪橫行，我們穿便衣，未帶武器，還有四個挑伕扛著兩台沉重的電台跟著我們，大家免不了一路提心吊膽，深怕引起強梁覬覦。幸從浦城到建甌大都沿著閩江行走，不必翻山越嶺，沿途村落處處，食宿不難，加上天氣晴朗，太陽和煦，我們苦中作樂，一路飽覽著閩江的山光水色。

如是朝行暮宿，於第三天下午三時許，抵達繁榮的水吉，這時離建甌只有一天的路程了。因連日趕路，大家精疲力竭，挑伕大喊吃不消，經我和蘇台長研商，決定當晚在旅店休息，痛快的飽食一頓，待明日一大早動身，在天黑之前應可安抵建甌。

幾天來，我們對挑伕友善，他們也老老實實的跟著我們同行同宿。現在已逐漸接近前線，我們怕挑伕臨陣脫逃，就特別選了一個有樓的客棧，安排挑伕睡在樓上，以便監視，我們又在暗中觀察，見幾個挑伕神色如常，一無異狀，等他們睡熟之後，我們也就放心的各自回房就寢了。待東方既白，我翻身起床，上樓去叫伕子們吃早飯，不料人去樓空，原來他們早有計劃，乘我們過於疲勞，熟睡不醒之際，由窗口翻樓，逃之夭夭了。

我們請客棧店東幫忙，另僱挑伕，一直沒有下文，我們逼於情勢，只好硬起頭皮，拋去行李，輪流扛抬沉重的電台。總算皇天不負苦心人，在千辛萬苦中，遇到八個壯漢，被我們攔下懇求，以立付大洋、每人一元的代價，雇到其中四人，扛抬電台，趕到建甌。原來戰事已近尾聲，民眾作業、社會秩序，都在恢復之中，路上所遇伕子，正由建甌回水吉，他們當然清楚戰況，所以很放心的替我們抬東西去建甌。近黃昏時我們到了建甌，和蘇台長一行告別，互道珍重後，我和馬壬就前去看戴先生了。

▲一九三四年於建甌。

戴先生落腳在一棟大廈深院之中，花木扶疏，環境隱蔽清幽，想不到他一看到我們，連招呼都不打，劈頭就罵：「你們怎麼現在才到？我還以為你們被土匪擄去了，不要自以為了不起，在我眼裡，你們不過是廟裡的木偶，如果靈的話，我會供酒肉水果，如不靈，就丟到茅廁裡去！」

戴先生無頭無腦的大罵，搞得我們如墜五里雲中，摸不著一點頭腦。

忽然之間，戴先生又語氣一變，用很溫和的語氣對我們說：「你們的食宿我已關照毛萬里（毛曾任杭訓班副官）了，現在好好休息，明天早晨去見侍從室偵查班黎鐵漢組長，他會安排你們去他那裡工作，從這個月起，我給你們每人加薪十元，好好努力罷！」

這個消息使我們喜出望外，把我們從莫名其妙的深淵中拉了回來。

閩變

閩變還不到兩個多月就被中央敉平了。

當李濟琛、陳銘樞、蔡廷鍇等籌畫叛亂陰謀的初期，戴先生已有正確的情報呈報中央，以後他們和中共勾結，向兩廣、四川、雲南多方拉攏、煽動劉和鼎軍叛變等詭計也被戴先生收集到，因此中央早有種種對策。戴先生又運用心理戰術、策反戰術等，使沈光漢、毛維壽、區壽年各實力派將領棄暗投明。待時機一成熟，領袖就斷然下令海陸空三軍討伐，勢如破竹，不出一個月就敉平叛亂，熄滅了令人憂心的一場浩劫，誠國家之幸，人民之福。

其中有一鮮為人知的關鍵大事，那就是駐防閩北的劉和鼎將軍，正夾在叛軍和共軍之間，不斷的受到籠絡和威脅，他若倒向福州人民政府，叛軍就會向浙江挺進。領袖洞燭機先，派飛機空投巨額軍費，再派幹員諭知中央對他的信賴與重視，並命他嚴密防守，會同友軍進軍。劉和鼎是地方部隊，對閩北地形極為熟悉，了解中央三軍的戰力，和閩浙贛的軍事部署，在權衡輕重得失之後，他當然唯命是從，閩變戰局的迅速結束，他是關鍵人物。

聽說十九路軍名將翁照桓等，在延平戰地掩體內，作竹城之戲時被捕，可見他們的狂傲自大，目中無人，一世「鐵軍」的英名，毀於一旦，怎不叫人感嘆呢？

第五章　進侍從室

我是民國二十三年三月二日，在福建省建甌縣進入「軍事委員會委員長侍從室偵察班」，擔任護衛領袖的工作，那年我虛歲二十四。

侍從室偵查班

聽說戴先生在軍校，談到未來志願時，就一心想要當校長的衛兵。

民國十六年八月，領袖第一次宣佈下野，在去日本遊歷的前夕，戴先生以軍校學生代表的身分，到溪口晉見領袖，曾當面請求當一名勤務兵，以便隨護左右，但未獲許可，由此可見戴先生對領袖一片忠誠，一直有護衛領袖的心願。戴先生接掌特務處以後，護衛領袖的安全，更是他的職責所在，所以他曾設置臨時「隨節警衛組」，從事護衛領袖安全的工作。

民國二十二年六月，戴先生得到領袖的核准，在「軍事委員會委員長侍從室」，正式成立「偵察」和「警衛」兩班，作為負責領袖安全之永久機構，並派軍校二期黎鐵漢先生擔任「偵查班」組長，六期陳善周先生副之，曾澈先生任書記。「警衛班」組長則由軍校六期羅毅先生擔任，不設副組長。每班暫定組員各十五名，統由南京洪公祠、杭州特訓班甲乙兩班學生中遴選而來，素質高，能力強，忠誠可靠。

那時，我當然不知道「侍從室」是什麼機構。

黎鐵漢組長見了我和馬壬，就說：「歡迎！歡迎！前幾天戴先生已經交代了，說有兩位同志要到組上來，曾澈書記也已把你們的人事資料呈報了宣侍衛長，今天你們就先搬到組上來住，以後再分配工作。」

他又告訴我們：「偵察班主要的任務是負責委座安全，除了有時直接擔任委員長的警衛之外，還要作偵察、調查、先遣❶，及和有關人員的聯絡配合。你們是受過特種訓練的同志，一定會做得很好……」

最後他吩咐我們：「既然你們是郵檢組調來的，現在就暫時去負責郵檢好了。」

我這時才知被戴先生所垂愛，派到侍從室，從事護衛領袖安全的神聖任務，此時內心的喜悅和興奮，真非筆墨所能形容的了。

▶在偵察班辦公室（一九三四年）。

❶「先遣」是領袖特別警衛的專有名詞，是在領袖外出前，先去與各地方單位聯絡佈置，以確保領袖之安全。

▶侍從室偵查班，左起：黎鐵漢、劉文謙、鍾民祉、陳善周。

偵查班在建甌

偵查班的黎組長是海南島人，年近三十，中等身材，膚色黧黑，目光炯炯，精力充沛，帶著濃厚的廣東口音，溫和誠懇，不擅辭令，看來是一個不嚕囌、不愛找碴的好長官。副組長陳善周先生，四川人，能言善道，一看就知才華出眾，是組上的中心人物。

組員有軍校五期的潘漢逵、劉樹梓，六期的鍾民祉、李翰廷、劉文謙、許乾剛（許是浙江警校速成科畢業的），浙江警官學校正科一期的馮載光，二期的馬壬和我共九人。

軍校出身的同事，在閱歷經驗和處事能力上，都比我們高出很多，我虛心學習，尊他們如兄長，他們也視我為老弟，大家相處得極為愉快。

偵查班的「班」和軍隊中的班、排、連的「班」，是截然不同的，這「班」原是日本憲兵隊特務工作的名稱，因侍從室從來沒有偵查班的編制，既然擔任領袖警衛之任務無以名之，就姑且以「班」為名了。

我拿了軍委會的公文，就到建甌郵局，從事郵件檢查工作。建甌人口不多，環境單純，郵局規模不大，來往郵件少，和南京新街口郵局相比，真有小巫大巫之別。我對郵件檢查，已有九個月的摸索，檢查起來駕輕就熟，輕鬆愉快，郵局上下，見我對郵局業務嫻熟，工作乾淨俐落，不妨礙他們作業，對我大表歡迎，只可惜沒有查到任何有價值的資料。

戴先生成立偵查班的同時，曾報准張業、莫鈞、屢劍如三人為正式侍從室的侍衛，因而形成了領袖內外圍都有警衛的生力軍，這樣戴先生不但達成了護衛領袖的夙願，又有忠貞有守的幹部，日夜隨侍保護領袖之安全。

作為偵查班的一員，我在建甌的兩星期，除檢查郵件之外，也曾多次擔任警衛工作。其中最值得一提的是，閩變延平戰役中，委座曾親自從建甌乘軟轎赴延平前線指揮，朝出晚歸，路程百餘華里，為時十餘小時，翻山越嶺，渡江過橋，安全顧慮極多。為確保領袖之安全，偵察班偵察地形，掌握有關警衛狀況，嚴密控制橋樑渡船，安排休息和就餐場所，規定聯絡暗號，以及與潛伏人員暗中配合等等，都作了十分周密的部署，圓滿的達成了任務，給宣鐵吾侍衛長和其他侍衛人員，留下了深刻的印象。

從建甌到南昌

委員長於民國二十三年三月中離建甌飛南昌。

我們警衛人員亦於翌晨乘木船由閩江順流而下。下午登岸延平，進此閩南軍事重鎮一遊。

延平依山臨江，高大堅固，山隔水阻，易守難攻，地形極為險要。一進城，是一條寬大的石板路，傾斜入城，坡度不大，街道整齊熱鬧，不但看不到兵燹的痕跡（可見無奪城之激戰），反因部隊雲集，更見繁榮。城門口周圍內外水漬淋淋，潮溼不堪，原來是市民陸續不斷去閩江汲水所致，這是其他城市所未有之人文景觀。

第二天一清早，我們換汽艇離開延平，於下午三時抵達福州。福州是福建省會，歷史名城，文風鼎盛，人才輩出。福州美女，麗質天生，福州溫泉，水質奇佳，此兩者，向為世人之所津津樂道。福州附近之馬尾，是中國海軍發源地，有海軍軍官學校，該校培育了許多優秀的海軍人才，我國海軍先期的高級將領，幾全出身該校。我們下榻新開張的百合商店旅館部，這是一個現代化的建築，裝潢得富麗堂皇，我在這裡，生平第一次享受到講究的溫泉浴。

我們在馬尾換船，參觀造船廠，登上名勝古蹟羅星塔，瀏覽了四周的山光水色，享受了一頓美味的海鮮，也吃到了有名的福建橘子，對我這個土鄉巴佬而言，事事都是開洋葷的第一次。想到我在今年元旦，匆促離京，過杭州，輾轉金華、浦城而達建甌，在短短的兩個月中，飽受風霜之苦，歷盡種種曲折辛酸，誰

▶一九三四年時。

知一到建甌，柳暗花明，否極泰來，人生遭遇，順逆之間，反覆如此之快速，怎能不叫人感嘆萬千？

特別密件

民國二十三年三月十五日晨，我們離馬尾，一路飄海溯江，快速又舒服的抵達九江後，又馬不停蹄的上了南潯鐵路，直奔南昌。

領袖在南昌駐節北壇，這是臨贛江的一幢二層樓洋房，遠市區，花木扶疏，環境清幽，利於警衛。

偵、警兩班則在附近租民房安身，既可隱密身分，又對工作方便，當時警衛班專負官邸周圍全天候的警衛任務。偵察班除臨時先遣和警衛佈置外，是依南昌市行政區來分配工作，負責社會調查、情報蒐集和與有關治安情報單位聯繫配合等事宜。

獨鍾民祉是南昌人，組上特密派他到梁家渡工作。梁家渡是南昌到臨川必經之渡口，車輛賴木船過渡，為警衛線上的重要據點。那時我們每

▶擔任偵察班先遣。

人發有特別密件一枚，必要時可調動部隊支援，鍾兄因被當地駐軍懷疑，竟遭拘捕、綑綁、逼供，而搜出密件，暴露了身分，上峰恐密件事件外洩，發生重大影響，密令軍方作廢，此為我偵察班工作史中，一段難忘的插曲。

平地風波

由於出勤，我們與侍從人員接觸頻繁，因而得到宣侍衛長鐵吾的器重與信賴。

當時侍從室聘有德國顧問「司脫乃斯」，負責侍從人員和武裝警衛方面的訓練與指導，他知道我們的出身和素質，對我們的工作相當滿意，他曾同侍衛長和我們作個別談話，又兩度對我們全體訓話，計劃將偵、警兩班正式納入侍從室編制，他建議將「偵查班」人員，不分軍校、警校，不計期別高低，一律以「上尉侍衛官」任命，「警衛班」人員，則以「少尉特務員」任命，由宣侍衛長電請戴先生同意，再呈報委員長核辦，這是我們夢寐以求的大事，自是十分高興。

誰知半路殺出一個程咬金，書記曾澈同志，密報戴先生說：「偵、警兩班是鈞座苦心訓練的精華，如被他人吸收，將對團體影響甚大，請考慮婉拒之。」（電文大意如此）結果戴先生竟採納他的意見，真的電覆宣侍衛長予以婉拒，使宣侍衛長非常難堪不高興。

無巧不成書，擔任侍衛官的張業、莫鈞兩兄（屢劍如已他調）在領袖左右，因看不慣侍從室同仁的所作所為，用郵寄方法向領袖密報，結果密報信落入侍衛長之手，這兩件事使宣侍衛長大為生氣，不客氣的指責戴先生說：「我提拔你的人，你不肯，你推舉進來的人又專打小報告，原來你的人不是來護衛領袖，而是來打我們小報告的……」

宣侍衛長黃埔一期，浙江諸暨人，不論期別、階級、地位都比戴先生高許多，又是委員長最親信的人，就當面毫不客氣的給戴先生難堪，戴先生一再解釋道歉，並將張、莫兩侍衛官調開處分。

這兩件事發生後首當其衝的就是我們偵、警兩班，宣侍衛長一改過去對我們的愛護，開始對我們冷落。

當原來的侍從室人員得知，宣侍衛長有意將我們全都調任侍衛官和特務員的消息以後，醋意萌生，開始對我們冷嘲熱諷，排斥為難，苦惱不堪。幸戴先生已任特務處處長三年，表現極好，深得領袖信任，使他們有所顧忌，尚未將我們一腳踢開。

曾澈兄是一位忠貞熱情的優秀革命幹部，相信他密報的動機純粹出於對團體的愛護，但他這次的作為使我們極不諒解，認為他太無遠見。不久曾澈就離開了侍從室，在抗戰期間他調到天津任區長，兼天津復興社社長。他號召愛國熱血青年志士，展開敵後活動，並成立抗日殺奸團，制裁了不少漢奸與日寇。終以行動過於積極大膽，為敵偽鷹犬所偵知，於民國二十八年秋，在天津英租界被捕，雖經敵偽千方百計的誘說，逼其口供，並施予種種酷刑與折磨，他始終不為所屈，以致壯烈成仁。曾澈兄是我溫州同鄉，對他的為國捐軀，我感到特別的哀傷與懷念。

偵查班成員三分之二出身軍校六期以上，全都受過特種訓練，無論學識、資歷、經驗都不會低於原侍從室的警衛人員。我們當時年輕氣盛，自負不凡，遭此不合理待遇深感不平，更怕此種情況，對於護衛領袖的重大職責，會造成疏忽或差錯。於是向戴先生反映，希望有所改善，或乾脆允許我們離開，甚至想以軍校學生的身分寫陳情書，向領袖面呈委曲。

戴先生聽到了我們的困境，特別到偵察室召開祕密會議，對我們說：「你們的委曲和處境我都非常清楚，也許你們曾經聽說過，我在七、八年前所遭受的誤會和屈辱，比你們現在要嚴重多了❷，但我始終抱定一切為領袖的決心，一再容忍，終蒙領袖垂愛，希望你們為了領袖、為了團體，要百般容忍，堅守崗位……」戴先生說話一向聲音宏亮，顧盼自若，而這次談話竟悶坐椅上，臉色陰沉，以低沉的聲調，自說自話似的，說了以上這些語重心長的話，使我們深深地了解到戴先生的心酸與無奈。戴先生說完話，默默離去，我們之中也無人開口。我們接受了戴先生的勉勵和囑咐，決心忍辱負重，堅守下去。

電報檢查

到南昌沒多久，奉戴先生命令，黎組長和軍委會毛慶祥主任協調，派我擔任電報檢查工作。是時毛主任兼侍從室機要祕書，他是浙江奉化人，留學法國，為當時之權貴。

❷日後我曾和侍從室老人，談到戴先生初任情報員，在官邸門口強呈報告一事，他們都覺得好笑：「我們誰也不認識他，既不知他來幹什麼，上級也沒有交代，請他將報告交給我們呈核，他又不肯，為了職責和安全，只有不客氣的趕他、罵他，他那忍耐的功夫和倔強的毅力，真是了不起。」

毛主任面談滿意後，我就被派到南昌上水巷電報局檢查組，組長李中校，湖南人，為人和氣，組員有許、蘇兩軍官，都是軍方通信人員，對電報很內行，擔任電報檢查，輕鬆愉快。而我對電報一竅不通，一面向他們虛心學習，一面死記電碼，真是苦不堪言。幸好電報大都是軍方消息，幾全用密碼，只要將常用的一些明碼牢記在心，總算勉強可以應付。

電報檢查分日夜兩班，兩人一組，排表輪值，工作極為清閒。但因要上夜班，日夜顛倒，生活不正常，無法安睡，結果我得了嚴重的神經衰弱症，雖多方就醫，大吃補藥，仍無濟於事。但奇怪的是，自「八・一三」抗日戰爭開始，精神極度緊張以後，我的病居然不治而癒了。

戴先生當課長

戴先生在南昌百花洲東湖旁，設有辦事處，因特務處新創不久，同志不多，祇要他在南昌，我們都可以隨時跑去找他聊天。

民國二十三年六月某日黃昏，我去看戴先生，他不在，就在我和副官賈金南等嘻嘻哈哈談笑時，戴先生滿面春風的回來了。他看到了我，非常高興，就說：「你來了！坐！坐！」又對賈金南說：「賈金南！馬上燒泡飯給我吃。喔！還是先倒洗腳水給我洗腳！」

戴先生那天特別高興，反常的喜形於色，我就笑著問戴先生是不是有什麼好消息。

「喔！你不知道，我當課長了！」

我覺得好笑，就天真的脫口而出：「一個課長有什麼了不起，你怎麼會這樣高興？」

「真是小孩子，這個課長可不是一般的課長，你懂什麼呀！」

我真不明白，為什麼這個課長會這麼重要。

以後我才知道，戴先生接鄧文儀先生的調查課長一職，正式的頭銜是「侍從室隨從祕書兼軍事委員會和豫鄂皖三省剿匪總司令部」的調查課課長。

當時的鄧文儀先生，寵信之專，權勢之高，少有出其右者，我常在機場、車站和重要場合中，看到黨政軍要員見到他，無不畢恭畢敬，行禮問候。後來，南昌的軍委會航空署，於二十三年六月某日，突然起火，燒燬辦公廳和倉庫多間，領袖非常重視，立即命調查課鄧文儀課長徹查。

據我們所知，領袖在秘密地準備對日抵抗，正設法增強軍力，尤其是空軍軍力，故命曾在德國留學深造、受德國統帥興登堡將軍所推崇的徐培根先生出任航空署長，凡重要航空事宜，因怕日人知悉，對我不利，都採偽裝或掩護手法，以避日人耳目。而這次起火，事出蹊蹺，領袖懷疑是日本間諜收買漢奸，縱火燒燬，以致損失慘重，嚴重的影響了我空軍戰力。

誰知調查課調查的結果是意外失火，並無人為因素。領袖不信，命再認真徹查，結果仍如前查，領袖始終懷疑不信，就另命戴先生複查。戴先生果真不愧為特種工作奇才，竟於短期內查出失火真相，找到人證物證，證明是人為縱火，拘捕了有關人犯。領袖極為震怒，扣押了徐署長和鄧課長議處，並發表戴先生兼調查課長。

調查課編制大，經費多，和特務處的配合運用，使戴先生的事業又向前邁進了一大步。戴先生胸襟開闊，唯才是用，無畛域之見，因此人人多願隨其左右；尤其調查課成員，具才華、富經驗、多專家，對他襄助極多，此為戴先生繼特務處後的又一重要職責。

第六章　四川見聞錄

侍衛長何雲

民國二十三年十月間，宣侍衛長調任浙江省保安處副處長（時處長是名將俞濟時將軍），遺缺由何雲先生接任。

何侍衛長在民國初年就追隨領袖，從事革命工作，在上海、杭州、寧波等處祕密活動，極為成功，深得領袖信任，後任杭州省會警察局長多年。他身材清瘦，蓄八字短鬚，身材神態外貌極似領袖，當時盛傳領袖有替身，指的就是何侍衛長。

何侍衛長為人寬厚慈祥，和侍從室向無歷史淵源，因此他到侍從室以後，做起事來，常常不稱心如意，當他發現我們偵察班人員，作事認真，學識能力強，一再圓滿的達成他指定的任務後，他開始對我們另眼相看，事事託付，就連一些副官們該做的瑣碎雜事，也一定要我們去處理，他才放心。

高空扔鈔票

民國二十三年底，共軍被圍剿得窮途末路，分頭流竄到貴州、四川邊區，對四川形成重大威脅，使軍閥劉湘不勝恐慌，不得已向中央請求部隊支援。於是領袖命成立「軍事委員會委員長南昌行營駐川參謀團」，派賀國光將軍為主任。賀將軍於二十四年一月十二日，率團乘江輪直抵重慶，負監督指導之責，中央政權因而直抵四川，對以後對日抗戰的勝利，關係至為重大。

民國二十四年，共軍流竄到雲南、貴州，情勢相當緊張，領袖於三月二十四日，親自飛抵貴陽，指揮堵擊，我和潘漢逵兄二次奉命，搭乘福特專機，趕去貴陽，增強對領袖的護衛。

當時的機長是後來的空軍總司令徐煥昇，他負責運送二十多綑小額鈔票的緊急任務，我和潘兄是機上僅有的乘客。因飛機逾齡，性能老化，兩次竟都發生同樣的事故：那就是自重慶珊瑚霸機場起飛後不久，飛機在崇山峻嶺中爬升時，螺旋槳中的一個，突然發生故障，使我們不得不將大綑大綑的鈔票推出機艙，以減輕重量。幸虧兩次都憑徐先生的機智沉著，技高膽大，奇蹟似的用單槳側翼，飛回珊瑚霸機場，安然降落。至於巨額鈔票，自然就無法找回了。

范莊

領袖離開南昌，飛武昌、貴州、雲南等處巡視與指揮剿共，於五月二十三日飛抵重慶，駐節重慶上清寺范莊。

我們於領袖離開南昌後，乘專車赴九江，再換專輪直溯長江，在漢口、宜昌、巫山、萬縣等碼頭各停一夜，沿途目睹長江天險，緬懷歷代文物史

▶范莊私邸一角。（以下照片若無特別說明，皆為出勤時所拍攝）

蹟，於四月底抵達重慶朝天門，上岸後，立趨范莊。

范莊是川軍師長范紹曾的公館，坐落在重慶上清寺一處小丘陵上，地形像太師椅，向國府路緩伸。面臨國府路，范莊有一長排弧形三層樓的洋房，其中有臥室、會議室、酒吧間、套房、餐廳等，家具浴室設備一應俱全，是范師長招待貴賓和友好休息玩樂之處，我們偵警兩班和武裝衛士隊都住在裡面。

大樓右方，有兩棟精緻的花園洋房，是范師長的住宅。住宅左方是一座室內網球場，排場之大，為他處所稀見。大樓正後方，有一座花園和小型動物園，茂木、修竹、假山、亭榭、小橋、流水、奇花異草等等，樣樣俱備，可惜俗氣呆板；至於動物園，也僅有兩隻豹子，數隻猴子

▶於范莊花園前。

▶范莊花園。

及孔雀而已。離范宅稍遠的左後方另有洋房一幢，即為領袖駐節處，環境幽靜簡潔，便於警衛。

范師長是有名的怪人，左腳微跛，走起路來，一腳高一腳低，有如鴨行。他身材矮小粗獷，慷慨好義，川人多樂於與他接近，平常慣以「范哈兒」相稱而不呼其名。他娶有年輕貌美之姨太太多人，姨太太們經常三五成群，結伴進出范莊，或同打網球，或攜子逛街，或外出購物，輕聲談笑，狀甚親密，有如姐妹。她們衣著素淡，喜著運動裝，作女學生打扮，偶爾和我們相遇，態度落落大方，以淺笑點頭為禮。

軍閥富豪

重慶是舉世聞名的山城，夾在長江和嘉陵江之間，地形像半島，尖端突出於兩江匯合處，三面臨水，是水陸交通中心，商賈雲集，人口稠密，市面繁榮，自古以來就是軍事重鎮。現因常年在軍閥剝削壓榨之下，市民生活窮苦，身體羸弱，精神不振，面有菜色，經常身穿破舊灰布長衫一襲，草鞋一雙，頭纏白布一條。就在謀生不易，三餐不繼的悲苦情況下，抽鴉片的小工苦力仍大有人在，貧病交迫，倒斃在路邊者，時有所見，看了不能不叫人鼻酸淚落。

而軍閥富豪，奢侈享受的程度簡直無法令人相信，尤其擁有槍桿者，明目張膽，分地為王，魚肉人民。

四川袍哥黑社會的組織，深入民間各階層，勢力極大，如得不到他們的合作，就是政府政令的推行，也會受到阻力，無以下達。

軍方高級首長，乘汽車外出，衛士手持木殼槍，在汽車左右兩傍攀立，威風凜凜，飛馳而過，就連連長姨太太乘轎外出時，也有一兩位佩帶木殼槍士兵，跟隨轎後，招搖過市，令人側目。

自領袖蒞臨四川以後，人民的生活才有了改善，不但革除了許多社會惡習，也遏止了軍閥的作威作福。

我們到四川時，「外省人」極少，連參謀團人員在內，也不過兩三百人。四川人叫外省人「下江人」或「腳底下的人」，本指長江下游的人，但也多少帶點輕視的意味。自我們隨領袖入川，川人見我們衣著整潔，談吐文雅，舉止端莊，態度良好，一改輕視為歡迎，甚至多方設法與我們接近，就連「腳底下的人」的稱謂，聽起來都倍感親切。

我們在范莊時，市政府特派專人，安排我們在附近一家高級餐廳用餐，每餐的菜餚比一般酒席還豐盛。後來被領袖聽到，極為不快，不但把侍衛長訓斥了一頓，還嚴禁侍從人員接受招待。自此以後，我們侍衛、警衛人員的伙食都自行雇人炊理。

渝城佳麗

自領袖得悉侍從人員被接待一事後，想到四川官場惡習，非常擔心中央派來的官員，生活會被腐蝕，就特別密令我們調查重慶軍、政、黨高級首長的行為與操守。

偵查班人員就奉命分別進行。我負責大公館、豪華別墅和俱樂部的調查。

首先我從有關方面蒐集資料，得知重慶有權勢、有錢財的大亨在市區都擁有精美的公館，有少數在郊區還興建了富麗堂皇的私人別墅。接著我就暗中實地調查，找出正確的地址，將它一一繪成簡圖。

至於俱樂部的調查就困難了。因為俱樂部是祕密組織，一切活動十分私密，連地址都不易獲得，更何況俱樂部的內情了。當時四川環境特殊複雜，政治軍事各方面的問題都十分敏感，進行調查不能不慎重其事，但不入虎穴焉得虎子？不冒險，資訊又從何來？真是無巧不成書，正當我焦急苦思、計無所出時，忽然飛來一樁奇遇，解決了我的難題。

有一天早晨，我在上清寺搭公共汽車進城，那天天氣燠然，車上乘客擁擠，我希望車後有座位，就奮力的向車後擠去，果真看到最後一排右手靠窗處，還有一個勉強擠得下的狹小座位，我就毫不客氣的擠了過去。到了面前，才發現近窗口坐著一位年輕女子，我如硬要擠坐下去，實在不好意思。正在猶豫之間，想不到這位女子大方的對我微笑，並敏捷的向窗口移去，讓出一些空間叫我坐下，使我受寵若驚，一面道謝，一面靦腆就座。這位女孩個子嬌小，身材苗條，皮膚微黑，頭戴白色運動帽，身穿黑色衣裙，一身中學生打扮，顯然是位網球好手。她態度從容大方，主動與我攀談，問我姓名、籍貫、職業等等，東拉西扯的說個不停。我是侍從人員，在政治環境複雜的四川，警覺心特別高，由是保持著君子風度，謹慎的與她周旋。很快的車到都郵街鬧市，時近正午，我向她告別，起身下車。不料她尾隨而來，主動請我去青年會進餐，我想也許可以搜集資料，就答應了她的邀請，並說好第二天由我回請。

就這樣我們幾乎天天見面，談得非常投機，東南西北的無所不談。從她的言談中，我得知她是川軍一位中級軍官的小妹，年方十八，活潑好動，大膽任性，特別偏愛外省人。我又從資料檔案中查證她所言，句句屬實，她確是一個單純而無心機的女子。

我故意不經意的提起俱樂部，她興奮的告訴我，說她最近跟胞兄到小樑子的一個俱樂部去玩，看到許多有頭有臉的大官政要，每當華燈初上，達官政要陸續而來，有大批環肥燕瘦、如雲美女招待侍候他們：用餐、飲酒、豁拳、賭博、抽鴉片煙、跳舞、唱戲等，戲謔歡鬧，盡情享受。

我特別問她有沒有看到外省人士參加玩樂，她說沒有。據她哥哥說這個俱樂部是闊老玩樂消遣的消金窟，似乎是沒有政治色彩的。

她見我有興趣，就要她哥哥帶我去見識，這是我求之不得的美事。無奈因我化名鄭鳳起，假稱在參謀部工作，如不小心露出馬腳，可能弄巧成拙，於是我就託辭自己年輕，不宜涉足聲色場合。想不到這番說詞，反倒贏得她的讚許。

當我知道這個俱樂部的地址和內情後，就去實地偵查，再用化裝守候盯梢的笨方法，選擇派頭較大的數人為對象，如乘車，記下車號，如坐轎，就跟蹤回家，然後再去蒐查有關資料。因為進出俱樂部的人不是乘車，就是坐轎，偵查起來並不困難。

同時，我又從其他地方得知幾個半公開的小型俱樂部。有了第一次經驗，以後調查起來就輕而易舉了。

最後我將所有的資料綜合起來寫成報告，呈報層峰鑒察，作為領袖整飭軍紀政風之參考。

五月底，我隨領袖赴成都，職責所在，行色匆匆，無法向那位少女告別。想到她一片天真，而我卻用假姓名、假身分去和她交往，她如果真去參謀部查問，一定會大失所望。對於這件事，一直到今天，我仍然覺得非常的抱歉。

成都風情畫

領袖於二十四年五月底離渝飛抵成都，駐節陝西街三十三號吳玉笙先生公館。吳公館有精緻的雙層洋房，庭院廣闊，綠草如茵，鮮花艷麗，草木齊整雅緻。此處地近「少城公園」，街頭就是中外馳名的「不醉無歸」餐館。

成都天氣溫和，民情淳樸，房舍整潔，馬路平坦，交通良好，比起重慶來，真有天壤之

▶吳玉笙公館。

▶吳玉笙公館。

別。成都市民嗜好網球，像「少城公園」、青年會和許多學校之內，網球場處處可見，男男女女，手持網球拍，悠然自得，成為時尚，這是他處所沒有的獨特現象。我們也入境問俗，購買網球拍，不管打不打球，都一拍在手，招搖過市，現在回想起來都覺得好笑。當時成都人喜歡穿素淡長衫，尤其陰丹士林布，除學生和一般年輕人外，人各一襲長衫，連一些勞工朋友，也上穿長衫，下著草鞋，甚至光著腳丫，給我的印象特別深刻。

四川茶館

領袖蒞臨重慶和成都後，每天的節目很多，我的工作重點，在於警衛，如地形偵察、警衛部署、安全檢查、先遣或隨從，以及密切和有關人員聯繫配合等，工作非常緊張忙碌。

當領袖初入川境時，很多人都認為劉湘、劉文輝、鄧錫侯等擁兵自重的將領，是由於共軍的流竄壓境，情況緊迫，才不得不懇求中央調軍救援，其實內心是極不甘願的。他們和一些反政府的政客與異議分子，暗通款曲，相互勾結，再加上共黨和日本，從中煽動誘惑，祇要一有機會，定會興風作浪，對領袖不利。因此對領袖關心的人，都認為領袖此次入川，十分冒險。

我們身為侍衛人員，當然更如履薄冰，事事注意，處處防範，採取嚴密的警衛措施，並和中央與地方的「工作同志」，密切配合，達到確保領袖安全的任務。

川人好俠尚義，崇拜英雄，社會型態特殊，幫會組織遍達窮鄉僻壤，地方潛在勢力強大。尤其川人嗜茶、好空談，不止都市城鎮內茶肆林立，茶客滿座，就連鄉野荒村，也大小茶館遍佈，供人痛飲暢談。因此上自國家大事，下到街坊瑣聞，遠溯歷史典故，近涉時事新聞，都經各處大小茶館，流傳散佈。領袖的東征北伐、敉平閻馮、平定閩變，種種革命事業，早已經茶館流傳散佈，遍達社會每一階層。及領袖在重慶和成都，分別召見耆宿俊彥、黨政軍教首長以及學生代表，慰問嘉勉、垂詢關愛，人人深受感動，莫不引以為榮。

四川各界代表，親睹了領袖的英姿神采，聆聽了領袖真誠懇切的談話，因此領袖救國救民之決心，呼籲全國軍民團結一致，驅逐強敵等等消息，透過各處茶館，像傳播站似的，很快的傳播到四川的每一角落，更加深了川人對領袖的敬仰和崇拜。

▶四川眉山北門。

四川的茶館就警衛安全而言，更有意想不到的作用。因茶館可提供快速正確的情報，有了正確的情報，警衛部署、安全措施，就可迎刃而解了，領袖入川的安全顧慮，也就自然而然的消失於無形了。

路過報國寺

領袖於二十四年夏，入川不久，就決定開辦峨眉軍官訓練團，自任團長，陳誠與劉湘兩將軍為副團長，團址選定峨眉山「報國寺」。軍官訓練團開辦期間，領袖之行邸，預定為報國寺附近之「新開寺」。

我奉命於七月十七日，秘密離成都，經雙流、渡江津、過眉山，直奔報國寺，再從報國寺轉新開寺，去負責環境偵察、安全策劃以及警衛部署等任務。

我於下午二時許抵達報國寺，見大批工人伕子，正在東一群西一堆的開路平地，搭建屋架，鋪蓋稻草，夜以繼日的拚命趕工！工人把一排一排編好的竹竿，糊以白報紙，作為高級長官的辦公廳、寢室、會議室、餐廳等的隔間壁板。同時在廟宇後方的溪旁林木之間，架有白色帆布營帳二十多個，是開訓後隊職官的教育示範軍營，整體看來，營地整潔嚴肅。

▶四川眉山街道。

寒酸新開寺

寄宿一夜後，我於第二天大清早，帶著簡單的行囊，由一名挑伕作嚮導，踏上峨眉山的大道，向新開寺進發了。約走了十華里，到了「解脫橋」頭，此處叉路，右轉過橋，是上峨眉「金頂」的正道，如一直向前走，就是我要去的新開寺。大約離新開寺還有二十多華里時，山光景色，忽然大不如前。

挑伕約三十多歲，本地人，對峨眉山的情形非常熟悉。提到食宿問題時，他說：「新開寺地方偏僻，沒有旅社餐館，就連民房農舍也不多，你是外地人，想找地方住宿，恐怕很難。不過新造的新開寺，因經費不足，無法竣工，正在停工之中，我和主持很熟，可以商量租用，如果你願意暫避風雨，也願意委屈吃素菜的話，我可以幫你去說。」

我第一次上峨眉山，一切陌生，聽了嚮導的建議，就接受了他的安排。我跟嚮導說：「我是上海來的學生，父親在重慶、成都和上海做生意，經常住在成都，我很嚮往峨眉山的優美景致，就趁暑假，一面遊覽，一面寫點東西，預定逗留兩三個月。來時聽朋友說，峨眉山新開寺有位外籍牧師，可以找到食宿，沒想到情形會這樣，那就一切拜託你了。」不到正午，我就落腳新開寺內了。

住持是一個五十多歲的和尚，樸實和氣，僧袍破舊，面有菜色，帶著一個瘦弱的小沙彌，十一、二歲，穿著比住持更為破爛。嚮導和住持交情似乎不錯，一經說

▶四川新津的菜市場。

明，就滿口答應，我馬上付租金兩元，住持高興的一再道謝。

寺廟是長方形的木屋，樓上樓下，總共四十多建坪。樓下簡陋的隔成佛堂、臥室、客房、廚房各一間，廁所靠在廚房外側，聊供方便而已。二樓空空，沒有東西，連門窗都付之闕如，窮苦的情形，難以相信。但周圍內外，都打掃得乾乾淨淨，不失為佛門淨地。

我住在客房內，感覺還不錯。但中午的素菜，淡而無味，燒菜用的菜子油，更是一股怪味，令人噁心。

寺的後方，是一處面積數千坪的半山坡地，一位年近八十、身體健壯的洋人孔牧師，建造了一幢T字形的木造洋房。臥室、會客室、餐廳、書房、廚房、衛生設備以及傭人房間、儲藏室等等，樣樣俱全，裝潢佈置，精美華麗，和新開寺相比，真有天壤之別。

▶破舊的峨眉山新開寺。

孔牧師在本宅右前方，造了一座小教堂。孔牧師為人和氣，僱有廚師和女傭各一人，他會講普通話，和當地人民，相處和睦。教堂旁邊有三開間平房一棟，住了一戶當地居民，除耕種

▶新開寺旁的雜貨店。

外，並販賣一些日常必需品和農產品。新開寺左後方，有一本地農家，大小六口和牛雞共同擠在三間茅草屋之中。屋前有一池塘，供人畜用水，池塘骯髒雜亂，和附近的整齊清潔極不調和。

新開寺的右前方有一山谷，在山谷之前，離新開寺約數十公尺處，有一片茂密的松林，林中有三棟精緻的小洋房，經常雲霧繚繞，要走近才隱約可見，這裡是新開寺唯一稱得上有風景的地方。據說現有成都樂山教會大學生八人（其中女生一人）住在裡面，為教會整理資料和作專題研究。

領袖的行邸，已確定要租用孔牧師的房子，由勵志社黃仁霖總幹事秘密說好的，我上山時，已有勵志社人員在僱工翻修、油漆粉刷之中。這是一幢矮小狹窄的木造平房，誰看到了都不會相信，這會是領袖伉儷駐節的地方。

新開寺附近，風景平平，既無奇岩峭壁，澗水飛瀑，又無參天古木，倒懸藤蘿。峨眉山所有的寺廟，全都建築宏偉，香火鼎盛，只有這座可憐的新開寺，哪像是四大佛教聖地中的佛剎古寺呢？

新開寺附近沒有水源，所需用水，除依賴冬季貯存的雪水之外，平時靠天下雨，積存備用，生活上的不方便，真難以置信。而這樣不夠條件的地方，竟會被基督教會選中，建造教堂，並派牧師傳教，實在太不可思議了！

以後我才知道，原來當初基督教會要到佛教勝地峨眉山傳教、造教堂的消息傳開後，四川民眾群起反對，佛教徒和峨眉山周圍的民眾，團結一致，以行動加以阻撓，使教會知難而退，後經多次協商，地方人士才允許有條件的將教會活動，限在新開寺附近。

至於領袖選擇新開寺做行邸，理由就多了：峨眉山沒有招待所和別墅可供駐節；軍訓團團部的「報國寺」和附近的「伏虎寺」等，本來都可以做行邸的，但有夫人相隨，加上身為基督教徒，當然有所不宜；領袖顧慮到有規模的寺廟，膜拜的善男信女必多，做為行邸，一定對大家都不方便；新開寺離軍訓團距離不遠，領袖乘自備輕轎來回，既不會耽擱太多時間，又舒服安全，而且新開寺有牧師和教堂，便於領袖與夫人禮拜天上教堂作禮拜。

掛單和尚

我住在新開寺內，生活並無不快，但素菜的油味，實在不能忍受，到第二天，聞到油味，就噁心想吐，無法下嚥。

後在雜貨店裡遇到教會學校的八位學生，彼此談得很愉快，提到食宿問題，我趣稱自已是新開寺剛掛單的「新和尚」，並大嘆苦和尚不好當，尤其素食難以入口，正在絕食之中。他們聽完哈哈大笑，就問我：「何不加入我們的伙食團？」原來他們向雜貨店老闆娘包伙食，每天三餐，每餐四菜一湯，每月每人大洋三元，使我喜出望外，當天就高高興興的加入了伙食團。

新開寺環境非常單純，臨時上山的過客，僅有他們男女八人而已，就我的工作而言，他們是我最應當注意的對象，現有這樣難得的機會，和他們接觸，不但了解了他們的言行思想，從他們的閒談中，我對孔牧師和新開寺附近的狀況也就一清二楚了。經過數日的相處來往，我清楚他們上山的動機，純粹是替教會整理資料和賺點學費，他們忠厚單純，十分友善，我就常和他們一同結伴探幽訪勝，遠足野餐，甚至作竟日遨遊。

▶有緣相逢的成都樂山華西大學學生。

領袖在新開寺

領袖伉儷於七月二十二日下午蒞臨峨眉山新開寺，立即到行邸休息。侍從人員自何雲侍衛長以下，約二十多人，散居在附近臨時搭建的木屋民房之中，武裝衛士三十多人，駐紮新開寺。我隨偵察班住池塘旁邊的草屋內，並立將所有資料和警衛計劃，呈報黎鐵漢組長核閱，而其他同志則分駐眉山縣和報國寺附近周圍的寺廟，或民房內。

領袖莅新開寺的前兩天，勵志社已僱請工人，作全面的整理和打掃，到處乾淨清潔，一塵不染，連角落都不例外。用水問題，派挑伕多人下深澗挑運，而得以解決。

領袖伉儷莅新開寺的頭幾天，每天好幾次攜手並肩，徜徉在寧靜安祥的山村之中，心情的輕鬆愉快，是我隨從以來所少見的。

一日兩怒

七月二十五日上午八時許，領袖乘便轎遊峨眉「金頂」。

我擔任開路先鋒，作沿路偵察警衛工作，當日天氣晴朗無風，非常悶熱，我正小心翼翼的在茅草小徑前進時，忽然聽到領袖震怒的喝罵聲：「混帳！怎麼走這條路，太悶熱了！」原來另有一條比較好走的叉路，但要繞一段很長的路，帶路的人衹知道抄近路，而忽略了坐轎人的感受。

還好對當地地形非常熟悉的孔牧師，跟在後面，聽到了怒罵聲，馬上自動的跑上前去，向領袖打招

▶作為領袖駐節居所的峨眉山新開寺孔牧師住宅。

呼，親自做嚮導，才解了圍。一上了正路，豁然開朗，氣象萬千，山明水秀，景色撩人。

到了「九十九倒拐」，彎度過大，坡度大陡，轎子好多地方都無法抬上去。領袖就下轎步行而上。

領袖在「倒拐陡坡」的石階上坐下休息，命人照相留念，但攝影師沒有來，何侍衛長見我背了一個照相機，也不管我相機好壞、技術如何、效果怎樣，就命我去拍，我也不管光線、角度和姿態，匆促的拿起相機，對著領袖坐好的姿勢拍了一張。當時的相機和底片，性能很差，我的相機又不是高級品，能不能拍得好，實在沒有把握，尤其拍的時候不敢請領袖換位置改姿勢，真叫人擔心拍出來會模糊或空白，無法交差。後來照片洗出來，還算不錯，但背景和光線都不好，我就不敢自動上呈，上級也一直沒有提起，這張照片就只好留給我自己作紀念了。

天快黑時，大家在飢疲交加中，到達了「九老洞」。這裡離峨眉山大約還有一半路，該處有寺名「仙峰寺」，殿宇宏偉，神話傳說很多。寺的周圍，危岩峭壁，樹木蒼勁茂盛，景色絕佳。尤其寺的左側，峭壁突聳天空，頂部有一片樹林，樹幹細長，葉子棕黃濃密，正是峨眉山最有名的猴群棲息之所。

峨眉山猴毛的顏色，幾乎和樹木的葉子一模一樣，祇聞啾啾猴叫聲，嗖嗖樹枝搖動聲，若不留心注意，很難看到猴子蹤影，所謂動物保護色，真一點也不假。至於傳說中的猴子成群結隊，老幼排陣，討取食物的靈異奇事，我倒沒有看到。寺內的老和尚，認真的告訴我們，說是如果猴子遭受攻擊，必群起報復圍攻，至死不罷休，因我們的武裝衛士，都配有木殼槍，是峨眉山上人畜所少見的，老和尚深怕我們好奇的開槍會驚嚇猴群而生意外。其實老和尚杞人憂天，我們紀律森嚴，訓練良好，絕不會輕易開槍的。

當夜，領袖就駐節仙峰寺。

領袖的伙食，在離開南京的時候，一般都由勵志社派員辦理，這次上峨眉山，也不例外。領袖離開新開寺的上午，早已由勵志社張先生率廚師攜帶烹飪材料，先到九老洞準備晚餐。中午領袖僅進點心充飢，天黑時到達九老洞，肚子飢餓是可以想像的。不料飯菜竟遲遲不見上桌，領袖火冒三丈，大罵何侍衛長，叫勵志社的張先生立刻滾蛋。

▶一九三五年七月二十五日，領袖遊峨眉金頂，奉命拍下此照。

領袖今天早晚兩次發火罵人，是極鮮有的事，也是我第一次親自聽到與看見的情形，覺得十分訝異。後來聽老侍衛人員告訴我，原來那天，夫人不曉得為了什麼事生氣，不肯陪領袖遊峨眉山，我也因此上了很重要的一課，知道領袖是寸步難離夫人的。

在九老洞時，人人都餓得發慌，我見素菜豐盛美味，竟一口氣連進六碗白飯，撐得難以離席，再看看我的同桌，也都人人如此，大家不禁相視而笑。

鍾民祉兄認為吃得太飽，需要活動一下，就強邀我拖著酸痛不堪的雙腿，夜探九老洞。夜，沉寂漆黑，我們年輕膽大，憑著手電筒微弱的光線，進入烏黑的九老洞內一探奧祕。我們沿著洞壁前行不久，轉入了一個小洞穴，在搖曳的燭光，繚繞的香煙中看到一座木雕佛像，身披破舊袈裟，臉呈紫銅色，閉目盤坐在洞穴神壇之上，這是人還是佛？就在我們談論猜測時，突然發現木雕佛像雙目微張，眨了幾下，原來是位正在修行的僧人，為了不打擾他的修行，我們就悄悄地離開了。

▶侍從人員於峨眉山金頂。

▶峨眉山接引殿。

第二天，我們繼續登山，領袖路過「接引殿」時，曾下轎，和住持「法虛大師」交談了一個多小時。法虛是佛門大師，對宏揚佛法，研究哲理，必有令人心折之處。領袖胸襟寬宏，超越宗教門戶，和法虛大師長談，顯然是有深義的，可惜談話內容不得而知，兩人交談一事，也沒有傳開去。

峨眉山傳奇

大概下午四點多鐘，我們安抵「金頂」。時在炎夏，上山時，汗流浹背，覺得燠熱難當，一旦到了金頂，馬上又覺得寒風襲人，等太陽一下山，那就更是高處不勝寒了，就是加了毛衣，還會冷得發抖。晚上就寢時，大鐵鍋裡加木炭當火爐，我蓋著厚重的舊棉被，雖不覺得寒冷，卻翻來覆去的，一夜不得安眠。

金頂有一座相當破舊的寺廟，叫「錫瓦殿」，因山高風大，寒冬有幾個月冰雪封山，行人無法上下山，生活極為清苦。也就因為山風呼嘯，勢不可當，泥瓦無法存留，而改用沉重的錫瓦，故稱「錫瓦殿」。就連生命力極強的松柏，在此地也稀稀落落，挺拔蒼老，僅與人齊高，其他茅草灌木，矮短

▶峨眉山金頂錫瓦殿。

倔強，有如人之伏地。

金頂勝景，以「雪山」、「佛光」、「萬盞明燈」，名揚古今中外，但因山高風大，雲霧飄渺，晴雨難測，到了金頂，如能全部看到這三大奇觀，就很不容易了。我託領袖鴻福，「佛光」和「萬盞明燈」在當天下午就看到了，「雪山」也於翌晨日出時欣賞到。

第三天上午八時許，領袖離金頂，由另一大路下山，經萬年寺，參觀該寺密存的一顆瑪瑙色佛齒。佛齒的形狀和真牙齒一樣，齒面潔白，齒根呈淺紅暈色，極為珍貴可愛，領袖把玩了好幾分鐘，大有愛不釋手之情。

過「雙飛橋」，領袖曾下轎瀏覽半小時，然後就經「解脫橋」回新開寺去了。由於轎伕腳健，下山如飛，僅八個多小時就安返新開寺了。

我在峨眉山工作三個月，曾對山中的人與事，用心的做過調查，除有關警衛方面的資料之外，就連傳流甚廣的峨眉山劍仙俠客等的神怪傳說，也曾多方查證訪問，結果證實種種傳聞僅是傳說而已。無論是年老的和尚，或世居峨眉山的土著，都說從未見過遊俠劍客，或奇人怪物，也許我們是「凡夫俗子」，無緣一見吧！

不過我在峨眉山，當過三天的「掛單和尚」，和「佛」應該是小有緣分的罷！

峨眉軍官訓練團

峨眉軍官訓練團第一期和第二期，先後在二十四年八月四日和二十六日開學，領袖親自主持每週一舉行的紀念週會，並訓話點名，連各期結業後的同樂晚會也都參加，所以領袖經常駐節團部，我也因此被調派到訓練團所在的報國寺工作。

夜間巡查是我的主要任務。我常常在夜深人靜時，聽到旁邊寢室中，時有沙沙之聲，我好奇的向竹壁紙縫窺望，原來是副團長陳誠將軍，在暗淡的煤油燈下，握筆伏案，書寫文件，因書寫不滿意而扯掉時所發出的響聲。宵旰勤勞，陳誠將軍負責盡職的精神，令人肅然起敬，他能得到領袖的倚重和信任，功績彪炳，絕不是偶然。

大概是九月初，在報國寺軍訓團中，領袖因劉湘將軍剿共不力，使共軍得以流竄，影響整個國勢大局，而異常震怒，當眾嚴予訓斥，並記大過一次，以示懲戒，時約下午四時左右。我見劉湘將軍，面色沉重，神態沮喪，匆匆坐上轎車，揚塵而去。

那時領袖的警衛力量，可以說十分薄弱，僅有我們便衣侍從人員三十多人，武裝衛士一排，憲兵一營，而峨眉山周圍就有劉湘的獨立旅一旅，從峨眉山至成都沿途，更有為數不少的部隊，如果劉湘心懷異志，後果恐不堪設想。

▶峨嵋山軍官訓練團大門。

▲峨嵋山軍官訓練團開幕。

▶峨嵋山軍官訓練團開幕之二。

不過中央當時有特務團駐紮成都，裝備精良，訓練有素，戰鬥力極強，鎮壓性的作用非常大。祇要情報靈活，警衛部署得當，當能應付突發事變，再配合飛機的支援，對確保領袖的安全，是有絕對把握的。特務團有便衣組，組員都是從中級軍官和衛士中精選而來，深入民間活動，所得情報，都很

▶峨嵋山軍官訓練團開幕之三。

▼峨嵋山軍官訓練團營地。

有價值。組長由偵察班石鍾毓同志兼任，我們為慎重起見，當時立刻以極秘密而快速的行動通知便衣組，派出化裝的乞丐和流浪漢，埋伏在劉湘部隊營房周圍和橋樑渡口等處，以便監視，幸平安無事，只是令人空擔心一場而已。

▶峨嵋山軍官訓練團營地之二。

▶軍官訓練團帳幕。

據戴先生的秘密電台同志說：「京滬當時曾謠傳劉湘叛變的驚駭消息，中央高級政要曾請戴先生探詢實情，連上海的股票市場也因此大亂……。」不知當時劉湘神色不對、匆匆離開報國寺的情況，落在何人眼裡？也由此可見政治的敏感。

轉入佳境

民國二十四年五月下旬，何侍衛長看到我們工作表現良好，而待遇與編制內的侍從人員相差有兩倍之多，感到非常不平，就報准上級，將偵察、警衛兩班編入侍從室，成為正式人員。我們的階級和待遇，比照民國二十三年南昌提案，自五月份起實施，名稱另外呈核。

這次戴先生得到報告，非但沒有反對，反而高興的慰勉有加。這真是喜從天降的好消息，我們內心的快慰，實難以形容。

我升了上尉以後，每月薪俸八十元打八折計六十四元（當時國家財政困難，改為八折發薪），特別津貼五十元，活動費四十元（僅我們偵察班有），服裝三十元，伙食十元，再加上我連著兩年考績優等各加薪十元（共二十元），共計兩百十四元，真大有一步登天之感。

約八月初，何侍衛長命黎鐵漢、羅毅兩組長列出名稱三個，呈報領袖核定，經我們集體慎重研究後，就擬將「警衛班」改為「警衛組」、「偵察班」改為「偵查組」、「警務組」改「護衛組」呈核。不料領袖親批「偵察班」為「特務組」，真使我們受寵若驚，而領悟到領袖對特務工作的寵愛和重視。

從此我們有正式的上尉官階，有公開的「特務組」組員職稱，我們的工作以擔任外圍警衛和搜集情報為主，和內圍的侍衛官等密切配合，從事護衛領袖安全的使命，也是偵察班被肯定，峰迴路轉，轉入佳境的黃金時期。

第七章　汪精衛遇刺

民國二十四年秋，領袖回南京，官邸設在中央陸軍軍官學校。

我們警衛人員亦於十月下旬離四川，循長江乘江輪返南京。在南京，特務組寄宿於黃埔路口的勵志社，該社面臨明故宮機場，是新建的宮殿型西式洋房，佔地廣大，建築雄偉，設備精美，裝潢堂皇，設有禮堂、會議室、套房、中西餐廳等，並附設跑馬場、游泳池、籃球場、網球場、彈子房等等，是當時首都獨一無二的現代化場所，也是國內外聞人政要下榻之處所，我們十分榮幸的被分配在單人小房間居住。領袖有節目時，我們負責先遣和重點警衛。因我們領有首都警察所和憲兵司令部的服務證，在警衛和情報蒐集方面得到了很多的便利。

十一月一日上午八時，中國國民黨第四屆六中全會，在南京陳家橋中央黨部召開，領袖在主持開幕儀式之後，親率文武百官和中央委員，到中山陵謁陵。當時國家內憂外患，形勢極為險惡。此次到中山陵謁陵，領袖沉重之心情，更流之於形。然許多謁陵大員，談笑風生，視謁陵為儀式，毫無憂戚之情，領袖看在眼裡，眉宇深鎖，神情凝重。謁陵完畢，領袖與文武百官返回陳家橋黨部，依慣例拍攝團體照，留作黨史資料。也一如往昔，等全體參加照相人員就座妥當之後，才去恭請領袖蒞臨照相。想不到領袖竟遲遲不來，就連居正先生親自面請，領袖也置之不理。居正先生是黨國元老，是領袖的革命夥伴，領袖十分尊重他，他也是對領袖了解最深的人。在謁陵時，居正先生就已看到領袖心情的沉痛，現在領袖遲遲不來，他就斷然作了決定，不等領袖蒞臨就宣佈照相了。

通常團體照照完，攝影師一鞠躬，說聲「好了」，大家就會自然而然的起立離散，此時在旁觀看的隨員，會敏捷的擁向自己的主人，慇勤侍候。因此每次團體照剛一結束時，秩序總免不了會有些混亂。

想不到一個以攝影記者為掩護的暴徒，趁此混亂時機，從容的取出暗藏在身上的小型左輪手槍，逼近汪精衛，迅速而正確的連射三槍，命中頭肩胸三處，汪精衛立即應聲倒地。這突然而來的行刺，使在場的警衛人員，驚恐萬分，措手不及。幸好在兇手身旁的張繼、張學良兩先生，英勇的將刺客制伏於地下，汪精衛的隨從，在氣憤激動之下，拔出槍來，對著兇手的臀部開了一槍，才將他制伏不動。

兇犯被送到中央醫院急救後，態度頑強固執，悶聲不響，死不開口，拒絕接受任何醫藥治療，使醫務人員和辦案者頭痛不已。他的身分在行兇後，馬上被查知是孫鳳鳴，晨光通訊社記者。治安人員立即趕到南京豐富路晨光通訊社，但已遲了一步，祇見人去樓空，文件已被焚燬，餘燼尚未熄滅，原來主使者早有預謀。在孫犯身上，搜出攝影記者識別證一枚，鴉片泡兩個，毫

▶南京勵志社。

洋兩角，其他什麼也沒有，這都說明此人早有一死的準備。

這駭人聽聞、驚震中外的政治暗殺事件，就治安情報而言，暴露出經不起考驗的大敗筆。怎樣偵查真相，竭力破案和緝捕同謀，自是刻不容緩的大事。我們特務組雖不是正式的情治單位，而且案發當時，我們侍從人員都分散在指定的地方服勤，不在現場，但行刺的地點在中央黨部，被刺的對象是汪副總裁，從任何角度來看，都不能置身度外。於是黎鐵漢組長特別親自趕到中央醫院，去了解審問詳情。據黎組長親口對我說，他偵查審問的經過是這樣的：

當時孫犯態度惡劣，一問三不答，大家束手無策，我祇好用激將法對他一試：

「大佬！我很佩服你的勇氣，可惜你的技術太差了，連一槍都沒打中！」

「笑話，絕不可能的，我至少打中了兩槍！」兇手竟然有些激動，很不服氣的開口了。

「國家多難，危在旦夕，你怎麼可以做出這種為害國家，使親者痛，仇者快的事呢？」我再動以愛國之心，

▶南京勵志社之二。

希望套出他行刺的動機。

「事情沒有你想像的那麼簡單。」他避重就輕的回答。

「你行刺的對象祇是汪先生嗎？」我又問。

「誰說的，我主要的對象是蔣介石，其次才是汪精衛和其他的中央政要。」

「你為什麼不在謁陵時下手呢？」我又問。

「當時還沒有下定決心。」他簡單的回答。

「你的動機是什麼？」我追問。

「……」他不答。

「是誰主使你的？」

「……」他閉目不響。

以後不論我再怎樣「激」或「套」，他都置之不理，我知道再問也等於白問，就告退了。因我不是正式審問人員，就馬上將經過情形報告了侍衛長。

事後我聽說，孫犯不久就死亡了，雖然他臀部挨了一槍，似乎不應致死，以後到底發生了什麼事，我就不清楚了。

領袖對本案的震驚和惱怒可想而知，立刻嚴飭情治單位偵辦。就初步了解，本案係由西南方面，一些對中央不滿之政治野心者所主使。顯然他們很早就有周密的計劃，想利用政治陰謀與暗殺手段，打擊中央，製造分裂。在他們計劃與執行的過程中，居然一點風聲都沒走露，其手法之高明，不能不使情治人員臉紅。

在孫犯簡短的口供裡，曾提到「還沒有下定決心」一點，就使人聯想到孫犯當時在陵園大牌樓下，偕一年輕女士，手挽手的蹬上石階，狀至親暱輕浮，立即引起我們警衛人員的注意，而前去查看，原來男的是晨光通訊社記者，女的是中央黨部職員，因兩人都有識別證，警衛人員就沒有再作進一步的盤問和檢查。

凡被選上擔任「行動」工作之人，他犧牲的精神和勇氣一定有的，但臨到行動時，首先考量的是成功的勝算，然後才會想到是否能死裡逃生。一個人在生死未卜、決心難下的心情下，其內心難免會激動，故孫犯在行動之前，很可能是利用黨工同志做掩護，平靜其情緒。不料他異常的舉動反而引起警衛人員的盤問，當他看到領袖之護衛極為嚴密以後，知道貿然下手必遭失敗，因此動搖了他預定在陵園內行動之決心。

領袖素喜照相，就我記憶所及，任何黨國團體紀念之拍照，領袖都欣然參加。唯獨此次謁陵，由於不勝感

▶與兄於中山陵前。

觸才沒有參加，想不到竟逃過了一場大劫，豈非總理在天之靈，予以庇佑？！

有人說汪精衛命大，在這樣近的距離，連中三槍，竟能活命，幾近奇蹟。對左輪手槍有所了解的人，也都覺得不可思議。後來檢驗了凶手剩餘的兩顆子彈，才知道子彈因時間過久，藥性減弱了。汪精衛這次能死裡逃生，是他不幸中的大幸，但也是他大幸中的最不幸，如果當時他被刺身亡，就不會有日後賣國求榮的事了。

當本案發生、真相不明時，竟有人懷疑為領袖所導演，尤其一向對中央不滿的政客和西南方面，更借題發揮，大放厥辭。汪妻陳璧君和改組派人物，更口出惡言，多方揣測，政治陰霾四起，國人惴惴不安。所幸戴雨農先生迅速地在香港逮捕了同謀余立奎等，供出本案是由李濟琛、陳銘樞所主使，買通王亞樵暗殺集團之所為，這才使真相大白，也令陳璧君等口服心服，而使這次政治陰謀之風波得以平息。

第八章　太湖黿頭渚與鬼城酆都

陪領袖遊太湖

民國二十五年四月初，領袖遊太湖，並預定中午在太湖「黿頭渚」野餐。我奉命隻身於當日凌晨搭軍用大卡車，從南京出發，沿京滬國道，由公路直達黿頭渚，負沿途路況了解、地形偵察和秘密搜索，以及野餐地點之選擇等工作。軍用大卡車是上級特別安排的，是一輛去無錫的出差車，我是搭便車的客人，到了黿頭渚，出差車就毫不在意的開走了，在保密措施上做得極為周密。

上午八時不到，我開始工作。太湖據稱周圍面積三萬六千里，湖光山色，風景絕佳。黿頭渚在無錫，自北伐成功以後，黿頭渚附近工商業發展極快，交通十分方便，因此遊太湖者必以黿頭渚為起點。黿頭渚本身是半島形，尖端有一塊巨大的嶙峋石磯，突向太湖，登上巨石可飽覽太湖奇景。這一天不是週日和假期，遊人稀少，情景清靜，環境極為單純，就警衛而言，應無安全之顧慮。

我下車後，計算時間，可以從容的步行到三公里外的公路叉路，不但沿線可作仔細的偵察，還可到附近的梅園一轉。梅園有一萬八千多株梅樹，又有勝景多處，領袖很可能會順便一遊，我需要作領袖萬一垂詢的一些準備。

上午十一時開始，我站在叉路上，一面警衛，一面注視著座車的到達，以便適時用暗號指示方向。約正午十二時許，遠遠望見領袖座車快速駛來，我就從容的做右轉彎向黿頭渚馳去的暗號。不料正當我準備登上後面的隨從車離去時，忽見領袖的座車慢慢停下來，「龍頭」侍衛官蔣恆祥（「龍頭」即坐在前座司機旁邊者）伸頭向我招手，我知道有事，馬上緊張的上前請示，當我走近車邊，還來不及向領袖敬禮時，就被蔣侍衛官拉上座車，要我帶路。

原來他和司機都沒來過黿頭渚，而今日先遣僅我一人，他深恐走錯路，找不到目的地，就報告了領袖，得到領袖同意後，讓我上車帶路。這是我們從事警衛工作時從未發生過的事，因此陪領袖遊太湖成為我個人的終身殊榮。

陪領袖遊太湖的還有孔二小姐，她當時僅十多歲，活潑可愛，領袖伉儷很喜歡她，常帶她出遊。她見我身穿深灰色長衫，途中上了座車，感到驚異和好奇，一直到黿頭渚下車，還不停的向我注視，使我很不好意思。大概是因為侍衛人員一般都穿中山裝，而現在路上忽然冒出一個穿長衫的青年，使她十分驚異。後經旁邊的侍衛官告訴她，說我也是「自家人」，她才一笑而罷。

本來領袖主持節目或出巡，事先一定會派必要的侍衛人員，在經過的沿線作秘密或半公開的重點警衛網佈置，在目的地也會分配必要者負責警衛、開車門、帶路等工作。如果路線複雜，歧路較多，更會派機警敏捷的同志，擔任警衛和暗示方向的任務。這次領袖遊太湖大概是因為特別保密，僅派我一人為先遣，才有我在途中上座車帶路的特殊情況，幸一切順利平安，領袖在黿頭渚暢遊太湖，並愉快的進了一頓美味的野餐。

酆都鬼城

四月十五日上午，領袖由漢口乘專機飛宜昌，換登民生公司的民本輪，溯長江赴重慶巡視。我事先和同事多人，在南京下關搭民本輪直航宜昌，恭候領袖蒞臨。領袖上船後，立即啟碇。

大概領袖日理萬機，難得忙裡偷閒，這又是領袖首次遊覽三峽，我們隨侍左右，都能體會到領袖心情的愉快。大部分時間，領袖都靜坐船頭甲板之上，欣賞著三峽奇景和文物風光。

約下午四時半許，輪船抵酆都，停泊休息，領袖還興致勃勃的乘小船登岸一遊。我和同事四人，先另僱小船上岸佈置警衛。

酆都是老幼婦孺皆知的「鬼府」，即所謂的陰曹地府，也就是民間相傳的閻羅天子之所在。酆都因遍地產煤，價格低廉，縣民都以煤為燃料，因此到處煤煙繚繞，煤灰飛散，形成天空昏暗，鬼氣陰森之狀。酆都位於四川省，面臨長江，背依「冥山」，當時是一個非常貧瘠的山城，江邊沙石灘岸向山腰傾斜延伸，不但沒有城廓的影子，就連土築的山寨也看不見。

▶酆都。

▶酆都天子殿。

民房住宅都散在半山腰一帶，蕭條貧窮，當然談不到現代化的交通設施和城市規模了。後來聽說因為抗戰，酆都成為水路交通要道，景況就大不相同了。

我為了偵察，就飛步奔上半山腰，一探這鬼城面貌。不錯，所謂「陰陽界」、「奈何橋」、「望鄉台」、「十八層地獄」等，一如傳說，樣樣俱備，但處處陳舊破爛，傾圮凌亂，已無「陰曹地府」的神祕恐怖景象了。沿著山腰，步上向前彎曲的石磴，我在途中見到了「百子殿」、「十蟒殿」、「十王殿」、「天子殿」等神殿。

「天子殿」就是閻羅天子的正殿，在其東邊附近另有一間舊式小屋，據說裡面有肉體真身娘娘，平時門窗緊閉，不准人進去參拜，只許在窗口往內窺視；又據說可以清楚地看見一間閨繡房，一張紫紅髹漆鏤雕臥榻，掛著紅綢羅帳，上面疊放一長形紅色大綢棉被，打掃得很清潔。聽說每天清晨有人整理被褥時，還會覺得被褥暖暖、餘溫未退呢。

大概領袖遊三峽、夜泊酆都的消息傳開了，領袖乘小船上岸的情況，也都被酆都人民看得清清楚楚，因此我匆促的到各處巡察，向他們問東問西時，他們都很客氣的一一回答；就連傳說中的肉體真身娘娘殿，也破例的讓我進去看個究竟，甚至當我好奇的試探「娘娘用的被褥」時，也無人干涉。

領袖顯然對酆都沒有什麼興趣，僅在江邊散步半小時就返輪休息了。翌晨繼續溯江航行，平安的直達重慶上清寺范莊，再沒上岸巡視。范莊一切依舊，在警衛的措施上，就駕輕就熟稱手多了。

第九章　昆明行

領袖這次在重慶僅停留三天就轉飛成都，再度駐節於成都吳玉笙公館，但也只停留了幾天，就於四月二十一日中午，乘「波音」專機飛抵雲南昆明巡視。

「薩維亞」運輸機

我和同事多人，先於同日上午九時許，乘「薩維亞」運輸機先遣昆明。「薩維亞」，是義大利墨索里尼總理為了向領袖示好，特別贈送的運輸機，機腹很大，可載二十多人和大量的貨物，在當時算是相當良好的運輸機。機師和機員都是俄國人，和我們平常所乘的「先遣機」或「隨從機」相比，此機速度既慢，聲音又大，爬高性能奇低，坐在上面，好像隨時隨地都要為自已的生命擔憂。四月的昆明季風強勁，飛機搖擺震盪得很厲害，好多同事坐在機上，都忍受不住，一再嘔吐。飛機飛了四個多小時才降落昆明機場，下機時，我頭重足輕，免不了暗暗感謝上蒼，讓我平安的到達。這是我第一次，也是最後一次坐「薩維亞」號，以後，我再也沒見過這架龐大笨重的「薩維亞」號了。

這次飛機上有一位特殊人物，那就是軍統局副局長戴雨農先生。當時戴先生已嶄露頭角，深獲領袖信任，依我們猜測，他這次半公開的到政治敏感的雲南去露面，一定負有重大的政治使命。戴先生一上飛機，就顯得十分疲倦，坐下以後，馬上蜷臥大睡，顯然他為了這次昆明之行，日思夜慮，身心勞累不堪。而這次的飛行一路顛簸，戴先生在飛機上，一定和我們一樣的難受與不舒服。但他一到昆明機場，就消失不見了，不但當時沒人注意到他，就是第二天的報紙，也沒刊登任何有關他的消息，戴先生真是「神龍見首不見尾」，行蹤詭祕難測啊！

姍姍來遲

我們先遣人員，下機之後，一部分先遣到領袖駐節處，我和另一部分同事則留在機場，擔任警衛與隨從工作。

領袖的「波音」專機，係由德籍機師駕駛，預定下午二時許降落昆明機場，但現在已延誤一個多小時，仍遲遲未見蹤影，使早早在機場恭候迎接的雲南省主席龍雲，與他的高級政要等二十多人，不時地翹首仰望，引頸企盼。有關人員更一再地向貴陽機場聯絡，證實領袖座機，已於預定時間，掠過貴陽上空，而現在遲遲不見飛機蹤影，怎不叫人擔心著急？

▶領袖與恩師。

領袖乘坐的波音飛機，係德國名廠出品，性能優異，保養良好，機師和機員技術高超，經驗豐富，當日雖然季風強勁，但晴空萬里，天氣良好，應不會出問題。唯一的可能，是德國機師對雲南地形不熟悉，航程發生偏差，耽擱了時間。

下午三時半左右，座機終於遠遠地出現在昆明機場上空，冉冉盤旋而下。在機場恭候已久、惴惴不安、為領袖安全擔憂的文武百官，馬上轉憂為喜，情不自禁的熱烈鼓掌，歷久不止。接著飛機熄火，機門打開，扶梯放下，龍主席立刻率文武百官走近扶梯，前去歡迎，想不到，領袖竟遲遲不出機門。

過了十多分鐘之久，才看到領袖面帶倦容的站在機艙門口，向迎接者揮手致意，然後以穩健的步伐走下飛機，一面和龍主席以及文武百官握手寒暄，一面表示歉意的說：「飛機飛偏了方向，飛到了大理上空，才知道飛過了昆明，耽擱了很多時間，使各位在機場久候，實在抱歉；又因飛機受到季風影響，搖擺得厲害，心頭很不舒服，想不到在飛機落地時，嘔吐了起來，再讓各位久等，真不好意思。」

大家聽到原因後，紛紛向領袖表示關懷，並向領袖祝福問安，氣氛熱烈溫馨，叫人感動不已。

昆明

領袖在機場沒停多久，就偕龍主席同車，離開機場，逕馳昆明五華山行邸休息。這黑色座

▶昆明五華山之一（遐福牌坊）。

車車型巧小，外表看來，一點也不豪華；但車內坐墊，全是黃色錦緞，繡有顏色鮮麗、神態生動的雙龍，帝王色彩極為濃厚。

一出機場大門的牌樓，就看見龍主席的親信警衛部隊，番號為「護衛團」的隊伍，整齊的排成分列橫隊，沿著馬路兩旁，耀武揚威的「恭迎」領袖。這是一支採法國式裝備和訓練的隊伍，在隊伍最前面，陳列著精良的武器，大有展示強大武力的意味。沿途武裝警衛三步一崗，五步一哨，嚴密的管制交通，斷絕任何車輛和閒雜行人的往來。

最令人注目的是兩排精悍的馬隊。人人肩掛馬槍，背負斬刀，騎在矮小壯健、雲南著名的「谷馬」之上，快步奔騰，分別在座車前後左右，擔任衛護，威風凜凜，殺氣騰騰，陣勢壯觀，確有鎮懾作用。專制時代的作風，在昆明處處可見，令人十分驚異。

▲昆明五華山之一。

五華山位於昆明市區，是一塊廣闊平坦的丘陵地，上有多棟古色古香的古老建築和一些現代洋房，華麗宏偉，整潔壯觀，周圍花木扶疏，綠草如茵，景色宜人。

這次來昆明，領袖的武裝衛士一個也沒帶來，隨侍領袖負責警衛的只有便衣官員二十多人，警衛力量，實在十分薄弱。我特務組，僅陳善周副組長和我兩人而已，因此除了隨從、先遣和情報之蒐集外，我們還作夜間輪值巡邏。

雲南當局對我們非常客氣，食宿方面盡善盡美，尤其是發給每位侍從人員一枚小金牌，作為進出五華山的信證。這些金牌原為重要將官所佩用，每次進出大門，一小隊的衛兵，就一面列隊持槍敬禮，一面大喊：「將官進出府！」真是官僚排場十足，封建的味道相當濃厚。我當時是陸軍上尉，受此待遇，受寵若驚，好不自在，只有盡量避大門而走小路了。

雲南一向是中央政府鞭長莫及的一省，自龍雲掌握實權以後，貌合神離，不把中央放在眼裡，若不是民國

▶昆明五華山之三。

二十四年初共黨竄擾雲南茂縣理番地區，龍雲請求軍事支援，中央的實權，在雲南可能很難建立起來。

民國二十四年，領袖第一次由成都飛昆明，和龍主席會面，指示剿共，開發雲南，建設國防等國家大事，到此已屆一年，雲南的一切大為改觀，安定性日固一日。就警衛安全而言，已大可放心，但潛伏的問題和顧慮，依然存在，不得不叫人提高警覺，以防萬一。

戴雨農先生抵達昆明的當日，就下榻於昆明最有名的「法國商務酒店」，氣派十足。以他的奇才，又是領袖所器重的中央特殊人物，在雲南從事政治活動，發展情報工作，收穫之大，當然在意料之中。同樣的，在雲南特殊的政治環境中，戴先生被視為可怕的神祕人物，因而被提防、被監視，也是勢所難免的。事實上戴先生對言行之被監視、被提防，早已胸有成竹，他不但不在意，反能加以運用，坐收「反間」之實效。

再見同窗

也就是我們到昆明五華山的當天傍晚，戴先生親自來找我說：「現在有一個很簡單但極重要的工作，交你辦理，那就是要你擔任昆明葉文昭、姜毅英秘密電台的交通。」

戴先生早在一年前，就派葉文昭、姜毅英兩同志來昆明建立秘密電台，以「中央航空公司昆明辦事處人員」的名義為掩護。

現在因為領袖和戴先生同時都在昆明，西南共軍和國際情報人員，都可能在暗中鉤心鬥角，從事秘密活動。在此敏感時期，為了安全起見，戴先生令原有的「交通」，暫停工作，改由我臨時代替。

所謂「交通」，在情報工作上，是負有「傳遞」、「供應」、「聯絡」和「經費支援」等之任務，必須極秘密地進行。在情報史上，因「交通」事故，造成慘敗和重大犧牲的案件，屢見不鮮，因此擔任「交通」的人，一定要忠貞、機智、沉著、大膽、細心，更要有犧牲小我，寧死不屈的精神，才能達成使命和護衛全體同志的安全。因我是正式的侍從人員，帶有將官的金牌，葉、姜兩人，又是我同班好友，來往起來，理所當然，應當不會被注意或懷疑。

「電台」之所在地離五華山不遠，是高級住宅區，環境整潔寧靜。近黃昏時，我輕鬆的找到了地址，但想到四、五年的離別，「患難情侶」、「工作夫婦」、「真實夫妻」，馬上就要和我異地相見，我的心情忽然變得有些激動。

應門的是文昭兄，相見的那一霎那，大家都驚喜得跳了起來，他們身體壯健，精神奕奕，一點也沒有改變。在當時特殊的情況之下，他鄉遇故知，那種喜悅與快樂真難以形容。到底我們是受過嚴格訓練的人，很快的就冷靜了下來，在我說明來意後，大家就十分理智的研商種種可能的情況，以及應對的辦法。

領袖在昆明期間，我既負衛護領袖安全的任務，又兼戴先生的「交通」，日夜繁忙，為過去所鮮有。

本來昆明方面的偵防能力和技術都很差，龍主席本身又對領袖十分敬畏，這使我在警衛工作和情報蒐集上，工作順利，在「交通工作」上也毫無缺失，戴先生非常高興，給了我們很多的嘉勉。

唯一的遺憾，是有一次單獨和姜毅英同學（葉文昭兄在操作通訊）見面閒談時，姜毅英竟情不自禁的靠在我右肩，失聲痛哭。這突如其來的意外，使我手足無措，驚異非常，我想她內心一定有許多沉重的苦痛和委屈，就讓她靠在我肩上，痛痛快快的大哭了一陣。果然沒多久，她很快的恢復了常態，若無其事的，和我東南西北的暢談起來。

姜毅英是堅強自負的新女性，有巾幗英雄之志，鵬程萬里之心。因她是江山人，畢業於杭州杭高後就受到戴先生之賞識，被選到浙江警校特訓班受訓。但自出道以來，為時勢之所逼，肩負起緊急重大之使命，先和葉文昭同學，用工作夫妻名義，潛伏於廈門，後建秘密電台於昆明。就工作而言，固多有貢獻，但就個人而言，深受工作危險之威脅，備嚐生活之單調苦悶，偶爾引起情緒的不穩定，勢所難免，尤其對一個雄心勃勃的女青年，她的感受一定特別的強烈。

戴先生在昆明

領袖於四月二十四日下午二時許離昆明飛貴陽，因「薩維亞」運輸機已飛離昆明，中央航空公司唯一的一架飛機，變成了「隨從機」，隨領袖飛貴陽，以致戴先生、陳善周副組長、侍衛徐文貴和我四人，一時無飛機可乘，而被留在昆明候機。

在昆明，戴先生住「法國商務酒店」。自領袖離去以後，我們三個侍從人員也被雲南省政府，安排到同一酒店居住。該酒店豪華瑰麗，是法式大飯店，裝潢設備一流，我們食宿，每天每人十八元越幣（約近四十元大洋），吃的是正式法國大餐，飯前美點，餐後水果，盡情享用，氣派之大，生活之奢華，為我之生平破題第一遭。本來我們三人各住一間套房，但我和徐侍衛官想到自己不過是尉級軍官，住這樣高貴的單人房間，未免太奢侈浪費了，就向陳副組長請示，移到雙舖的房間去住，當時我們的想法是：「好叫外國佬知道我們中國官員的節儉美德！」

不料第二天早晨，戴先生來看我們，發覺我和徐侍衛官竟擠住同一房間，就毫不留情的訓斥我們：「你們真太沒見過世面了！也不想一想自己是委員長的侍從人員，住在昆明這種特殊的地方，被招待在法國人經營的飯店內，竟一點氣派也沒有，實在太丟人了，趕快叫茶房換回每人一間的套房。」

這是我第二次被戴先生教訓的插曲，也是戴先生對學生的機會教育，給我很大的啟示。

當時以戴先生的身分和地位，如真想上隨從飛機離開昆明，是絕對不會有問題的。而此時此刻，戴先生留下候機，依我看，只不過是找個藉口，好多留幾天，開展工作罷了。戴先生在候機期間，工作繁忙，應酬極多，好幾次陳副組長和我也被邀同席。就我所知，戴先生平時很少在公共場合露面，更沒聽說他在餐廳、菜館有過正式的應酬，顯然是為了工作的需要，戴先生一到昆明，就破了例。

有一次，昆明市市長裴存藩先生（黃埔前期生，立法委員、雲南人，後來臺）請客，我看戴先生滿面笑容，談笑風生，既熱情又風趣，把場面搞得生動熱鬧，我這才曉得戴先生善於交際應酬。在飯桌上，戴先生始終舉杯而不進酒，雖經裴市長等一再殷勤勸飲，也不為所動。正當情況愈來愈尷尬時，我聽見戴先生表示歉意的說：「各位，我平生確實滴酒不沾，但我內人的酒量卻大得驚人，我在南京邀請好友吃飯，都在我家舉行，有好酒量者，都由內人陪飲。我想在座各位，一定都知道魏道明夫人鄭毓秀女博士，她學問好，人豪爽，名氣大，酒量宏，真是令人敬仰的女中豪傑。有一天她在舍下便餐，我曉得她愛美酒、喜豪飲，就建議我內人陪她痛飲，她在半信半疑中，就乾杯又乾杯的與內人放懷對飲起來，結果鄭博士爛醉如泥，由兩個女傭人抬進車裡回去，而內人卻神色自若，若其無事。各位！這是真實的事情，你們和鄭博士見面的機會很多，可以當面問問她，出出她的洋相。我今天非常感謝各位的美意，雖然我無法痛飲幾杯，掃了各位的興，但我絕對有誠意，希望以後各位到南京來，一定要到舍下便飯，由內人代敬幾杯，來彌補我今天的不敬。」

戴先生到底會不會飲酒，還是因職業的關係而忌酒，那就不得而知了。至於婉拒進酒，說出鄭博士和她太太對飲的故事，依我猜想，一來沖淡當時堅不喝酒的尷尬場面，進而暗示他在南京的關係和生活層面。我在一旁觀看，戴先生的本事，確實高人一等，不能不叫人口服心服！

越南遊

我們在昆明候機，龍主席贈獻給領袖的名貴藥材和銅器特產等禮品，以及龍主席和其他高級官員送給戴先生和我們錢大鈞主任的禮物，件數相當多，滿滿裝了兩大籐箱，都要我們帶回去。

我們三人為了掌握時間，節省費用，又想到越南、香港一遊，就陳述種種理由，電請錢主任批准，由滇越鐵路，從海路返南京。想不到核准的回電當天就收到了。

當時滇越鐵路，每天早晨八時有一班聯運車，由昆明直達越南海防。我們就連忙請雲南省政府，會同外交部駐昆明辦事處，辦理護照和訂購車票等事宜。昆明有旅行社可代辦昆明至海防轉香港水陸聯運之業務，沿途食宿和翻譯都有旅行社派人照料。我們順利的辦好一切手續，謝了招待人員，告別了戴先生，就於四月三十日上午八時上了列車，離開令人難忘的昆明。

滇越路車廂分頭、二、三、四等。這四種車票價格相差極大。記得乘坐頭等、二等的人，不是高官就是巨商。三等票亦比四等票價高出好幾倍，也

▶雲南省阿迷縣的法國旅社。

不是一般乘客所能買得起的。我們為了節省經費，也怕報銷困難，就顧不得戴先生的訓示，前去乘坐三等車。三等車的座位，是面對面的兩排板條椅，共計八個位子，比我們京滬杭的三等車還要差，座位當然不舒服，連飲水等設備都沒有，整天下來，實在有點累人。但奇怪的是三等車廂，一直祇有我們三個人，倒也稀鬆隨便。四等車像裝貨的鐵皮車，只多兩扇大門和四個窗門而已，車廂的中央放著一條長板凳，人、貨、雞、豬等混雜其中，污穢嘈亂！

滇越鐵路自昆明至越南邊境老街段止，穿山越嶺，為世界最艱鉅的鐵路工程之一，隧道橋樑涵洞極多，坡度極陡，在當時稱得上是鬼斧神工的偉大工程，為了安全上的顧慮，這條鐵道平時夜間停開。

我們第一天到雲南阿迷縣站過夜，旅行社接待人員已準時上車迎接，夜宿指定的旅社，一切方便安適。晚餐後，我們在車站附近散步，所見所聞，全是法國風味，有如處身國外，心中難免有萬千個感慨！

▶滇越鐵路河口—老街站。

第二天（五月一日）中午車抵中越邊境的「河口」，所有旅客都要下車。我們帶著輕便的行李，步行過百多公尺長的鐵路橋樑，到遙遙相對的越南「老街」，接受越南海關和檢驗人員的入境查驗。我們備有中華民國護照，上面寫明是蔣委員長的警衛官，以及附有佩帶手槍的證件。

想不到那天有小颱風過境，天氣不好，我國駐老街領事館，沒有及時收到外交部駐昆辦事處的電文，我們是以一般人民身分過境，由一位白白胖胖的法國中年人，查驗我們的護照和行李。我們本身除了換洗衣服和日常用品之外，什麼也沒帶，就很快的查好過關。但兩大籐箱，要一一的翻出來檢查，實在十分麻煩，還好檢查者並無故意刁難的意思，也未課稅，僅多耽擱一些時間而已。當時過關的旅客並不多，大家都很守秩序，魚貫的接受過關查驗，沒有看到旅客被刁難或遭凌辱的情事，法國官員也沒有傳說中的那樣蠻橫無理。

但最後為了槍支卻發生了大麻煩。

一個地位似乎較高的法國佬，指著槍支證明文件，嚕嗦了一陣，他說的是法語，翻譯員是越南人，旅行社的人，卻不會法、越兩種言語。不得已，費了半天工夫，找到一位會講越南話的華僑代言，不料他僅能說廣東方言，仍無法用國語和我們交談，還好旅行社的人會國語、粵語，如是法、越、粵、國語四種語言交互翻譯，費了很多口舌，才勉強和法國佬溝通：原來他要我們將槍彈交給他們，裝釘在小木箱裡，由他們代為保管，到出境時發還。

我們以嚴正的立場，堅決的口氣，嚴肅的態度，說明我們是中華民國領袖的警衛官，備有官方正式的護照和攜帶武器的證明文件，我們絕對不能繳出槍支，我們義正辭嚴的表示：繳交槍支無異侮辱了我中華民國的尊嚴！

當時我們都是二十多歲的小伙子，雄赳赳氣昂昂，各人手握手槍，怒目而視，一點也不讓步，僵持了好一會，法國佬終於軟化了，換了口吻：「希望各位了解，我們越南境內，治安良好，平日老百姓是看不到手槍等武器的，今天你們帶著槍支，一定會引起我們人民的恐慌和不安，而引起誤會，為了尊敬各位，也為了解決我們的難題，我現在送你們一個小木箱，請你們將槍彈裝好，自己攜帶。」

我們商量後，覺得合情合理，而且對本身也有許多好處，就同意了。

本來旅行社已安排從河內、海防登海輪直達香港的日程，現在由於老街的停留耽擱，錯過了老街至河內達海防的最後一班車，我們祇好在老街過夜。這多出的一夜，對旅行社當然不利，旅行社的人難免嘀咕不情願。後來看到我們對法國人的態度強硬，連法國人都對我們退讓禮遇，他們忽然變得特別客氣，不僅不增加服務費用，而且還免費陪我們暢遊老街，更在「不增加費用」、「不耽擱行程」、「不錯過車船聯運時間」

▶越南海防碼頭。

的三原則下，安排我們在河內、海防觀光，一飽異國景色，這正是我們私心所企盼的事，當然欣然接受。

不料第二天在火車站託交行李時，又出了問題。

原來行李房認為兩個大籐箱，體積過於笨重龐大，不可隨身攜帶。這兩箱東西非常重要，是絕對不能離開我們身邊的，正在我們氣惱和動腦筋之際，旅行社的朋友輕輕的對我說：「不要擔心，給五元越幣就可以解決了。」我早已聽說過貪污不法的情事，在半信半疑中，拿出一張五元越幣（當時可供普通人家一個月的生活費用），放到行李房的櫃台上，姑且一試，想不到真是百分之百的靈驗，一位職員，大大方方的把錢拿走，公公開開的叫挑夫將兩大籐箱由邊門搬進車廂，而且小心翼翼的放到我們座位旁邊，使我們大大的鬆了一口氣。

我們四日離河內轉海防，於正午左右抵達港口，上「小廣東」輪，於五日晨航香港，宿一夜，再轉搭招商局的台員客輪，返上海轉南京。那時領袖已返首都，我們立刻將所帶回之禮物，呈交上級，了卻了這趟特殊的使命。

這是我個人第一次出國門，所經過的越南和香港，原來是中國的屬地和領土，先後淪為法英兩國殖民地。兩國經之營之，竟一躍成為工商業繁榮、現代化的地方，所見所聞，真是別有一番滋味在心頭呢！

第十章　兩廣事件

兩廣事件

民國二十五年五月初，我們由昆明輾轉返抵南京時，就知道廣東的陳濟棠和廣西的李（宗仁）白（崇禧）聯合，進犯國軍。

多年以來，兩廣一直擾攘不寧。尤其自陳濟棠崛起以後，擴充軍隊，購買飛機軍艦，加強軍事力量，膨脹政治野心，又利用游離分子，在香港和海外，發表言論，攻訐政府。政府為安內攘外，極度容忍，不斷的派出和兩廣有深厚淵源的黨國元老與政要，前去勸導調停，才勉強消弭了幾次面臨破裂、兵戎相見的危機。想不到兩廣乘日本極積謀取我東北之時機，暗中和抗日民主陣線等共黨外圍聯結，並私通某些擁兵自重者，以抗日為名，於民國二十五年六月五日，公然揮軍侵入湖南永州。領袖以國難當前，團結為重，一再容忍，除令駐軍退讓，不與衝突之外，並電陳濟棠派員到南京商談，希望勿動干戈，以免生靈塗炭。

▶一九三六年時。

不料陳濟棠等為了政治野心，不以國家存亡為重，於六月十九日在粵桂下動員令，令其軍隊逼近湖南衡陽，反叛行動，極為積極，由是舉國惶惶，看來一場可怕的內戰將是難免了。

幸領袖早已洞悉其陰謀，於四月初起，就一再的飛武漢、重慶、成都、昆明、貴陽、長沙、南昌等處巡視。凡稍有政治軍事頭腦的人，都會聯想到領袖這幾個月的辛勞巡視，是為了兩廣事宜，作未雨綢繆的準備，以便在萬不得已的情況下，將忍痛以武力來解決。領袖同時更清楚兩廣兵力，約四十多萬，陳濟棠有性能良好的飛機近五十架，軍艦多艘，戰鬥力量不容輕視。如果真以武力解決，那戰況之激烈，傷亡之慘重，財物之損失，人民所遭到之悲慘，將無法想像。領袖密諭戴雨農將軍，命他運用謀略，啟發廣東陸海空三軍強烈的民族意識與愛國心，曉以團結對日、救亡圖存之道，使其三軍不戰而屈，輸誠中央。這可說是非常冒險，萬分艱鉅，幾乎不可能的任務。

幸戴先生接長特務處後，特別重視兩廣情勢之演變，早已派出最得力之幹員，在兩廣展開情報工作，同志們同心合力，冒險犯難，搏鬥犧牲，蒐集到許許多多珍貴的情報資料。戴先生接到密令後，在極短期間，策反成功：首先空軍黃志剛率領飛機七架，於民國二十五年七月二日飛抵南昌輸誠；繼於七月四日陳卓琳等率飛機四十架，直飛南昌，效忠政府，使陳濟棠多年來費盡心機，付出龐大財力與物力所組成的空軍，於短短兩日之間，全部崩潰瓦解；緊跟著陸軍和海軍也紛紛表態，通電擁護中央，逼迫陳濟棠於七月十五日通電下野，也使李宗仁的師部，不得不退回廣西去了。

這舉國驚駭、人心惶惶之兩廣事變，自六月五日進軍湖南開始，至七月十五日陳濟棠通電下野止，為時僅四十天，就真兵不見血刃，奇蹟似的解決了。這是領袖運籌帷幄，德威感人之所致。也是戴先生繼「閩變」後，再次立下的大功勞。

廣州

領袖於兩廣事變後的第三天，七月十八日離開南昌飛九江轉上廬山。領袖駐節牯嶺約三星期，於八月十一日再飛廣州處理兩廣事變後的重大政務。

我們特務組偕一部分未乘飛機的侍從人員，和一隊武裝衛士，乘江輪轉赴漢口搭粵漢鐵路南下廣州，當時粵漢鐵路尚未正式全線通車（於民國二十五年九月一日全線通車），我們得以先乘為快，舒適而順利的趕到廣州。

領袖駐節廣州市觀音山山麓的一所圖書館內。圖書館的建築，並不宏偉，但很

▶與張人佑遊中山紀念公園。陳炯明當年由此地砲轟總統府。

▶於黃花岡。

寬敞，庭園之中，樹木茂盛，花草嬌艷，別有南國風貌。圖書館對面是觀音山上的中山堂，這不得不使人想到民國十一年六月十六日，粵軍總司令陳炯明在廣州叛亂，砲轟觀音山大總統府，想加害孫總理，幸賴總統府衛士奮勇護衛脫險的往事。現在的中山堂就是十多年前的總統府，我想領袖駐節於觀音山山麓的圖書館，是頗具深意的。

圖書館面臨馬路，人少車稀，環境尚稱潔靜。然圖書館後面接近民宅，建築櫛比鱗次，簡陋雜亂，弄巷狹窄，曲折交錯；中有小廟一所，玲瓏精緻，香火鼎盛，來膜拜的善男信女，人數眾多，情形相當複雜。就警衛而言，這正是我們特別要加強注意之處所。當時兩廣事變剛解決不久，安全的顧慮，仍然很高，加上廣州民情強悍，民間武器甚多，夜晚時分，槍聲此起彼落，有如家常便飯。身為侍衛人員，當然要特別提高警覺，以防萬一。尤其夜間巡邏，走到行邸背後，我特別小心謹慎，手握實彈手槍，有如尖兵之搜索敵情，或埋伏、或躍進，毫不鬆弛，當時心情之緊張，孤寂之感受，為平生所罕有。

魚珠圩

十七日，領袖離廣州，駐節於黃埔的中央軍校舊址，我們也全部隨侍而去。

黃埔是我心儀已久的革命聖地，如今能親臨其境，景仰其氣象萬千的景致，瀏覽「怒潮澎湃」的黃埔風光，真叫人興奮非常。可惜我僅在黃埔過了一夜，就奉命到黃埔對面的魚珠圩工作。魚珠圩是黃埔江邊的一個小鎮，建有魚珠砲台，在陳炯明叛亂時，因曾給國民革命軍很大的威脅而舉世聞名。魚珠圩有公路通廣州等處，又有碼頭通航各地，交通方便，地勢險要，因此領袖的座車、隨從車和汽艇，都停放在魚珠圩。我的任務，就是負責警衛和控制車船。

我是浙江人，雖然在特訓班受訓時，曾上過粵語課程，但為時極短，連皮毛都沒學到。幸我當時年紀輕，人清瘦，眼睛較深陷，外形像廣東人，到了魚珠圩，混跡於本地人之間，一點也不引人注意。

▶廣州中山紀念堂。

同時戴先生臨時成立了「隨節警衛組」，專負領袖安全之任務，該組和我特務組之聯繫配合，非常密切。派到魚珠圩來的凌翀同志，是廣東人，他是我警校正二期和杭訓班甲班的同期同學，他鄉遇故知，當然特別高興，工作起來，自是格外方便。我就是因為有凌翀的幫忙，得以住進一個可獨處的旅社，旅社環境隱蔽，既可供我安心寫文件和就寢，也使我很方便的和有關人員聯絡交談。

他又替我僱到一艘可靠的小木艇，租金每日大

▶魚珠圩市集。

▶魚珠圩之蛋民（蛋民居無定所，飄蕩於江河上以捕魚為生）。

▶與張人佑在租來的小木艇上。

洋一元，做為我每天上午六時至下午七時的專用船隻。凌狆親自帶我上船和船娘會面，假說：「他是上海來的大少爺，因喜歡黃埔江上的優美風景，和愛好自由自在的在江中游泳，所以特別出高價僱用你們的船隻，希望你們好好照顧。」這小艇既新又清潔，船娘是母女兩人，母親已屆中年，滿面皺紋，飽經風霜，女兒青春正艾，雖面帶笑容，但沉默寡言，一看就知是善良忠厚的女子。於是每天視工作情形而定，我每日作不定時的放船遊江，也不放過在江中游泳的機會。每次船到江心，我就縱身入水，暢泳一番。當我第一次跳入江中時，船娘母女大驚失措，以為我掉入江中，遭遇不測，後來見我浮出水面，從容的做各式泳姿暢游江中，才轉驚為喜，放心的輕搖小槳，隨我而來。為了飲食的方便，我每日添加五角飯菜錢，請她們代炊午晚兩餐，想不到她們手藝不錯，經常更換海鮮、葷素小菜和水果，樣樣新鮮可口，使我胃口大開。

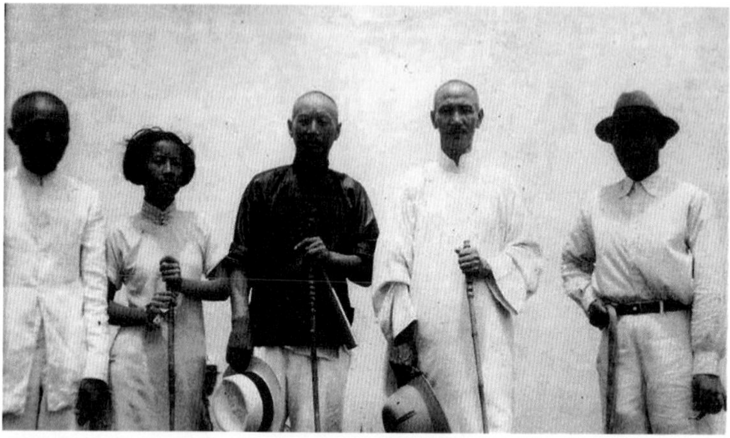

▶委員長陪居正父女遊羅浮山。

魚珠圩可稱為「水鄉」，除了岸上的警衛措施之外，我並寓遊樂於工作，這不但使我深入的了解到魚珠圩水上生活的另一層面，也讓我對魚珠圩的水陸情況有了更好的掌握。

羅浮山

廣東的善後事宜和廣西的問題並不簡單。領袖在廣州市和黃埔兩地，整天忙於召開會議和接見賓客，很少到各地巡視，或輕鬆的去遊山玩水，僅於九月中旬邀居正先生和他最小的女公子遊廣東道教聖地「羅浮山」。

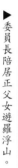

我仍負先遣任務，祕密地和「隨節警衛組」人員配合，自魚珠圩馳車經增城、博雨城，至羅浮山，下車步行數公里抵達目的地。羅浮山道觀分散於風景秀麗的溪澗、深山之中，為數甚多，建築雄偉，歷史悠久，神話故事與傳說很多。邀遊其間，形勢氣氛，比佛教寺廟，似更多一層神祕。

領袖駐一座近山麓溪邊的大道觀內，伴居正先生父女遍遊羅浮道觀和勝景，心情極為愉快。居先生是黨國元老，為兩廣之事，奔波辛勞，功在黨國。此次領袖邀遊羅浮，形在山水，實為廣西李、白之就範。領袖宿道觀一宿就循原路返黃埔。

我在道觀，深夜巡邏，忽然聽到「托托」之聲，如敲木魚，循聲追尋，見到一隻老龜，體形龐大，重逾四十多斤，全身皮肉皺縮呈黑灰色，狀極醜陋，因瘸左足，爬行時已無法平衡，故一步一瘸，左後殼碰撞地面，發出「托」之聲響。此龜常徹夜在觀內各處爬行，似在衛護，又似在警惕。據一年長道士相告，此龜年逾百歲，夜夜如此，從不中斷，實一奇事。

▶赴滬途中遊汕頭中山公園。

陳濟棠為了安全，造有特製裝甲輪車一輛使用，省方本想撥為領袖座車。但該車極笨重，速度又慢，領袖試坐後很不喜歡，就撥給特務組作警衛車。此車用了沒多久就報廢了，成為警衛史上的一樁小插曲。

民國二十五年九月二十八日領袖飛離廣州蒞南昌。我們也立搭粵漢鐵路專車，經漢口返南京了。

我在廣東雖大部分時間為警衛工作緊張忙碌，卻也曾幾度抽空暢遊廣州，飽覽名勝古蹟，目睹廣州的富饒繁榮，風氣開通，各方進步，實非其他省市所能及；尤其嶺南風光，特別引人入勝，至今仍念念難忘。

第十一章　西安事變

中日戰爭前夕

日本軍閥，自九一八、一二八事變後，處心積慮，對中國作軍事政治之侵略，明目張膽，日甚一日，一心妄想達成其亡我中國之野心。民國二十四年冬，日人千方百計的策動華北自治陰謀，以政治手段，軍事行動，企圖使華北成為特殊區，脫離中國之統治，進而達成其逐一吞併中國之目的。日人之步步進逼，使我全體軍民，激情沸騰，憤恨萬分，忍無可忍，以致中日關係，大有箭在弦上，一觸即發之勢。幸賴我華北軍民，忠貞愛國，立場堅定，敵我分明，不受強敵之威逼利誘。我中央政府更以實際行動明白表示，為保存我國主權和國土之完整，將不惜一戰。目前之所以虛與委蛇，只是藉以時日，作日後不惜一戰之準備。

這使日本軍閥終有所顧忌，而改用外交手段，提出「調整中日關係」之方案，這使華北地區特殊化的險惡局勢和緩了下來，暫時逃過了一場大戰之浩劫！

第三組組長蔣孝先

由於「調整中日關係」之方案，我華北軍政機構不得不有所調整。駐紮北平的憲兵第三團調到四川，團長蔣孝先將軍也調任軍委會侍從室少將高參。不久（約民國二十五年初）錢大鈞將軍接任侍從室第一處主任，兼侍衛長職。原來領袖的警衛工作向由侍衛長直接負責，現在侍衛長一職由第一處錢主任兼任，領袖就下命在第一處之下再添設一個「第三組」，專負領袖侍衛職責，並發表蔣孝先少將高參為第三組組長，將原來侍衛長屬下的侍衛各組，改名為股，各股之職位依然照舊。

蔣組長浙江奉化溪口人，是領袖的堂姪孫，黃埔一期生。早在民國十五年三月即擔任黃埔軍校特務營連長，護衛校長安全，如今再負領袖警衛之職責，當然駕輕就熟，是最合適不過的人選了。蔣組長英俊挺拔，才華出眾，他的出身與背景更非一般人之所能及，在當時被公認為日後必會飛黃騰達、不可一世的重要人物。

在他擔任憲兵第三團團長時期，駐紮北平，敢作敢為，威風八面，權重一時，令各方敬畏。尤其他轟轟烈烈的肅奸反日，被日寇視為眼中釘，早有去之而後快之心。「中日調整」後，他被迫調職，同時也因他整飭北平地區軍紀過於嚴厲認真，造成東北軍諸多誤會，懷恨在心，埋下日後西安事變之禍根。

當蔣組長接事之初，因種種政治淵源，我們已有寒冬即將來臨的不祥預感。不過我們仍天真的認為，以蔣組長的才智與氣度，應當不會有門戶之見。誰知就在極短期間之內，蔣組長所流露出來的冷漠與輕視，比以前的宣侍衛長更加令人難堪。他視我們如一般憲警，甚至要我們擔任崗哨工作，他對我們特務股的輕視，幾乎到了無法想像的程度。

領袖於民國二十五年九月二十八日，自廣州飛蒞南昌，我們也由黃埔逕返南京，從此以後，就一直沒有分派隨扈領袖的工作。領袖巡視杭州（二十五年雙十節）、西安（十月二十一日和十二月四日）、洛陽（十月三十一日）等處，我們都投閒置散，留守南京，過著既苦悶又沮喪的日子。雖然黎組長曾主動密電西安，請示特務股人員行止，也得不到任何覆示，被打入冷宮的感受，真有說不出的淒涼！

西安事變

民國二十五年十二月十二日拂曉，晴天霹靂，西北剿匪副總司令張學良，受共黨之煽惑，與西安綏靖主任楊虎城，發動西安事變，有計劃的舉兵叛亂，詭稱兵變，劫持領袖，拘禁中央文武官員，殺害政要邵元沖等人，全國驚駭，舉世震撼。幸賴領袖鴻福齊天，德威感人，終於在十二月二十五日下午平安脫險，飛抵洛陽。消息傳來，舉國歡騰，欣喜若狂，令幾乎搖動國本的災難得以消除，誠國家之幸！人民之福！

當西安事變突發之時，護衛領袖安全的侍衛人員和憲兵，在倉皇中英勇應戰，奮力抵抗，終因寡不敵眾，死傷殆盡。領袖在《西安半月記》中特別提到：「念諸人以身殉職，均不愧余平日之教誨。」

當時不幸殉職者有：第三組組長蔣孝先將軍；侍衛官蔣瑞昌、湯根良；特務員張華、洪家華；衛士區隊長毛裕禮；侍從祕書蕭乃華；和武裝衛士、憲兵、官兵等文武官員多人。受輕傷者計有：兼侍衛長錢大鈞將軍；侍衛官竺培基、施文彪；侍衛周國成、蔣堯祥、翁自勉；和武裝部隊衛士憲兵多名。

張學良闖下滔天大禍以後，看了領袖日記，明白了領袖為國為民，忍辱負重，苦心焦慮，積極準備抗日之決心，而深受感動，頓有悔悟之心。由是他毅然排除萬難，促成領袖安全脫離險地，並以待罪之身，親到南京接受國法之制裁，以謝國人，實不失為英雄本色，政治家風範。

西安事變時，蔣夫人剛好以航空委員會秘書長身分，在上海東平路（賈爾業愛路）十二號私人公館，主持重要會議，因會議性質極為機密，就沒有陪伴領袖前往西安。

以我個人多年侍衛的經驗與體會，認為如果蔣夫人去西安，可能領袖的生命會受到更嚴重的危害。因事出倉猝，時在拂曉，夫人是位女性，又沒有受過軍事訓練，如果行動不夠敏捷，勢必對領袖之快速翻牆而走有所影響。在當時，叛軍毫無理性，亂槍瘋狂射擊，少數英勇抵抗的侍衛人員，在極短時間內幾乎全部陣亡，其可怕的程度可想而知。

但從另一方面來說，如果夫人在西安，情況必有所不同，西安事變可能根本就不會發生。領袖對親信與部屬期望一向極高，因而態度嚴肅，督導嚴厲，看到他們言行不對時，一定會當面怒斥，不假辭色，使部屬畏懼，不敢申訴。但夫人和藹慈祥，對部屬稟告委曲，或有所陳述時，總是懇切婉轉的慰勉，或將陳述轉達領袖，使部屬無怨抑之心。

蔣夫人在《西安事變回憶錄》第三十六、三十七頁有這樣的記載：

……張（學良）曰：「夫人如在此，絕不致發生此種不幸之事。」

……「此次夫人能一如往昔偕委員長同來者，余敢斷言絕不致發生此種不幸之事變，今余屢欲向委員長有所申述，動輒禁我啟齒，厲聲呵斥，奈何！」

從這兩節記載裡可以看出在西安事變之前，領袖曾對張學良有過（可能不止一次）不愉快的誤解，經夫人的勸解調和而釋然無事。這次張學良提出荒謬的國是主張，當然會引起領袖的極度震怒，而給予嚴厲的訓斥。

張學良確是忠於領袖，平時事委員長如父，但他為人衝動，意志不堅定，由於背景特殊，處境優越，又歷經變亂，身遭國仇家恨之痛，復仇報國之心激盪不止，因而容易受到蠱惑與煽動。

如果夫人這次隨領袖去西安，我相信張學良必會像以前一樣懇請夫人，向領袖申述其所求，夫人也必然以和藹的態度，婉轉的言辭，加以慰勉，並向他解釋領袖忍辱負重之苦心，同時夫人也一定會酌情向領袖提出建議，使情況大有轉機。

從以上兩個「如果」來說，夫人如去西安，危險和平安，正反兩種情形都可能發生，都可能會改變中國的歷史和命運。

西安事變事起突然，電訊阻斷，情況難明，領袖安危不明，中央震驚，舉國惶惶，三軍激憤。中樞政要，臨時召集緊急會議，在議論紛紛中，多主張嚴懲張、楊，下令討伐，以申綱紀。同時另有居心叵測者則暗中互通消息，乘機蠢動，政治風暴，一觸即發。幸賴夫人冷靜鎮定，睿智果斷，高瞻遠矚。一面剴切的向京中諸要人提出高見：「切勿急躁草率，勿立即採取軍事行動」；一面籌謀運用，以勇敢無畏的精神，毅然冒著生命之危險，親赴西安虎穴，營救領袖。

在經歷危險，排除萬難之後，夫人終能扭轉乾坤，使領袖安然脫險，飛洛陽轉返南京，也使國家民族面臨之大浩劫，立即消彌於無形。夫人之英勇與智慧，不能不叫人感動萬分，景仰不已。

領袖伉儷自民國十六年十二月一日在上海結婚以來，向以革命事業互相勉勵，恩愛情深，過於常人；尤其數十年寒暑患難相共，同甘共苦，至情至性，傳為千古佳話。

戴先生在西安

西安事變中為營救領袖，冒險犯難，立有汗馬功勞者，尚有顧祝同、戴笠、黃仁霖等諸將軍，以及宋子文、外籍顧問端納等人。

其中尤以戴笠將軍，身為特務工作頭子，共黨恨之入骨，欲將他置於死地而後已，是叛軍絕不會輕易放過的人，而他竟能親赴西安，髮膚未傷，安然歸來，不能不說是奇蹟。

戴先生由西安歸返南京的第二天深夜，就邀黎鐵漢股長，作深夜長談。戴先生對黎股長十分倚重，自南京洪公祠特訓班結業後，即派他到領袖身邊負警衛之重任，他們之間是同學、師生、主屬、好友等多重的親密關係，更是戴先生無話不談的親信。

因黎股長對我十分信任，事後他就把戴先生和他的談話內容告訴了我：

我知道了西安事變後，內心的悲痛簡直無法形容，當時只想一死以報知遇之恩，但冷靜一想，事變真相未明，領袖生死未卜，我要做的事還有很多，而且死要死得轟轟烈烈，要有交代，更要緊的就是先要知道領袖是否受到傷害。得知夫人要飛西安去探視領袖，是我求之不得的機會，我懇請夫人俯允同機前去，起先夫人為了我的安全而有所遲疑，後經我一再苦求，始蒙恩准。對去西安，我早有應變的計劃和措施，並作了最壞的打算，囑咐（鄭）介民、（毛）人鳳兄等作後事準備。想到此行任務之艱鉅，臨行之前，免不了生離死別，淒苦悲痛，淚流滿襟。

我自信長於研判，有應變能力，只要我能隨夫人同機到西安機場，再同車進西安見到了張副總司令，我相信就有死裡逃生的機會。

我和夫人同機同車抵達西安，由於保密的成功，以及夫人的愛護，在對方措手不及的情況下，我終於成功的會見了張副總司令。

我和張副總司令有深厚的友誼，當他看到我出現時，驚訝得說不出話來，遲疑了片刻後對我說：「你不該來的，我沒有把握保障你的安全。」

我嚴肅沉痛的回答：「我是來求死的，只要知道領袖平安，我就是死也瞑目了，但是我要死，也一定要死在你副總司令的面前……」

「好了！委員長很安全，你暫時在我辦公室休息，千萬不要亂動，我看情形安排你見委員長就是了。」

就這樣，我七上八下的心總算平靜了下來，我知道我這條老命也暫時保住了。

最後當我見到領袖時，蒙領袖關愛慰勉，感慨的說：「總理蒙難時，在極危險的情況下，我單獨前去侍奉左右，今日我有難了，又有誰呢？」很明顯的，領袖是說，在眾多學生中，只有我冒險赴難，我聽了悲喜交加，激動得泣不成聲……

因怕監視者竊聽，不便多言，我只好依依不捨，黯然拜別了……

從這段談話中看出來，戴先生在西安事變時確有一死的決心，如果不是日後因為飛機失事殉職，戴先生一定會得到領袖更多的信任，為國家作更多的大事，就是中國的歷史和命運也可能會大為不同了，命耶？運耶？只有無語問蒼天了。

特務股與西安事變

領袖自西安脫險，由洛陽返回南京後，馬上追查特務股為什麼沒去西安。黎鐵漢股長除面稟未去西安的原因之外，並呈上要求去西安的密電底稿，領袖閱後默然不語，自此以後，不再重問。

從侍衛的角度來看，如果特務股隨從領袖去西安，情況必大不相同。

我們特務股的工作大致分成「經常」與「臨時」兩種。領袖巡視各地時採取的是「臨時警衛」，也就是針對當時當地的情況作資料搜集，配合領袖的節目和行動擬定警衛計劃，並和軍統局、憲兵等單位密切配合，周密地負起護衛領袖安全的任務。

以這次西安事變來說，叛軍深夜戒嚴部署等行動，不可能一點蛛絲馬跡也沒有，然侍衛人員居然毫無警覺戒備，直到拂曉，叛軍有計劃的採取包圍姿態，慢慢潛迫行邸，被值班侍衛發覺，方起槍戰，掀開了驚天動地的西安事變序幕。結果侍衛人員寡不敵眾，在極短暫的時間內傷亡殆盡，使叛軍得以達到劫持領袖的目的，身為領袖之警衛人員，怎能不感到悲痛？

也許有人認為張學良視領袖如父，敬愛逾常，誰都不會想到他會有叛忤之心。其實東北軍分子複雜，軍心不穩，被中共滲透的情報，早已不是秘密。照理說領袖去西安，理應提高警覺，加強警衛部署，採取嚴密防範措施才對。而西安之行，不但特務股被排擠留在南京，侍從人員也毫無警覺之心，對叛逆部隊的調動、實施戒嚴、包圍華清池等的一連串行動，居然一無所知，難怪領袖一脫險回南京，就要追問特務股為什麼不去西安。

這並不是說特務股去了西安，事變就不會發生。但我們自信，至少會發現一些叛軍的行動跡象。不過，退一步來說，如果我們去了西安，我們也可能早已為國捐軀，一去不返了。

第十二章　西安事變之後

王世和侍衛長

西安事變之後，「委員長侍從室」的組織與人事也有了變動。第一處錢大鈞主任不再兼任侍衛長，而由老侍衛長王世和將軍接任，同時侍衛、警衛兩組的組織與制度也恢復如前，一如舊制。

王侍衛長是浙江奉化溪口鎮人，黃埔一期生。民國十五年三月，他就任軍校特務營長，後升警衛團長，及海陸空總司令部侍衛總隊第一大隊長等職，又於二十一年四月任軍事委員會侍從室侍衛長，兼特務團團長。他的職稱雖時有更迭，編階也步步高升，而實際上他所擔負的，一直是護衛領袖安全的職責。

西安事變之後，王侍衛長再度為領袖所倚重，出任侍衛長一職。王侍衛長對於護衛領袖的工作，自是經驗豐富，駕輕就熟。就人事而言，侍從室的人大都是他的老幹部，因此他的再度出任侍衛長，對於侍衛室的團結一致，服從盡責，自不在話下。

王侍衛長體格魁梧，相貌堂堂，個性爽朗，舉止粗獷，是容易接近相處的好長官。他不懷心機，不鉤心鬥角，也沒有政治野心，衹知道忠於領袖。以前特務組沒有追隨過他，我們之間也一無淵源，然這次接事以後，王侍衛長不但對特務組沒有成見，甚至比何雲侍衛長還要重視我們。據我們的猜測，他一定知道領袖追查特務組未去西安一事，並了解到特務組工作的重要性，因而對我們另眼相看。

因為侍衛人員在西安事變中死傷慘重，極需補充，他特別下令，調特務組馮載光和我兩人代理「侍衛官」，警衛組田蘭庭、何修貴兩人分別代理「侍衛官」和「特務員」，不但打破了侍衛、特務與警衛人員之間的藩籬，也肯定了我們特務組的地位，促成了「內圍」、「外圍」警衛職責的靈活呼應，密切配合，對日後護衛領袖的工作，貢獻至鉅，影響極為深遠。

代理侍衛官

我到了侍衛組，組長先給我閱讀了侍衛官守則，又指示了一些侍衛官注意事項以後，我就實地見習，正式上任了。

侍衛官的勤務僅有「值班」和「隨從」兩項，比特務員的工作單純多了。所謂「值班」就是輪流在領袖辦公室、休息室、臥室等門外負責護衛，和聽候吩咐。「隨從」就是隨侍在領袖身邊負責警衛，也就是領袖的貼身侍衛。擔任侍衛

▶代理侍衛官，左起：何修貴、張毓中、田蘭庭。

的人，必需忠誠、警覺、機智、負責。

我受過特種訓練，擔任「外圍」警衛多年，在領袖巡視外地時，也曾擔任過類似侍衛官的勤務，因此我對「內圍」工作大致明瞭。現在正式上陣，除了剛開始有些緊張之外，工作起來，可以說是勝任愉快，一點也不輸於老手。

我第一次值勤的地方是奉化溪口墳莊。

墳莊就是領袖母親王太夫人的墓園，離溪口鎮約五華里。領袖為紀念王太夫人，在陵寢右前方，數十公尺處的一塊小小台地上，建造了一棟普通平房，命名「慈庵」。慈庵是三開間、一字型的中式房舍，中間是中堂，也是正門，中堂沒有任何擺設，門雖設而常關，經常進出慈庵的是右邊廂房的便門。進門後，左邊一間是領袖的休息室和臥室，右邊的是領袖的辨公室和會客室，陳設都極為簡樸。平房右邊有一排廂房，是隨從人員的辨公室、寢室、廚房和衛生間。

大門外有一條石板小徑，由山腳沿山谷斜坡，蜿蜒而上，沿途樹木青翠，草綠花香，塵囂遠離，環境清幽寧靜。從慈庵放眼望去，群山擁繞而來，真是氣象萬千，嘆為觀止。

▶溪口蔣家祠堂。

領袖駐節慈庵，不論晴雨寒暑，每日晨昏，都偕夫人雙雙併肩攜手，步行到王太夫人墓前，行禮致敬，竭盡孝思，叫人感動不已。

領袖自到慈庵，名為休息療痾，實際上每日接見賓客、召見部屬、批閱公文、電話指揮等等，依然日理萬機，辛勞萬分。

慈庵的中式平房，隔音設備極差，不論辦公室、客廳和臥室，不分晝夜，祇要我們當值，都能聽到室內談話。領袖召見的人，以戴笠和張沖兩先生為最多，幾乎每隔一天，領袖就會派專機去接他們前來。戴、張兩位先生都以神秘著稱，湊巧戴先生是我的老師與長官，張先生是我溫州小同鄉和本家，我平時就很清楚他們的神祕任務，當然也知道戴先生之來與東北軍的調防與整訓有關，張先生則為了協調溝通等特殊任務而來。

一天早晨，我聽見領袖在電話中命令何應欽部長：「……限他們（指東北軍）於今天十二時前遵

▶溪口文昌閣。

照所頒命令行動，如再有違抗拖延，就在下午開始轟炸……」很明顯的，東北軍仍有要脅抗命之意。這也顯示情勢之演變，已到了危急的局面，一旦中央採取軍事行動，內戰勢所難免。

幸到下午二時左右，何部長回電報告：「……下午天氣很壞，空中能見度極低，不宜飛行，轟炸擬延到明天，視天氣轉好後，再開始轟炸……。」就因為有了這半天一夜的耽擱，何部長斡旋緩衝，終於在最後關頭，使東北軍服從聽命，貫徹了中央的命令，消弭了一場戰爭。

領袖時常召見的另一位客人，就是邵力子先生，他是黨政方面的重量級人物。有次他和領袖談到在西安被劫的遭遇，我聽到領袖說：「……我早已置生死於度外，所以心境十分平靜，但有一天，我忽然覺得心浮氣躁，似乎有事情要發生，後來才知道叛徒想用卑劣的手段來公審我，其實我早已下定決心，如真受到侮辱，我一定會先自殺，而不受

▶溪口雪竇寺。

辱……」這段鮮為人知的內幕，聽得我心驚肉跳！

領袖初到慈庵，時常唉聲嘆氣，夜間似作惡夢，大聲的說夢話。又有好幾次，在夜深人靜的三更半夜，我聽到領袖臥室中發出「沙沙」之聲，我仔細傾聽，原來是領袖在作禱告，可見西安事變之後，領袖所承受的壓力了。

還有一次，我剛當完上午八時至十時的班，正要交差給吳和興侍衛官，忽然聽見吳侍衛官大聲驚叫：「你幹什麼？」我回頭一看，看到一中等身材的壯年男子，揮拳重擊吳的鼻子，吳血流滿面。事後才知此男子是領袖的親姪子，曾留學日本士官學校，後因神經異常而賦閒家鄉。今日來訪，是有事相求於領袖。吳侍衛官是溪口人，當然認識他，但因職責所繫，阻擋他擅闖領袖寢室，使他憤怒非常，出手打人。領袖從房中聞聲而出，見是自已姪兒，不覺大怒，嚴加痛斥，並命武裝衛士將他扣辦，後經其母及其他近親的一再求情，才得以釋放。

後來想想，幸虧他晚來十分鐘，如果他早來一點點，我還在當班，我既不認識他，又不知道他的精神狀態，職責所在，一定會拔出槍來，將他制伏，免不了會鬧出一場笑話來。

上海療傷

領袖在溪口休息療養不久，看來已經有些厭倦了，雖然腰傷未癒，不宜多動，卻不聽夫人勸告，跑到廬山、杭州等處去遊歷了。領袖在遊歷中，時搭飛機，時坐汽車，時乘軍艦，不勝舟車勞頓之苦，使腰傷長久不癒。雖然夫人十分關切，苦口婆心，一再的勸領袖靜養就醫，領袖始終充耳不聞，夫人在痛心之餘，黯然別離，遠去上海。

領袖伉儷一向鶼鰈情深，形影相隨，平時極少分離，尤其日常生活，領袖如無夫人，就會心煩意躁，坐立難安。夫人生氣去了上海，我們馬上就察覺出領袖的苦悶，服勤時自是特別的謹慎小心，以免無端被罵。

果然領袖情不自禁的乘坐中山艦，離首都、遊鎮江、焦山，然後就轉航吳淞江口，碇泊江中，命侍衛官蔣恆祥前去上海，恭迎夫人來艦上團敘。夫人似有餘怒，不肯前來，領袖只好親自前去迎接。

這顯然是夫人的一齣苦肉計，領袖一旦來了上海，只好留在上海，住進中山醫院，接受檢查治療。住院的準備和手續，在極祕密的情況下，順利進行。經醫院仔細檢查後，領袖除了腰傷，其他的健康情況均十分良好，這使大家都很高興。

醫院方面特別安排病房在三樓的最後面，佔用四個房間，房間遠離其他病房，環境單純不複雜，既安靜又易於保密，十分便於警衛。領袖的病房，為一整潔高雅的套房，緊靠著的一間是侍衛官的臥室和休息室，對面的兩間充作臨時會客室。為了保密，病房中僅派了四位侍衛官，擔負起護衛領袖安全的任務。

因病房情況特殊，侍衛長特別遴選「不打鼾」、「不作惡夢」、「精幹機警」、「相貌端正」、「年輕知禮」的侍衛官，我幸運的被選為其中之一，負起這既特殊、又光榮的使命。當年的四位侍衛官，祇有蔣堯祥兄和我到了臺灣。

領袖在醫院為時一週，情況良好，但腰部挫傷，尚需時日才能痊癒，如要胸腰挺起，需要支架幫忙撐起。於是醫生就照領袖體型，特製鋼架一個，綁在腰際和胸部，外面穿上衣服，無論領袖站立或走動，都看不出「內藏玄機」。醫生另外再設計一個活動的小書桌，可巧妙的放在腹部之上，作為領袖躺在床上或臥榻上看書寫字之用，以便領袖一面辦公，一面療傷。

領袖住院期間，由於夫人的關愛，醫生的悉心照顧，心情非常平靜，我值班時，再也沒聽到他的長嘆或大聲的說夢話了。

也由於夫人的約束，到醫院探視的，除了孔宋親戚、黃仁霖、戴

▶一九三七年，侍從室侍衛官於上海官邸。

笠先生之外，祇有鄭毓秀女博士。鄭博士每日盛裝而來，每次前來，必帶鮮花或小禮物送給夫人。

我在醫院裡當班，誠惶誠恐，值班時，目觀四面，耳聽八方，全神貫注，不敢咳嗽，不敢打噴嚏。尤其夜間行走，為怕走動出聲，我特別去上海有名的「小花園」鞋店，買了一雙新布鞋。當時只想到價錢高、樣子新，並沒有注意到款式。不料穿著布鞋值班時，被戴笠先生看到，他輕聲對我說：「這雙鞋口太淺，又是三角形的，不是正派人穿的，給先生、夫人看到，一定會不高興，趕快去換掉，真是小孩子，不懂事！」我聽了很不好意思，不得不佩服戴先生事事細心，又給我上了寶貴的一課。

氣功醫師

領袖出院後，除服藥和物理治療外，還請了一位陳果夫先生介紹的張醫師。張醫師是跌打損傷和氣功醫師，在南京中華門外開業行醫，醫術精湛，遠近馳名。

領袖從上海回南京後，就請張醫師到官邸作氣功治療，每日上下午各一次。張醫師年約六十餘歲，人粗壯，留長鬚，瘸左腳，和我心目中的「仙風道骨」大不相同。在做氣功治療時，領袖隨意的穿著短襖，輕鬆的坐在沒有靠背與扶手的凳子上，張醫師腳蹬弓步，兩手手掌微微張開，夾在領袖胸背部，隔著短襖，不急不徐的上下推按，偶爾可聽到他手掌接觸短襖的沙沙之聲。最初推拿為半小時，以後與時俱進，一週後，已達一小時之久。

治療時，我侍衛人員站立一旁，目不轉睛的注意著這位神祕醫生，見他推拿不久就開始額角微微出汗，再慢慢冒出汗珠子，最後滿頭大汗，可見他體力之損耗。在張醫師推拿期間，領袖閉目養神，神色自若，一無倦怠之情，似乎氣功確實有效。以後張醫師隨領袖到南京、牯嶺等處，每日上午為領袖推拿一次，治療了一個月，從未一日間斷。

同時護理領袖的，還有一位資深護士小姐。這位護士小姐，個子矮小、樸素端莊，護理優良，她自中山醫院開始，就替領袖作電療。

在中西合璧、雙管齊下的治療後，領袖康復得很快，到底是電療，還是氣功比較有療效，就不得而知了。

經國先生回家

民國二十六年三月底，領袖再赴杭州休養，駐節西湖湖濱之「澄廬」。

澄廬是一棟中西合璧的兩層樓房，位於西湖湖濱體育館旁，屋頂拱起為球形，面積不大，二樓有四大間房間，是領袖伉儷的臥室、書房、會客室與餐廳。此屋獨門獨院，圍有鐵欄柵，院中種植樹木花草，鬧中取靜，環境清雅。正門有整潔的柏油馬路，直通市內與郊區，後院臨西湖，可飽覽西湖之湖光山色，又可隨時暢遊西湖，確是美好的休閒勝地。

某日上午九時五十分左右，我去接十至十二時之勤務。不料正在值班的蔣恆祥侍衛官，輕聲地對我說：「大公子經國先生，和他的太太和兒子在餐廳裡，由夫人陪著談天吃點心，正等著見先生（在侍從室中，內圍（侍衛組和內衛股）和內務稱「官邸」，稱領袖為「先生」），這情形很特別，我對官邸的事情知道得多些，所以今天我留下來和你一起值班。」

我聽了很驚奇，一面感謝蔣兄的謹慎和照顧，一面好奇的向餐廳窺視。從廚房通餐廳有一個窗口，我就從這窗口，看到

▶經國先生夫婦於溪口豐鎬房前合影。

▶杭州澄廬，經國先生自俄返國帶妻兒到此首見領袖與夫人。

了經國先生，和他年輕貌美的俄籍太太，帶著健康活潑的周歲兒子。我也看到蔣太太不會用筷子，夫人命人換了刀叉，她才繼續用點心。

因餐廳距離遠，聽不到他們的談話，所以不知什麼緣故，遲遲不見領袖召見兒子和媳婦。過了好久，領袖才命管家蔡媽（祺貞）抱了孫子進臥室去。到了中午用膳時，夫人從餐廳到臥室去了兩趟，仍不見動靜，夫人就獨自請他們子媳孫三人吃了頓午餐。

這是我親眼所見的歷史鏡頭。至於為什麼領袖不立即和他的兒子與媳婦見面，依我猜想，這很可能是因為領袖深愛夫人與經國先生，有意讓夫人與經國先生一家單獨相處而作的一番特別安排罷！

經國先生

經國先生是領袖的大公子，他於民國十四年十月二十五日，十六歲虛歲時，與馮玉祥之子馮宏國等，一起赴俄國莫斯科留學。當時在聯俄容共的策略下，允許黃埔軍校學生，和全國青年學子赴俄留學。那時全國各地有志青年，公開或祕密地去俄國留學的，為數眾多，經國先生是革命領袖的長子，身價自是不同，俄共當然也注意到他。他留俄後大約三年左右，隨著國共合作的破裂與俄共欲奪取國民黨領導權意圖的顯露，終有清黨運動的產生。

領袖洞悉俄人奸計，即於民國十七年初，發表與俄國斷交之主張，接著國民政府（與北洋政府）毅然宣佈與俄絕交，下令關閉各地蘇聯領事館和商務機構，更逮捕俄人，驅逐他們出境，遏斷共黨禍害，挽救黨國危機，因而使俄酋史達林惱恨在心，採取報復行動，將所有在俄的非共黨留學生一一扣留，成為人質。經國先生首當其衝，遭到扣留和迫害，無論精神和肉體都受到了煎熬，甚至多次瀕臨生死邊緣。

領袖曾在日記上寫道：「余望經兒返國心切，但絕不能有絲毫損害國家利益之事，以作為換取經國返國之條件，否則我寧可無後代。」可見經國先生當時處境之危險。

而經國先生，吉人天相，竟能死裡逃生，這可能是因為他具有父親特有的堅忍天性、深受父親言教影響、又親炙奇人吳稚暉老先生的教誨薰陶，孕育出超人的意志，所以才能忍人之所不能忍，苦人之所不能苦，而安然攜嬌妻愛子返回國門，成為歷史上的傳奇大事。

▶杭州澄廬之花園。

結束侍衛官生涯

領袖自西安脫險，安返南京，國府林森主席，親率中央文武百官，蒞臨明故宮機場，迎接慰問；數十萬民眾，自動自發的在機場門外列隊歡迎，從機場到中央軍校，成千上萬的人，揮舞著小國旗，興奮的高呼：「委員長萬歲！」呼聲震天，直達雲霄，人民對領袖之狂熱與愛戴，自然流露，場面之偉大，感人至極。

領袖抱病引咎自請處分，謙辭本兼各職，報請特赦張學良，處理東北軍等重大事宜，辛勞煩忙，幾無清閒。直到二十六年五月二十七日止，經請假、銷假手續才正式在廬山視事，也就是說西安事變之後，將近半年，政府的作業才恢復正常。同時侍從室侍衛人員的補充，也告完成，我也於同年五月底回歸特務組工作。

自我調任侍衛官，為時半年，接差之初，既興奮又感到萬分榮耀，同時也感到誠惶誠恐，服勤時兢兢業業，特別注重生活言行，衣著儀態，平時謙虛請益，認真達成此一崇高的神聖任務。幸表現良好，深得長官愛護，同仁敬重，無論值班、隨從、先遣和交辦事件，均稱職而無疏忽，因而私心快慰，引以為傲。而且晝夜隨侍領袖，或專機、或專車（火車）、或專船（軍艦輪船），忽杭州溪口、忽南京上海、忽九江廬山，飽覽名川大澤，享受一般人所享受不到的榮耀和樂趣，誠人生之一大快事也。

第十三章　對日戰起

廬山談話會

領袖每到廬山避暑，牯嶺就成為夏都，也成為中央政治活動的中心。我們特務組人員多被分派駐守入山之山口，或其他重要地點，督導協調憲警以及軍統局祕密工作人員，作公開或祕密的檢查與偵察，以防不法分子的混跡與滲透，而我則被派駐廬山圖書館，負責圖書館和廬山傳習學舍兩地的內外警衛。

廬山圖書館剛竣工不久，是一棟兩層樓的新式洋房。在圖書館右十多公尺處，另有一棟新式洋房（牯嶺中央黨部），設備新穎，裝潢講究，備有高級餐廳，與貴賓休息處，是牯嶺最完備的集會場所。圖書館右側，離中央黨部不遠，有一坡度相當高的山谷，正在大興土木，趕造一座十多層樓的「廬山傳習學舍」，學舍沿著山谷，依地勢成梯田形狀向上延伸，工程浩大，氣勢雄偉，巍然矗立，象徵著我中國之精神，不能不令人肅然起敬。學舍位於牯嶺河西路，左

▶與特務組員於牯嶺圖書館前。

有溪水，河水清澈，水聲潺潺，終年不絕。學舍四周林木蔥蘢，滿眼青翠，群山環抱，景色怡人，正是進修之理想場所。

領袖於民國二十六年七月四日，在剛竣工的學舍開辦廬山暑期訓練班第一期，遴選高級將領、黨政、財經、教育、文化等核心幹部，和大專學生代表等千餘人，作暑期訓練。

又鑒於中日問題之嚴重，領袖決定在圖書館召開「廬山談話會」，邀請國內名流學者，商談國事，共策禦侮圖存大計。不料七月七日，日寇策動蘆溝橋事變，使局勢更趨嚴重，七月十七日，談話會如期在圖書館舉行。領袖在談話中，報告蘆溝橋事變時提到：「和平未到絕望時期，絕不放棄和平。犧牲未到最後關頭，絕不輕言犧牲。」

我經常隨侍領袖左右，聽過他無數次的訓話、演講或致辭，知道領袖發言慎重，常有「這個是……」、「這個是……」的重複停頓語，但這次

▶牯嶺中央黨部與圖書館（一九三六年）。

對全國名流學者的講話，其中「最後關頭」一段，言辭堅定，聲調高揚，口齒流利，神情嚴肅，一句一句，斬釘截鐵，扣人心弦，引起全場熱烈反應，掌聲如雷，久響不絕，這動人情景，實在令人感奮之至，永難相忘！

這些名震一方的名流學者，如胡適之、張伯苓先生等，都是國人最崇敬的知識分子，他們號召力大，能左右輿論，是我國最具影響力的意見領袖。談話會中，人人心情悲憤沉痛，踴躍發言，莫不願盡一己之所能，同仇敵愾，共禦強敵，報效國家。這次的談話會，無疑的，是一次極成功的歷史性的會議。

我因任務所在，每次談話，都以服務員身分，活動於會場內外，得以親眼目睹學者名流之風範，聆聽他們的箴言高論。

經我客觀的觀察，深深的體會到，人不分男女老幼，地不分東西南北，人人熱愛國家，憤恨日寇，對擁護領袖的狂熱和赤誠，所匯成的一股洪流，必將毀滅日本帝國主義亡我之野心，也保證了我日後抗戰勝利之成功。

▶與張人佑於盧山仙人洞。

中日戰起

領袖在廬山談話會中所宣佈的談話，誰都明白，是向暴日提出的最後警告，不料日本軍閥，竟悍然變本加厲，以七七蘆溝橋事變為藉口，攻打我軍，正式的爆發了中日大戰。

這是國家民族生死存亡的搏鬥，領袖運籌帷幄，煩忙辛勞，作為護衛領袖的侍衛人員，我們當然特別的緊張，特別的警惕。

民國二十六年七月二十日，領袖離牯嶺飛返南京，仍駐節中央軍校官邸，我們也整裝返回首都。

領袖飛返南京不久，「八一三」淞滬戰爭就爆發了，暴日動員精銳的海陸空軍，猛攻淞滬，我軍英勇反擊，戰況極為慘烈。

為顧慮敵機之空襲，領袖遷出軍校，以中山門外、遺族學校左前方的「四方城」作為行邸。遺族學校，興建在中山門外數百公尺的丘陵上，京杭國道通過丘陵中間的低凹處，正好將遺族學校分成男女生兩部，學校的建築頗具規模，設備現代化，專收國軍遺族子弟。

▶侍衛人員於廬山。

四方城周圍樹木繁密，地形極為隱蔽，平時不開放，知道的人不多，目標暴露的顧慮不大。當時學校正在放暑假停課之中，警衛組和一部分特務組人員，就借住男生宿舍。

九月二十日，敵機五十餘架，由紫金山方向，低飛至四方城上空，以機槍對著茂林掃射，幸無人死傷，房舍亦未被擊中，以後又有好幾次夜間空襲，也僅是虛驚而已，尤其是領袖行邸附近，更是安然無驚，可見暴日的情報並不厲害，反倒證實了我們保密和隱藏的工作十分成功。

湯山

我在四方城工作至十月初，又奉命駐湯山俱樂部。湯山離南京城約數十公里，有一中外聞名的溫泉，因溫泉溫度高，燙熱如湯，故名「湯山」。

湯山除私人與公共浴室之外，另有湯山俱樂部，為領袖經常前去沐浴休息的處所。湯山俱樂部，花木扶疏，庭園清幽，房舍整潔，浴池寬敞，設備良好，平時有三個管理員，負責清潔內外，調節浴池水溫，以及聽候差遣等工作。

領袖蒞臨湯山沐浴的次數並不多，時間都在下午。湯山溫泉的水溫極高，居民可以直接用熱水宰豬殺雞脫毛，也就因為水溫極高，如不用冷水降溫或等燙水冷卻，是無法洗澡的。因此俱樂部管理人員的主要工作，就是不斷的將燙水水溫調低，恭候領袖隨時入浴，直到午夜，確定領袖不來了，他們才將儲備的溫水放掉，再加以清理打掃。第二天清早，管理員又照例放溫泉熱水，加入冷水調溫，日日如此，從無更變。

湯山是京杭國道旁的小鎮，雖因溫泉而名聞天下，更因人傑地靈而揚名四海。

其一，當然是領袖所喜愛的地方，領袖經常駐節於此。

其二，革命元老戴季陶先生，居住湯山。戴先生以道德文章聞世，他是領袖感情最好、關係最密切的人。在我們侍衛人員的眼裡，能和領袖談笑風生，無拘無束、把晤言歡的，除戴先生之外，當不作第二人想。每當領袖到湯山探訪戴先生時，我們侍衛人員，總破例的留在天井庭園之中。就在庭園中，我們也能聽到屋內傳來的爽朗歡笑之聲，可見領袖真正能放情話舊的對象，祇有湯山戴季陶先生了。

其三，是民國二十年三月，另一元老級的風雲人物，胡漢民先生閒居湯山。胡先生可能是為了國事，和領袖在政見上有所歧異，辭去一切職位，閒居湯山，因而被人傳為幽禁，失去自由。這些傳聞曾引起兩廣方面極大的誤會，竟獨立開府，形成中央和兩廣的分裂局面，情勢一度極為緊張。自日本軍閥發動「九一八」事變以後，內憂外患，國勢堪憂，在各方人士的疏導協商下，請以團結抗日、救亡圖存為重，雙方始得容忍和好。胡先生於十月離湯山，赴滬轉粵，當時的種種是非傳聞，也就隨著胡先生

▶與湯山俱樂部管理員胡紹昌、胡大年。

的離開湯山，而煙消雲散了。

領袖由廬山返首都還不到一個月，也就是離七七事變，僅四十多天，日本就發動「八一三」大戰，敵軍以精銳的部隊，優越的火力，瘋狂的向我淞滬駐軍進攻，敵機也日夜不停的空襲首都各地。

雖然戰事激烈，死傷慘重，但我軍英勇奮戰，三軍將士將「軍人魂」的精神，發揮到了極峰，給暴敵迎頭痛擊，使敵人也受到慘重的傷亡，粉碎了他們三個月內必亡我國的幻夢。我全體國民也敵愾同仇，抱著破釜沉舟的決心，全力支援抗戰，奠定了抗戰必勝的保證。

由於戰事的演變和轉進，領袖坐鎮首都幄帷運籌，日理萬機，就沒有時間和閒情去湯山了。

我們護衛領袖的工作，也必須特別加強。因此特務組派駐湯山、馬群靈谷寺、燕子磯等處同仁，全都調回組部，在四方城官邸周圍，負起巡邏偵查的任務。

機動任務

我於十月中旬回組部，負機動任務。

所謂機動任務，就是挑選會開摩托車（附設船型座）和善用輕機槍者，以二人為一小組，共兩組，在天黑至天亮時段，輪流在中山門外、體育場、明孝陵、總理陵園一帶，作不定時巡邏，以防歹徒漢奸，從事破壞、擾亂和偷襲等活動。

我同白世維兄一小組，輪流駕車與架機槍，大膽小心的注意四周的動靜與狀況，因我們對環境熟悉，地形了解，所以工作起來一無困難。更幸運的，在巡邏期間，從未發現過任何特殊狀況。只是夜間巡邏，景色依舊，大地沉寂，內心免不了會湧起陣陣感傷。

白世維兄

白世維兄係北國除奸，刺殺漢奸張敬堯的英雄。

民國二十二年初，日本特務機關，為實施華北特殊化陰謀，乃勾結前湖南督軍大軍閥張敬堯，利用他的殘存影響，在華北活動，圖謀日人華北特殊化的目的。

▶與白世維乘機動摩托車進行任務。

白兄係中央陸軍軍校第七期生，性剛烈、愛國家、愛民族，他移孝為忠，置老母與妻室於不顧，毅然奉戴雨農先生之命，於五月九日，冷靜、機智、從容的達到制裁漢奸的目的，完成使命，安然歸來，實在令人敬佩。

白兄是於西安事變後，因領袖特別重視特務組，經戴先生遴選他和戚南譜（軍校六期）、郭文年（六期）、靳汝民（六期）、卓飛（五期）、胡宿嘉（五期）、范樹鵬（三期）、張開運（六期）等同學，報請領袖核准，進特務組服務。他們都有資深的經歷和事功，也都是軍統局的佼佼者，為國家出生入死、立下過不少汗馬功勞。

後以抗戰情勢的演變，戴副局長雨農急需敵後工作人才，又呈報領袖核准，調他們離開侍從室，直接投入地下工作，和敵偽作殊死之戰。

這些同志，除了白世維和靳汝民（國大代表）兩兄來台，曾多次見面外，其他都音訊杳然了。

白兄在組內和我接觸機會較多，自武漢撤退至南嶽，又一直和我一起工作，我很敬佩他，他也尊重我，我們兩人相處頗為融洽。後白兄任台南市警察局長和台灣省議會議員，我也調任警察工作，相見的時間就更多了。閒談中，不堪回首話當年，徒叫人噓唏而已！

日機轟轟隆隆而來

民國二十六年十月二十八日清晨，領袖因上海敵軍突破我大場陣地，特親赴蘇州巡視，並於晚上偕夫人蒞臨崑山前線督戰。

領袖偕夫人乘汽車從京滬國道赴蘇州，王世和侍衛長為了行軍安全，避免暴露，特將領袖座車後面的兩輛黑色隨從轎車，改為敞篷車，並改在座車之前行駛。他又指定兩敞篷車內的侍衛官，持優良望遠鏡，對天空瞭望，偵察敵機蹤影，以便隨時應變。同時他又派出特務組組員率同軍統局特警人員，在沿途和蘇州，作秘密的護衛措施。

領袖於近午前，蒞臨蘇州留園休息，召見前線將領，有所訓勉和指示。至黃昏時分，又轉往蘇州火車站，搭小型火車，親蒞崑山前線巡視，和慰問國軍，約午夜十二時許，領袖伉儷才乘小火車，返回蘇州火車站。

不料就在蘇州火車站，正當領袖手扶夫人，步下小火車時，忽然聽到敵機轟轟隆隆，向車站而來。這突發的危急情況，彷彿是敵機得到情報，追蹤而來，使大家驚措不已。幸領袖沉著鎮定，在兩節專車之間的月台上，遲疑了一下，就扶著夫人，進入另一專車。

我們侍衛人員，大都隱蔽地分散在專車周圍，負警衛任務，眼見火車站的燈火管制不良，敵機臨頭時，忽滅忽亮，令人既焦急又氣惱。

敵機掠過頭頂時，大家清清楚楚的看到，是十五架編隊的轟炸機，幸虧飛機掠過我們頭頂時，並無掃射，只是虛驚一場而已。這正說明敵方並不是得到了情報，以我們為目標，而純屬巧合而已。

敵機很快的向南京方面掠空而去，領袖伉儷馬上命正在等待的專車，立即開動，於翌晨安抵南京和平門站，換汽車返回官邸去了。

第二天，我看早報，看到英國駐華大使，於昨日上午乘汽車沿京杭國道，向蘇州行駛時，突被日本戰鬥機，沿途追逐，連續以機槍掃射座車，以致大使身受重傷，車翻田野。英國政府提出嚴重抗議，也引起了國際的震驚和譴責。

報導上並描述：「大使乘坐黑色高級轎車，跟了一部敞篷車，轎車車背上還覆蓋著大英帝國的大國旗，目標頗為明顯，日機為什麼毫無忌憚的加以攻擊，並有非置他於死地不可的用心，實在令人不解。」

這確是震驚世界的大新聞，然以我們警衛人員的聯想，認為這可能是日人惡毒的大陰謀，也就是說，敵人的目標很可能就是我們的領袖。

因英國大使的座車和隨從車，跟領袖平時用的座車和敞篷車很像；同時，兩車出現的時間、地區和車向又相同，所以我們認為敵方一定得知領袖有蘇州之行。由於我們偽裝得宜，再加上英國大使車背上蓋有非常明顯的英國國旗，日方一定認為是我們的偽裝，而誤以為是領袖的座車，就毫無顧慮的狠下毒手了。

我們姑且不論暴日事後的尷尬，與國際輿論的譴責，一想到有日奸潛伏在政府領導中心的可能，就不得不叫人不寒而慄了。

不久以後，軍統局破獲漢奸黃晟一案，就是一個很好的例子。黃晟是汪精衛的親信秘書，被日本大使設陷收買，他對日本提供了我政府極機密的情報，對我政府的傷害極大。例如政府計劃封鎖江陰要塞，擊沉或俘獲長江內數十艘日軍軍艦的計劃，被敵方獲悉而逃脫，就是漢奸黃晟洩密的傑作。這次敵機在京杭國道上所作的暴行，也不知是否與他有關，幸黃晟一案，破獲得早，減少了內奸大患，但也不得不使我們警衛人員特別提高警覺，加強對領袖的護衛了。

第十四章　祕密使命

緊急密諭

民國二十六年（一九三七）十一月二十八日傍晚，我正準備和白世維兄開船型摩托車，開始夜間巡邏，忽奉黎組長緊急密諭：

立刻收拾行裝，率警衛組組員王興詩、張咸杏兩同志，會同內務科蔣孝鎮副官（西安事變時和竺培基侍衛官扶侍領袖離開華清池上後山者）和便衣侍衛四人，武裝衛士二十名，連夜秘密趕到下關汊河口，以中央銀行員工和衛隊名義，上沙市輪，赴九江，轉廬山觀音橋領袖行邸，以絕對秘密方式佈置行邸內外安全措施。

你本人則一到領袖行邸，馬上率組員一，侍衛二，趕到星子縣鄱陽湖碼頭，僱民轎兩乘，準備恭迎領袖。因為此事極為機密，我們不能和你聯絡，你祇能每天從早到晚，到鄱陽湖碼頭等候，隨時恭迎領袖的到來。此次任務至為重要，你一定要做得完美無缺才行！

奉到這樣重大的任務，我懷著沉重的心情，一邊匆忙收拾行李，一邊嚴肅思考。首先我要和蔣副官研商上船等保密問題，蔣副官是宮廷型內務官，配合起來可能不容易，我就特別虛心請教，強調此次使命的重要性，馬上獲得他的全力支持，無論在車輛分配，出發先後，時間會合與地點等的保密措施上，我們都合作無間，配合良好。

「沙市輪」是一艘百餘噸的內河輪船，是中央、中國、農民、土地四銀行，租來撤退員工到武漢的一艘專輪。我們是最後上船的一批不速之客，四銀行的員工帶著好奇的眼光瞄了我們一眼，連招呼都不打，很明顯的擺出一副「不歡迎」的嘴臉。

替我們安排床位和飲食的先生，尤其傲慢無理，他不客氣地吩咐我們不可到處走動，尤其武裝衛士，更不可以離開船艙，以免被敵機發現，造成無可彌補的後果等等。在他眼裡，我們是既無修養，又缺欠防空常識的一批人。後來我聽到他們說我們是孔宋蔣三夫人的部屬與衛隊，這都說明他們對我們的身分和目的地，一無所知，這使我感到非常欣慰。

大難不死

此時敵軍已逼近南京，日機不斷的在長江上空活動肆虐，因此我們一路擔心，深恐日軍會對船隻掃射，影響我們的任務。幸虧一路平安無事，我們於十一月二十九日下午三時，順利的到達九江。

一到九江，我們立即上岸，按照計劃，到碼頭附近的中央銀行休息，然後調度車輛，分頭前去廬山觀音橋。

當時九江常遭敵機空襲，公家機關多已疏散到市郊辦公，本來我們乘坐的小轎車，是向九江上海銀行調用的，但因司機已經離職，我們只好另向中央銀行調借司機。

於海會寺附近翻車之橋址。

交涉聯絡費了不少時間，再加上出發前的加油、添水和檢查等準備工作，我們一行四人，一直忙到傍晚五時才開車上路。

本來我和王興詩、張咸杏和司機四人剛好坐滿一車，而蔣副官又臨時塞來二個攜帶火爐和工具的泥水工人，連人帶工具，六個人把車子塞得滿滿的，我們坐在車上，連轉身都十分困難，此時外面又下著細雨，路面甚滑，一路開去，不能不叫人提心吊膽。

果不然，汽車開到海會寺附近，突然出現了一個向左急轉彎的橋樑，大家馬上同時急聲高呼：「慢！慢！」司機當然也看到了，就情急心慌的來個緊急大剎車，前座的張咸杏同志，也機警的猛拉手剎車。不幸汽車超載，剎車過猛，衝力太大，汽車竟調頭橫滾，打了一個三百六十度的大筋斗，直挺挺的落在河床巨石堆上，車上的人被震得死去活來，噤啞不能出聲。

等我回過神來，正好看見司機要爬出車門逃跑（實際上車門已無法打開），我馬上放聲高喊：「不准跑！」這一叫，驚醒了全車的人，大家也跟著大聲呼應。有了這一陣子的大喊大叫，大家才知道彼此平安無恙，於是我們一一從窗口爬出。爬到車外後，發現河水枯乾，河床高度不大，真是不幸中的大幸了。

到了車外，大家不但不責備司機，反而對他萬分同情，除了好好安慰他一番之外，還由我寫了一張「過錯不完全在司機」的證明，使他好向上級交代。

不過車子跌落河床，已不能開行，我們就把東西從河床搬到馬路上，在橋樑旁邊暗淡的路燈下，一面活動筋骨，一面作全身檢查。非常幸運的，雖經此大難，居然無人受傷或感到不適，於是大家高高興興的走到橋頭，僱到幾名挑伕，直奔海會寺，並在海會寺附近找了一家餐館，飽食一頓。進餐時，我特別買來「三七」等內傷藥，分給大家配高粱酒服用，再叫了一桌佳餚美酒，為眾人壓驚。

吃完飯，我們去街上買了手電筒等照明用具，繼續連夜趕路。由海會寺到星子縣城附近的觀音橋約二十華里，我們沿著山麓小徑前進，路面尚稱平坦，但雨後路滑，又是黑夜，走起來相當辛苦，一直到午夜一時許，方達觀音橋。

觀音橋，山明水秀，環境極為清幽，領袖常在此休息，而且地點僻靜，房舍樸實隱蔽。蔣副官等人早已先到入睡。我們為了安全起見，還是進行了行邸內外的環境檢查，監視水泥工人安裝火爐，並暗中觀察他們的神色言行，一直到萬事妥切了，才脫衣就寢。

恭迎領袖

照理說，經過十多小時的折騰，人已困頓不堪，極易入夢。但我躺在床上，想到此行任務的重大，竟輾轉反側，無法入睡，加上翻車時的劇烈震動，過度驚嚇，全身酸痛難熬，一夜心神恍惚，無法安眠。

一直到黎明，我才朦朧的睡了一會兒，馬上又起來和蔣副官商量有關如何嚴守秘密，如何編造身分，如何僱用民轎，如何注意往返言行，如何應付星子情治人員的盤問等事項。其中以民轎僱用問題顧慮最多。言談之中，我忽然想到行邸管理員，係舊勵志社廬山張主任介紹的老人，世居觀音橋，為人忠實可靠。我們謊稱孔家有人將乘船，由鄱陽湖來觀音橋休息，託他雇誠實可靠的轎伕六名，籐轎兩頂，約定每天上午四時至下午黃昏，在鄱陽湖星子碼頭候客，講明工資從優，並免費供應早午二餐。

管理員很樂意地照辦，他特別表明要為我們挑選與他關係深密的親友。因為領袖常來，觀音橋一帶的轎伕，都知道領袖伉儷有自備的精緻軟轎，應當不會懷疑到我們現在所虛稱的貴客，是另有所指。

我又和管理員說好，從十二月一日起，要轎伕將轎子停放家中，由我親自帶他們去星子縣。十二月天氣寒冷，鄱陽湖遊客稀少，轎伕有這樣好的生意機會，當然喜出望外，不但欣然接受，還十分感激管理員的照顧。

為了慎重起見，我特別於三十日當日，率領侍衛兩名，徒步到星子縣碼頭，作實地偵察。從觀音橋至星子縣碼頭，全程約十五華里，坐轎約須一小時多，鄉村之路，尚稱平闊易行，小溪曲徑，村落處處，一派鄉村田園景色。

星子碼頭規模不大，設備也很簡單，是鋼筋水泥所建，看來很堅固，好像興建不久，設備頗為完整清潔。碼頭中部凸出一跳板式的小碼頭，可臨時停靠中小型船隻，也勉強可停靠水上飛機。

碼頭的右後方，有一棟半隔間半開敞的中式平房，擺有桌凳籐椅等，供人進餐、飲茶，或欣賞湖光山色，旁邊有一雜貨店，可購買一般日常用品和糖果糕餅，內外都打掃得很乾淨。但是整個星子碼頭，冷冷清清的，除了碼頭上停了數艘舢板之外，不見其他遊客和船隻，我以觀湖賞景的心情，徘徊片刻，就步行回行邸了。

第二天（十二月一日），我帶著人轎，於清晨五時許到達碼頭，以上海小開（公子哥兒）身分，拜訪碼頭管理員，說明將在此迎接我們大老闆，請他多多照顧，並請他供應我們九人（連轎伕六人）的早午兩餐，不用說，碼頭管理員非常高興的答應了。

碼頭上的人，當然都認識我們的轎伕，他們彼此交談時，一定會發現雙方故事一致，而不會對我們有所懷疑。

軍委會的一個別動總隊，在海會寺駐有部隊，並有軍官訓練班，總隊長是名將康澤將軍，他用以牙還牙的辦法，對付共黨，作生死搏鬥。我想他們在碼頭各處，必有明暗人員的佈建，顯

▶於鄱陽湖畔執行勤務，等待迎接領袖。

然我們的「說法」和言行，一無破綻，既沒有引起他們的注意，也沒有受到他們的盤問和檢查。

就這樣，我每日清晨四時，冒著刺骨的寒風，不時的搓著僵硬的雙手，在此起彼落的雞啼聲中，在遠近相應的犬吠聲裡，懷著警惕之心，默默的加緊腳步，於天未亮前，到達星子碼頭等候。

鄱陽湖面積達二千七百餘公里，湖水浩蕩，煙波縹渺，氣象萬千。我日日往返於觀音橋與星子之間，心情似緊張又似悠閒，每日晨昏時刻，習慣性的佇立於鄱陽湖畔，凝視著鄱陽湖的煙霧瀰漫，以及水色天光的變幻詭譎，幾不知身置何處！

十二月七日黎明，仍是晴朗天氣，我又如常佇立湖畔，遙望著湖光山色。忽然曙光初露，在光芒耀射之下，隱隱約約的發現一浮動物體，緩緩而來，很快的由模糊而清楚，由遠而近，漸漸能辨出是飛機的輪廓，我不禁大喜過望，知道一週以來，千盼萬望的領袖座機，終於到來。緊接著，飛機的雄姿，盡收眼底，機聲也清晰可聞，這確是一架水陸兩用座機——領袖真的脫離了南京危城，安全抵贛，我的興奮和喜悅真是無法形容的了。

當我沉著鎮定，控制舢板，準備頻頻揮手示意時，突見座機向右，滑進離碼頭不遠的湖邊去了，這使我們非常的詫異。在錯愕中，正好蔣副官孝鎮，於上午四時許，在觀音橋接到南昌轉來的暗語電話，特別匆匆趕來星子，與我們會合，迎接領袖。他見此一情況，既驚慌又焦急，立即拔腿飛跑前去。

原來在星子碼頭的前邊，還有一個水上飛機場，本來為了避免迎接的被發現，特別改在星子碼頭，現在不知何故，又改降到前面的水上飛機場去了。

我在情急之下，連忙交代兩位侍衛待命，跟著蔣副官跑去。他是極度忠貞的文弱書生，跑不到數十公尺，就氣喘如牛，臉色蒼白，蹲在馬路上空焦急了。我當時年紀輕，身子矯健，目力強，就一直往前跑，儘可能的想看個究竟。大約跑了一里左右，遠遠看到領袖伉儷已上岸，乘上座車向海會寺方向離去，同時我也看見，一部裝著領袖伉儷專用軟轎的卡車，也跟在座車後面，飛馳而去。

▶一九三七年，領袖座機由滬抵南京玄武湖。

我目擊他們離去後，急忙回奔星子碼頭，在途中看見蔣副官仍在路邊休息，經我解說後，他沮喪的說：「趕快回去吧！好將我們連日在星子碼頭迎接的情形，向先生和夫人報告吧！」於是我們立即帶著侍衛和轎伕，告別鄱陽湖，打道回府了。

一到行邸，我馬上向黎組長一探究竟，他就把事情變化的來龍去脈告訴了我：「我四日清晨，於南京危在旦夕時，奉命於五日夜深，由水陸捷徑，趕到南昌待命。至今日上午三時，接到去看你的密令，知道原計劃未變，就趕來星子與你們會合。事有湊巧，就當我沿著湖邊馬路找你時，忽見水陸兩用飛機正在鄱陽湖降落，向星子縣城方向滑進，我立即高搖手帕示意，他們也見到我們車隊，就轉向回來，剛好原來的水上機場就在附近，降落很方便，於是他們就臨時變卦，捷足先登了。」

由是這歷史性、又戲劇化的「鄱陽湖恭迎領袖記」，就成了我侍衛生涯中，一段有趣的插曲。

領袖安抵觀音橋後，黎組長和我在行邸和康將軍見面，黎組長提到我十多天前，就祕密的來到星子恭迎領袖。康將軍驚異的說：「你們掩飾得太到家了，連我們的工作同志都

▶南京陷落前的玄武湖。

被瞞過，我們只知道是上海小開到星子來接大亨，而不知是密迎領袖呢！其實你們應當信任我們別動總隊，以後如有類似事務，務必和我們密切聯絡……」

雖然他面帶笑容，態度良好，而弦外之音，頗有責怪之意，這使我很不好意思。實際上保密是「特別警衛」的最高原則，能保密，就完成了任務的一大半。

廬山小憩

領袖在觀音橋行邸暫宿一夜，即於翌晨八日，經太乙村上含鄱口，入牯嶺駐節河東路行邸。

誠如領袖所言：「置個人生死於度外。」自領袖離開南京危城蒞廬山後，精神奕奕，心情泰然，毫無沮喪之情，一時既無會議之勞，又無賓客之煩，鎮日與夫人形影不離，徜徉於山水之間，輕鬆悠閑，為往日所鮮見。想必國家大事，運籌帷幄，早已胸有成竹。

十二月十二日，領袖痛悉首都淪陷，立即離牯嶺，經海會寺，轉九江飛武昌，並在海會寺向廬山軍訓團員訓話，召見江西省主席熊式輝、別動總隊長康澤，我們也逕赴九江乘江輪轉武昌了。

第十五章　保衛大武漢

大堤口碼頭

領袖駐節於武昌市豹頭堤的湖北省政府官署，侍從室官員也先後移居其內。司機、武裝衛士等，則分別借住官舍或租賃民房居住。我們特務、警務兩組也不例外，另租省府右邊，一棟二層樓之民房居住。

特務組的主要工作，仍然是警衛部署和協調情治單位等項，唯獨我被派往武昌大堤口碼頭，擔任專員，管理領袖座輪。

大堤口在長江之濱，黃鶴樓下游約六公里處。領袖之專輪「江順輪」，是一艘二十多噸、新穎清潔、性能良好之輪船，船上有船長、管理員各一名，船員四名。他們的工作是全天候的在江邊待命，供領袖過江，或巡視武漢三鎮之用。而我的任務是控制該輪，確保領袖安全，隨時待命，不得有延誤。

事實上，領袖很少用「江順輪」。船員們每日清晨作例行試船，打掃清潔後，其他的時間都在船上閑聊或打盹。我閑來無事，常向他們請教輪船之操作與保養，以及一般航行知識，一面可藉機了解他們的家庭狀況，一面也可了解大堤口碼頭的情形，

▶領袖駐節所在地：武昌市豹頭堤的湖北省政府官署。

▶一九三八年於武昌。

▶好友志向、子玥、人佑來訪於武昌豹頭堤。

以便配合治安單位的安全措施。

我除了晚上回豹頭堤組部膳宿外，每日從早至晚幾乎都待在船上，工作單純清閑，鎮日無所事事，因此有很多的時間，去欣賞武漢三鎮的長江風光。

武漢三鎮原是歷史名城，兵家必爭之地。自抗戰進入第二階段，領袖坐鎮武昌起，武昌就成了抗戰堡壘，以及軍事政治外交的中心。

國內抱悲觀論者，以為我首都失陷，中央精銳部隊連遭嚴重犧牲，財務狀況極為惡劣，敵我戰力懸殊，勢難繼續作戰，以為我政府定會考慮光榮講和，日寇甚至透過德國大使陶德曼先生，向我誘和。

由於領袖英明睿智，意志堅定，斷然嚴拒談和，並於二十六年十二月十六日，在漢口發佈嚴正文告，表明我抗戰之決心，無論局勢如何演變，我們絕不投降。領袖並以實際行動，領導全國軍民，展開全面奮戰。

領袖又於民國二十七年元月八日，在漢口召集會議，調集十個師，保衛大武漢，並假上海大戲院，對十個師的高級將領剴切訓諭，昭示保衛大武漢的決心。這種種行動，對於振奮民心，激勵士氣，影響至為深遠。而後，更於開封藉召開軍事會議的機會，扣押不戰而退的山東省主席韓復榘，以正軍紀。

臺兒莊大捷

民國二十六年底至二十七年初，我國採以空間爭取時間之戰略。日寇自南京、杭州、濟南、太原等處轉移陣地後，增調兵力，企圖打通津浦線，竭力向軍事重地徐州進軍，想一舉拿下徐州，進而威脅武漢，達其瓦解我抗戰之迷夢。

領袖洞燭機先，識其奸計，運用「磁性」戰術，誘敵軍深入，墜入我部署之羅網中，以臺兒莊為中心，命孫連仲軍死守不退，再命湯恩伯機動追擊。

從二十七年三月二十五日，日軍進攻臺兒莊陣地，至四月七日，國軍浴血苦戰十三天十二夜，殲滅了日寇坂垣與磯谷之精銳師團主力二萬人，得到空前勝利，史稱「臺兒莊大捷」。此次大捷被認為是「日本建立現代化軍隊以來，第一次遭受的大慘敗」，消息傳來，全國軍民歡欣鼓舞，更堅定了我國抗戰必勝之決心。

▶武漢蛇山大雪。

領袖於四月二十一日自武漢飛徐州，親自督戰，於是我於中午乘先遣飛機先抵徐州，部署有關警衛事宜。下午二時許，領袖乘專機安蒞徐州，立換汽車進指揮所，瞬息間，忽有敵機三架，追蹤而至，猛向機場掃射，可見敵機情報相當靈通。

二十二日黃昏，領袖乘火車專車，蒞臺兒莊附近之「車輻山」車站，在列車餐車上，召見高級將領數十人，聽取報告。聽完報告後，領袖以慈祥愉快的語調，嘉勉孫將軍之堅忍奮戰，與湯將軍之猛追狠打，「臺兒莊大捷，是我革命軍人的無上光榮。」

領袖平時對軍方部屬訓話，神態嚴肅，目光炯炯，令人震懾。而此次召見，有如家長在家中閒話家常，親切和藹，領袖對這次大捷，流露出衷心之喜悅。

▶南京淪陷後武昌人口大增。

「車輻山」車站係一小車站，離臺兒莊很近，雖在夜晚，不見照明，敵軍仍在作困獸之鬥，砲聲隆隆，機槍格格，近在耳際。押運彈藥的催促聲，傷兵痛苦的呻吟聲，聲聲入耳，戰爭之氣息凝重窒息，我有如初上戰場之新兵，害怕緊張得透不過氣來。

領袖停留數小時，於槍砲聲中，乘原車返回徐州，聽說領袖座車離站不久，敵人的砲彈即落到車站。

空襲日本

民國二十七年五月十九日下午三時二十三分，空軍第十四隊隊長徐煥昇，率佟彥博各飛馬丁式B-10轟炸機，自漢口起飛，經浙江寧波，去空襲日本本土。

他們所帶的炸彈，不是普通有殺傷力的炸彈，而是人道紙彈，炸彈內裝有二十萬份傳單，傳單的內容是：「中日兩國同文同種，唇齒相依，應互助合作，以維持亞洲和全世界的自由和平，日本軍閥發動戰爭，使中日兩國，兩敗俱傷，希望日本國民，喚醒軍閥，放棄進一步侵華的迷夢。」

這兩架飛機，自漢口飛到寧波，加足油料後，就出海向日本直飛，飛到九州上空，向長崎、福岡、久留、米佐賀等都市和四國一帶投下紙彈，至二十日正午，安然返航漢口，完成了這歷史性的任務。

這令世人震驚的壯舉，是日本有史以來，破天荒第一次被他國（我中華民國）飛機侵入本土，破碎了其狂妄自大，認為其三島神州，斷不可能被侵入的迷夢，是現代史上可以大書特書的新聞。既堅定我抗戰必勝的信心，又使我國在心理戰上獲得重大效益，更令徐煥昇隊長，成為空軍的英雄人物。

不過有人要說，我國當時空軍遠航的條件和氣象資訊都極為落後，竟輕而易舉的達到空襲日本本土的目的，實在令人難以置信。

而事實上，據我了解，以我國飛機的性能，遠航日本本土應不會有問題，加上徐、佟兩位飛將軍技術高超，膽識過人，經驗豐富，在技術上都可以克服。而唯一的困難在於氣象和導航。

當時軍統局戴副局長，為情報工作，曾飭其所屬，成功的研製成一種小型無線電收發報機，體型輕巧，拆裝方便，使用靈活。尤其在改用乾電池以後，裝配容易，攜帶輕便，易於隱藏，為一理想的秘密通訊利器，可供導航和報告氣象之需要。

軍統局的報務員，教育水準高，應變能力強，冒險犯難，刻苦耐勞，只要予以導航和氣象專業的短期訓練，再配合浙閩沿海的地下工作人員，將人員和器材及必需品，偷渡到沿海的無人島上潛伏，就可以暫時應付。

當時敵寇已控制沿海各要地，封鎖大小港口，滲透潛伏極不容易，更何況在無人島上建立電臺，巧妙的隱藏，定時的收發電報，與供應必需品，情報人員冒險犯難，含辛茹苦，過著野人似的生活，其中的艱辛簡直無法想像。

然而，幕後情報人員的辛酸和貢獻，又有誰知呢？

領袖行邸被炸

武昌於二十七年八月十一、十二、十八三日連續被敵機狂炸，人民死傷頗多，財務損失慘重。其中十二日中午，敵人以

▶武昌被炸後一片荒涼。

六十架編隊飛機，轟炸武昌省政府一帶，其目標顯然是領袖行邸。行邸附近落彈多枚，侍衛死傷數人，特務員陳祖蔭首當其衝，被炸得無影無蹤，只見血肉多塊，黏在牆上，慘不忍睹。停車間亦中彈，被炸毀一大角，座車被壓損。

在如此龐大編隊與有計劃的轟炸之下，我侍衛人員雖有傷亡，但不算慘重，可謂不幸中的大幸了！

武昌被轟炸時，領袖忽聞機聲有異，心有所感，就急忙牽著夫人進辦公室前十多公尺處的防空洞中躲避，剛步入防空洞內，還在下階梯，炸彈已隨嘯聲如雨點而下，震耳欲聾，爆炸聲伴著強烈震風，竟將領袖伉儷推入防空洞內，飽受一場虛驚。幸無一枚炸彈直接命中防空洞，就連離領袖不遠，一防空洞前的一枚落彈，也入土未爆。

我們特務組住所亦落彈多枚，炸垮大圍牆兩排，同仁躲入簡陋避難室中大都安然無恙，可謂幸也！獨林、蕭兩工友，大意的躲在洞口，被炸得面目全非，

▶一九三八年，日機轟炸過後的武昌省政府。

日機轟炸後的武昌療養院。

死得淒慘。潘一平（前臺北市第五分局局長），由屋內奔出，不及躲入防空洞，急撲大圍牆下，圍牆倒下，他未遭掩埋，僅頸部被彈片擦傷，可謂大幸矣！

領袖自二十六年十二月中旬，駐節武昌行邸，為時已九月，在此時期，敵機曾多次轟炸武昌，但從未以武昌省政府為目標。而此次突以大編隊集中轟炸，顯然利用外國諜報人員與漢奸，蒐集情報，選定中午午飯時間，想一舉達到危害我領袖之目的，其用心之狠毒，令人髮指。

轟炸以後，領袖下令調查死傷人員，囑予厚葬優卹，並於當日下午遷居東湖武漢大學內暫住，翌日再移寓漢口中央銀行，一直住到漢口撤退為止。

漢口法租界

特務、警務兩組遷漢口後，即借居四民街一小學樓上，當時學校正在放暑假停課中，我們的起居生活比在武昌時安適甚多。

▶漢口中山公園。

▶武漢大學一景。

學校在四民街東面，接近法租界。那時漢口武昌連遭敵機轟炸，而法租界則安全無憂，成為有錢有勢者花天酒地的銷金窟，繁華的不夜城，與界外之艱苦蕭條，形成強烈的對比。

因領袖行邸設在中央銀行，面臨長江，毫無隱蔽可言，再加上中央銀行門口車輛多，在警衛上頗多顧忌，因此我們在警衛部署上採祕密方式，從外面看，絕對看不出裡面的警衛森嚴。

▼漢口法租界。

第十六章　扣押山東省主席韓復榘

民國二十六年十二月，日軍進攻山東半島。

山東省主席兼第三集團軍總司令韓復榘，擁兵自重，在我政府節節失利之際，他有心隔山觀虎鬥，坐收漁人之利。因此在日軍攻佔華北時，他不但不積極在山東進行佈防備戰，反而在山東進行搜括，將可帶走的資產，全都運往河南，然後指揮部隊，一路退卻，伺機而動。

十二月中旬，日軍開始對山東發動攻勢，韓復榘未經抵抗，就下令部隊後撤。領袖與第五戰區司令長官李宗仁，一再急電，令他防禦，他都置之不理，公然違抗軍令，大搖大擺的率軍撤退，使日軍如入無人之地，長驅直下，輕而易舉的穿過山東，直逼徐州。

領袖鑒於韓復榘的公然抗命，將會造成整個中國軍隊抗日意志的瓦解，於是在民國二十七年元月十日，由武昌乘平漢路專車北上開封，召開軍事首長會議。會址在開封中山門外的中國中學，時間是十一、十二兩日，出席人員，有統帥部長官區各高級將領近百人，列席的還有俄、義、德顧問十多人，特別引人注意的是中共將領朱德、彭德懷、林彪、徐向前、聶榮臻等人的列席。

領袖到開封駐節在專車之上，我們當然隨侍，並依照領袖的節目活動，展開安全措施。這次侍衛人員與往日差不

▶山東省主席韓復榘。

多，不同的是特別增派了武裝衛士一區隊，負責專車和會場衛兵的任務（這任務一向是由憲兵擔任），這情形可以說是非常少見的。此外，這次黎組長親自率領戚南譜（皖北人，軍校六期）、范樹鵬（徐州人，軍校三期）、郭文年（河南人，軍校六期）和我四人同時到開封來，顯示出這次會議的重要性。我們四人之中，除了我是浙江籍，其他三人都是半北方人，在開封展開工作，可得人、地和語言的便利，工作起來就方便多了。

十日，時近午夜，我正準備就寢，黎組長忽然單獨來訪，我一看他表情嚴肅，神情緊張，就馬上直覺到，必有重大事故發生。果然他關門關窗，神祕兮兮的，壓低了嗓子對我說：「剛才錢主任（大鈞）、王侍衛長（世和）一起來找我，要在明日下午軍事會議後，祕密扣押『山東省主席、第三集團軍總司令』韓復榘，轉飭我特務組負責執行，因為這項任務非常重大，所以我奉命之後，心情沉重，馬上就過來和你商量。」

「……軍事會議在開封召開，韓復榘自認握有重兵實權，有恃無恐，又有投鼠忌器的心理，一定會親自前來出席會議，我有正確情報，知道韓復榘已乘火車專車抵達開封，僅帶一連手槍連衛隊隨車護衛，駐紮在專車上待命，今夜他下榻河南省主席商震官邸，明天只帶副官和司機來開會。我和王侍衛長商量過了，決定將監視他副官和司機的任務由你執行，伺機逮捕他們。」

「……還有，北方人多會武功，他的副官和司機說不定都是武林高手，所以明天我會去武裝衛隊中找幾個精明幹練、孔武有力的衛士作你的助手，至於如何聯絡，如何應變，等明天實地偵察後再研究定奪，現在務必封鎖消息，不能走露半點風聲。」

我表示一定會盡力而為，黎組長聽了，如釋重負，悄然離去。黎組長離去後，夜已深，人欲眠，但想到明天的任務，心情緊張不已，所有的假設情況都一一浮上心頭，使我了無睡意。

我於十一日清晨，隨黎組長到學校內外作了周密的巡視。中國中學位於中山門外，靠近城河邊，佔地廣大，禮堂操場等設備齊全，學校四周有圍牆，牆內環植高大常青樹，綠意盎然，環境整潔優美，是一所難得一見的中等中學。學校大門是一雙扇形的欄柵式鐵門，閑雜人等很難混入。傳達室在大門左邊，大門右邊為一字形的三間房間，為會客室與辦公室。大門外有大型停車場，和一條直通開封的大馬路。

▶與范樹鵬於開封鐵塔。

我和黎組長就學校的環境和當日的會議議程，反反覆覆的研究了又研究，商量了又商量。正如黎組長所言，逮捕韓復榘的副官和司機，並非易事，祇有憑機智，沉著行事。黎組長對我一向有信心，我也從來沒有叫他失望過，不到上午七時，一切都已安排妥當，黎組長就欣然與我握別了。離上午八時開會，尚有一小時，要做的事都已安排妥當，昨夜感受到的沉重壓力，已減輕了十之八九，我不覺來到河邊，沿河漫步，欣賞著歷史古城的景色風光。

開封在我江南人眼裡，已是北方，北方的冬天應是冰天雪地，寒冷不堪，而現在一月初，應是隆冬天氣，卻僅見路邊殘雪，河邊薄冰而已，而今天天氣又特別的晴朗，陽光普照，恍如置身於江南。

八時不到，我以大會服務人員身分，站在學校大門口外的簽到處，留心每一位簽到人的識別證，並觀察他們的神色舉止。當然，我最重要的目標是山東省主席兼第三集團軍總司令韓復榘。

韓復榘果然乘一輛黑色轎車準時到來，一如情報，他僅帶了副官和司機兩人，在簽到處前面下車，一看到他的到來，我馬上就緊張了起來。

服務人員禮貌的迎上前去，請他簽到，一面請他司機將車子停在指定的位子上。在韓復榘的後面，有他的師長孫桐萱、曹福林等十多人，正準備分頭簽到，韓主席伸手一攔說：「你們不必簽了，快進會場去，統統由我代簽就好了！」他馬上提筆，在簽到簿上簽了「山東省主席兼第三集團軍總司令韓復榘率軍師長等十八人」（實際人數記不清了）一行字，就昂首闊步的走進會場去了，他專橫跋扈的表現，令人側目。

▶開封中正門旁小河。

我任務的第一幕，就這樣結束了。親眼看到多年來擁兵自重，對中央陽奉陰違，對抗戰騎牆不定，影響抗戰前途至巨的「大魚」，已經自投羅網，我心中有說不出的興奮。

我的下一步工作，就是如何掌握韓復榘的副官和司機。從簽到到五點散會，還有八個多小時，除了小心翼翼，暗中監視之外，我又利用服務員身分，不時的帶著工友前去分茶送煙，尤其午餐時間，我特別觀察兩人神色，似乎一無異常。他們大部分的時間，都在車上看書或打盹。

下午三時許，四名武裝衛士，已祕密的在學校傳達室待命。我按時去會見他們，他們個個體格健壯，精神飽滿，服裝整齊，彬彬有禮，各佩帶德國製新式二十發連發木殼槍。

我鄭重地告訴他們：「委座昨晚下令，今天散會後，扣押山東省主席兼第三集團軍總司令韓復榘，我們五人負責逮捕韓復榘的副官和司機，成敗與否，關係重大，上級要求，一定要行動祕密。」

「此事執行起來並不簡單，所以我們要小心謹慎，現在我把你們分成兩組，第一組二人槍上膛，於四時正，接大門口的衛兵崗；第二組兩人於四時半槍上膛，攜在手中，隱藏於門邊的傳達室中，注意我的舉動。當你們看到我步出大門，就是我設法誘騙韓復榘副官和司機進學校的第一步。他們可能會起疑心，拒不入內，但經我一整天的觀察，我看他們絲毫無懷疑之心，只要藉口合理，相信他們會深信不疑。但是，如果他們要反抗逃脫的話，我們也別無選擇，只有斷然處置，絕不允許他們脫逃而走漏半點風聲。」

然後我把詳細的計劃仔細的說了，要他們看著我的暗號行事，我和他們約定的暗號是：我用左手連連抓頭。

一個人心中有事，時間就過得特別的慢，真是度時如年。好不容易，挨到了下午四時，一切早已就緒，只有耐心的等待最後的演出了。大概下午四時半，會議室的門口，開始有人出來，我頓時緊張起來，全神貫注，注視著四周，看到開會的政要和工作人員相繼離去，最後只剩下韓復榘的一輛汽車，和我們偽裝的兩輛汽車，靜悄悄的停在停車場上。這時，就是我動手的時候了。

我從容不迫的走出大門，一方面暗示四位武裝衛士準備，一面走向停車處，很客氣的高聲問道：「請問那一輛是韓主席的車子？」

「我們是！我們是！」韓復榘的副官和司機，顯然已在焦急的期盼，就搶著回答。

「我是軍委會侍從室第一處主任錢大鈞上將的張參謀，錢主任命我來找你們，因為委員長在會議後召見韓主席，有要事商談，還要一起晚餐，看樣子會耽擱一些時間，所以錢主任要我來找你們，請你們把車子開到學校裡面去，再進去喝茶吃晚飯。」

他們聽說我是錢上將的隨從，態度又極客氣，受寵若驚似的前來打招呼，連忙說：「不敢當！謝謝！」顯然他們毫無戒備之心。

然他們雖同時下車，卻不開動車子，似乎要跟著我走，使我摸不透他們是出於禮貌，還是別有用心，就立即說：「你們不必下車了，還是跟著我，把車子慢慢開進學校好了，免得總司令出來跑一段路。」我一面說，一面做手勢叫他們把車子開過來。

他們馬上重上汽車，緩慢地隨我開來。其實車子開不開到門邊並無多大意義，但為慎重計，在我步出大門前，已密令第一小組將鐵柵門關好，只用右邊的小門，同時命第二小組準備。

停車的位置到大門，其實很近，至此，已密鑼緊鼓，好戲的最高潮要到了，我們機警沉著地一一按照計劃進行。

第一小組在會客室前看到我的抓頭暗號，說時遲那時快，以迅雷不及掩耳之速度，出其不意的在他們背後，緊抱他們背腰，使他們動彈不得，同時第二組馬上用木殼槍，對著他們的頭部，同聲高喊：「不許動！」使他們不能反抗，我也從白臉變成黑臉，拔出左輪槍助陣。

想不到他們非但沒有反抗，竟連一點掙扎也沒有，反而極有默契的雙雙跪下求情：「我們沒有錯！請饒命！」絲毫沒有驚慌恐懼之狀。他們兩人中只有副官暗佩手槍一隻，司機什麼武器都沒帶，他們的馴服安靜，大大出人意料之外。

我客氣的請他們站起來，命衛士將他們押到會客室，嚴加看管，並對他們說：「不用怕！你們沒有錯，只要老老實實，不要亂動，不會為難你們的。」他們就靜默地坐在會客室中。

我鬆了一口氣，冷靜的觀察了四周，未見任何異象，就密令衛士嚴密看管，靜待上級處理，另命衛士將韓的車子推到校內之牆邊樹下。

然後我急忙的趕到黎主任那裡去報告詳情，黎主任正在禮堂後面錢主任的休息室外面，他對我嘉勉了一番後，命我在禮堂右後方的樓梯口等他。我到樓梯口不到一刻鐘，就看見黎組長帶著武裝衛士，前後各兩人，押著名揚全國、使中央頭痛的韓復榘，到大禮堂後面右邊的一間空教室中軟禁，時間是下午五時半。

韓復榘身材魁梧，威嚴中有書生氣質，頭戴上等皮貨的「四塊帽獸」，披厚皮夾克，囚在空洞的教室中，不時低頭來回徘徊，似沉思，又似懊惱，諒他一定有無限的辛酸，萬般的無奈和憤慨吧！

不久戴副局長親自駕到，聽了我的報告，對我慰勉有加，稱讚了一番。但當他看見韓復榘的汽車還停在校園中時，就不客氣的罵我太不用腦筋：「韓復榘人不在，汽車在，不是很明顯的告訴人家韓復榘出了問題嗎？你想到了沒有，這會影響大事的……」我被罵得口服心服，慚愧不已，馬上將汽車推到隱蔽的地方，加以偽裝。

戴副局長走後不久，軍統局王兆槐，奉戴副局長之命，率王魯翹等幹員來學校，拜會錢主任、王侍衛長和黎組長，洽談押送韓復榘的事。等他們一接手，我們就卸下了這歷史性的重任！

事後，黎組長把他逮捕韓復榘的經過告訴我，他說：「知道你成功的逮捕了韓復榘的副官和司機後，我馬上率領武裝衛士，到錢主任的休息室去，韓復榘正神色自若的和錢主任聊天，錢主任以委員長要召見他研商要事為由，邀他在休息室等候。韓復榘見我帶衛士來，有一些驚訝，但他只看了錢主任一眼，並不疑有他。錢主任馬上開腔說：『韓總司令，很對不起，我這裡有委員長手令，你過目後就明白了，請不要難過，跟這位黎組長去吧！』」（領袖的手令是：「查山東省主席兼第三

▶與張人佑、胡宿嘉於雞公山。

集團軍總司令韓復榘，違抗命令，擅自撤退，著即扣押查辦。」）

韓復榘聽了沒什麼驚恐的表情，只嘆了一口氣，自言自語的說：『我的防線這麼長，我的兵力又不多，叫我怎麼能防守得住！』韓復榘就這樣被押走了。」

韓復榘是我國現代史上一個翻雲覆雨、奇特乖張的人物，是既能練兵又能帶兵的軍閥。他機警狡猾，城府深，見識廣，閱歷多，不聽命令，叛逆心重，是令長官和當權者頭痛的人物。

蔣委員長以韓復榘不遵命令，擅自撤退，下令予以拿辦的消息，發佈於各大小報端之上。全國人民在震驚之餘，產生了各種訝異與猜疑，其中尤以假放警報，騙他進防空洞而被扣押的說法，甚囂塵上。

當我奉命擔任這機密工作時，曾想到韓復榘是軍權在握的重要將領，又有他與敵人密談的傳聞，想到我的行動如遭他起疑，後果將不堪設想。事後我才知道，原來這次行動，軍統局戴副局長早已安排妥當。戴副局長運用謀略，曉以民族大義，愛國正氣，感動了韓復榘的曹福林、孫桐萱兩位大將，他們誓死抗戰到底，使危險的戰局得以穩定。戴副局長再利用韓復榘擁兵自重，自負自信，投機取巧，有恃無恐，「明知山有虎，偏向虎山行」的心理，使我們輕而易舉的扣押了韓復榘。

當日（十一日），曹福林、孫桐萱兩軍長，奉委員長之命，連夜趕回防區前線應戰，並於十四日通電抗戰到底，使三軍士氣大振。領袖果斷的行動，重振了低迷的軍心與士氣，影響抗戰大業至巨。

第二日軍事會議照常舉行，似乎尚無人知曉韓復榘缺席的原因。中午領袖與所有出席人員會餐，吃簡單的西餐，在午餐接近尾聲時，領袖起立，面帶笑容的對大家說：「今天我們所吃的西餐，是國際生活的一種方式，但完全了解西餐禮儀的人還不多，現在國際西餐宴會已很普遍，像今天就有德義俄各國顧問在座。現在我請餐廳服務人員，跟大家講解西餐常識，並作示範表演，希望大家留心的聽，仔細的看……」

示範完畢後，領袖繼續說：「現在我向大家報告一個重要消息，那就是山東省主席兼第三集團軍總司令韓復榘，違抗命令，擅自撤退，已於昨晚被扣押，解送武昌查辦了。」這時領袖神情嚴肅，語氣鄭重，和剛才談吃西餐常識時的輕鬆自如，完全不同。

接著領袖情緒激動的說：「韓復榘罪應該殺，第一，他違抗命令，擅自撤退，可殺！第二，他強繳民間槍枝，可殺！第三，販賣鴉片，可殺！第四，擅侵鄰省（河南），可殺！第五，私運財物二十多輛南下，可殺！……」領袖一口氣連說十個「可殺」（其辭句因年日久遠，已記不清楚了），句句鋒利，怒氣騰騰，是領袖演講中從未聽過的。

當領袖提到韓復榘被押時，全場一片驚訝，振奮與感嘆之聲四起，引起了一陣不小的騷動。及領袖厲聲連說韓復榘十大罪狀，和十個可殺時，大家凝神靜聽，全場一片肅靜。

突然在會場右後方有一群人（約二十人），一致起立，高舉右手，齊聲歡呼：「委員長萬歲！」一面劈里啪啦的鼓起掌來，立刻全場跟著起立，熱烈的高呼「委員長萬歲！」聲音之響，震動瓦宇。我立即朝領頭的一批人看去，原來全是共產黨員，他們是真情流露，還是統戰手法，就不得而知了。

韓復榘被押到武昌，羈於武昌平閱路一所行營樓上，未上刑具，很受禮遇，每日三餐都下樓到餐廳進食，飯菜相當豐盛。後經軍法會審，韓復榘被判死刑。民國二十七年一月二十四日上午，在他毫不知情的情況下，執行官請他到樓下吃早餐，當他走到樓梯第一梯階時，執行官就在他背後連開兩槍，他立即仆倒斃命。

英雄乎？梟雄乎？一代軍閥，韓復榘的悲慘結局，真是一個血的教訓！

第十七章　從南嶽到桂林

南嶽衡山

民國二十七年十月十九日，我奉命先遣湖南南嶽，在南嶽街上租民房，從事警衛事宜。

領袖行邸在南嶽聖經學校，因戰爭和暑期關係，學校正在停課。聖經學校規模不大，一切設備相當現代化，學校門口，伏有巨石，巨石四周古松參天，超塵絕俗，景象非凡。學校三面環山，山林掩隱，環境寧靜單純，就警衛安全而言，確是理想的住所。

十月二十四日深夜，領袖原已飛離漢口，本將蒞降衡陽機場，但不知何故，忽又折回，於深夜兩時許，再度飛離漢口，在衡山機場降落。據悉日軍已迫近漢口市區十五公里處，情勢十分危急，衡山機場雖離南嶽不遠，但設備簡陋，照明極差，夜航極危險。幸吉人天相，領袖伉儷，於深夜三時多，安然抵達南嶽，當時大家都高興得雀躍歡呼。

▶於南嶽方廣寺。

領袖用的便轎和轎伕已事先運到，在南嶽等候，誰知領袖一到，發現只備了兩頂轎子，就怒火高升，大發雷霆，大罵內務副官：「混帳！為什麼沒有準備客人的轎子！」聲音高而尖銳，驚破夜空，令人不寒而慄！

我當時在現場警衛，清楚的看到俄國首席顧問，隨領袖伉儷座車，一同抵達南嶽。因事務人員事先不知有客，沒有準備賓客的轎子，對客人雖然有些怠慢，但不應使領袖如此生氣。想必領袖之怒，是為武漢即將失陷，所流露出來的傷痛吧！

幸虧俄國顧問的乘轎，很快的在附近僱到，解除了這場尷尬。

領袖自駐節聖經學校以後，就晝夜忙於國事，除偕夫人在學校附近散步，和一度登南嶽衡山之外，就不再巡視他處。

南嶽衡山，為五嶽之一，也是歷史悠久、舉國馳名的佛教聖地。南嶽寺廟，古木森森，佛殿宏偉，太平時期，香火鼎盛，香客、旅客絡繹不絕，其中祝融峰方廣寺，以深和奇最為著名，世人有「不登金頂，不知峨眉之高；不登方廣寺，不知衡山之深」之語，可見衡山是和峨眉齊名的山嶽。

當我先遣南嶽工作的第三天中午，也就是領袖蒞臨南嶽的前三天，忽有敵機一架，轟炸南嶽寺廟內外，幸命中率不高，破壞力不強。我當時正和張人佑、馮載光兩兄在街頭午餐，忽聞飛機聲，急忙奔臥農田田埂，因而目擊敵機轟炸暴行，並親見一村民被炸彈聲嚇昏，幸敵機沒有用機槍低飛掃射，所以無人傷亡。

▶於南嶽祝融峰。

筆架山

民國二十七年十一月十二日清晨，領袖伉儷離開聖經學校，乘車至郴州，換粵漢鐵路專車，抵達湘粵交界的砰石站，再換汽車，由公路轉馳廣東韶關（曲江）巡視，這完全是為了安全保密所作的安排。

途經廣東省境內獅子山時，領袖偕夫人下車步行，這裡有良好的公路通韶關（曲江），田地廣大平坦，阡陌縱橫，田疇肥沃，民屋農舍，瓦片磚牆，整潔有序，其富庶景象，為他處所鮮見。

領袖伉儷手牽手，一面談笑風生，一面欣然觀賞山村野景。領袖頻頻回顧背後的山勢，對夫人說：「達！（為達令之簡稱，是領袖對夫人之親暱稱呼），後面這座山的風水很好，不曉得叫什麼名字？」我當時正走在夫人右邊，夫人就命我去查問，我奉「懿旨」，不敢怠慢，立即拔腿跑步，前去調查。

我們離公路很近，村民早就看到我們和汽車，紛紛好奇的在門口觀望。我就近向一名中年男子詢問，我不太懂他的廣東話，但從他的手勢，我猜此山為「筆架山」，為了確認起見，我再詳細的看了兩家民戶的門牌，確是「筆架山村」某某號。聽了我的報告，領袖伉儷同時回頭，向筆架山端詳了一會，齊聲說：「真像筆架呢！」諸如此類的情事，我們侍衛人員司空見慣，是不足為奇的。

我們順利地於下午達到韶關。晚餐時，我和廣東省政府林秘書長同桌，我就問他筆架山是不是有什麼傳說。他驚訝的問我：「你怎麼知道筆架山有奇異傳說？在我們廣東，很早就盛傳筆架山有風水的『龍穴』，據說百餘年來，曾有多位名『地輿家』親到筆架山踏尋，卻始終沒有找到『龍穴』，但至今仍有許多人相信筆架山有風水寶穴，據說『南面王陳濟棠』就是深信者之一，他曾重金禮聘風水先生探尋而不果……。」

從這段插曲，我聯想到領袖對「命理相術」、「地理風水」有研究的傳聞。溪口墳莊王太夫人的墓地，幾乎大家都曉得是領袖親自選定的；又如臺灣桃園大溪鎮和復興鄉，地形和山川溪流都很像浙江奉化溪口鎮，領袖巡視後，就十分喜愛，因此在大溪和復興鄉都設有行邸，經常偕夫人去休息，或前去思考國家大計。

有一次，在大溪到復興鄉的途中，領袖看到一無名小湖，很像王太夫人的「墳莊」，經過一次又一次的瀏覽和徘徊，領袖就聘工人在湖旁興建了四合式平房一棟，命名「慈湖」，顯然意在追思與懷念！在「慈湖」的繕建期中，領袖曾多次巡視，也曾因方位不宜，蓋了又拆，拆了又蓋。

特務組同事鍾民祉兄，曾負責重慶黃山行邸警衛，他告訴我說：「有一次我在黃桷埡擔任隨從勤務，跟著領袖伉儷散步，聽到領袖告訴夫人：『達！這裡（指黃桷埡）風水非常

▶於南嶽上封寺。

好，可惜開了馬路，被破壞了』，我聽了，就好奇的向地方父老打聽，他們都說，風水家指黃桷埡是『鳳凰嘴』的風水好地。」

再說領袖召見或點名部屬時，總以炯炯的目光對著部屬上下注視一番，令人心慌不已，認為領袖在面相。從以上種種跡象看來，也許領袖真的通曉命理、相術、風水之學呢！

長沙大火

韶關為當時廣東省政府之所在，領袖莅臨韶關，即駐節省府。時值粵漢鐵路頭尾兩重地先後失陷，為了戰局，領袖此次韶關巡視的重要性，概可想見，而領袖之晝夜煩勞，更不待言。

不料十三日上午，領袖突然接到陳誠將軍電話，報告長沙大火，釀成慘絕人寰的大災禍，領袖聽了極為驚震，勃然大怒，在電話裡大聲的命令徹查嚴辦，怒聲之大，我們在戶外都聽得一清二楚，就猜想到這次失職者將厄運難逃了。傍晚後，領袖匆忙地乘火車專車，連夜趕返南嶽。

領袖所乘專車共有四節，領袖伉儷乘第二節，特警兩組人員和其他員工等乘坐最後的第四節。不意在半途之中，列車速度忽然由快而慢，由慢而停，我們正驚異的要下車作警衛措施時，列車又忽然緩慢倒退，然後越來越快，瘋狂飛馳。因夜間天黑，看不見車外情景，我緊張的跑到車門口去一探究竟，才驚駭的發現，前面的列車已不見蹤影。幸虧路段平坦，我們車廂倒倒進進，快快慢慢了好多次，終於靜止不動了。後來隨車人員也很快地發現掉了一節車廂，馬上把火車頭倒回來，把車廂接了回去。

原來，粵漢鐵路新完工不久，路基尚未穩固，加上載重輕，車速快，在上下坡和轉彎地段，車廂猛烈震盪，掛鉤（即詹天佑鉤）跳動脫落，幸未出軌翻車，只虛驚一場而已。

領袖為長沙大火的浩劫，極為悲傷、痛恨和惱怒，兩度（十一月十四、十五兩日）親去長沙大火現場觀察，並命軍委會高等軍法處會審，審判結果：「湖南省主席張治中撤職留任，警備司令酆悌、湖南省省會警察局長文重孚、警備第二團團長徐崑判處死刑，命俞濟時將軍執行。」

此案發生後，舉國悲痛，群情激憤，譴責紛起，幸處置得快，懲辦得嚴，慘劇風波，得以平息。

原來這是省主席張治中的「焦土政策」，命三人一組，組成放火小隊，在敵人入城前，約定信號，將長沙城中的重要設施，放火燒毀，以焦土之計抗敵。不意十一月十二日夜間，南門外傷兵醫院不慎失火，各放火小組，誤以為是起火信號，就不分青紅皂白，一齊放火，以致火舌席捲整個長沙城，造成空前大火將全市三分之二燒毀的慘劇，不但傷害到無辜市民，也造成巨大的財物損失。

這是抗戰史中最悲痛難忘的恨事，同時也引起主從是非曲直等的爭論。事實上「焦土政策」，原是政府不得已而採用的苦肉計，主其事者，絕對應該慎重其事。

此次長沙大火，有關單位，確有錯失，事先既無縝密計劃，又不重視情報，誤信謠言。其時敵軍還遠在岳陽一帶，離長沙還有一百三十公里（敵人隔年後才攻進長沙城），而主事者竟聽信謠言，盲目大放其火，造成大錯特錯的局面，這真是一件不可思議、令人難以置信的歷史公案！

袍澤之情

十一月底，黎組長率大部分同仁護衛領袖，飛桂林轉重慶，命我偕胡宿嘉、張開運、白世維、靳汝民四兄留在聖經學校待命。

此時烽火連天，敵騎蹂躪，敵機濫炸，學校停課，南嶽廟宇景象蕭條，香客遊人幾無蹤影，因此環境反而單純清幽，使精神壓力沉重的侍衛人員，倍感輕鬆悠閒，難得的享受著山林之樂。於是我常和諸位同事，漫步於古松之下，山野之間，縱聲笑談，極為愉快。他們都是軍校七期以上的學生，不但獻身革命早我多年，他們的學識閱歷、才華階級和對黨國的貢獻，也都高於我。但在被遴選入侍從室工作之後，礙於慣例，官階都被核低數級，而護衛領袖安全的工作，責任艱鉅重大，生活單調，限制極多，精神壓力甚大，以致內心苦悶，情緒不穩定。

因我在侍從室服務年資較長，又籍貫浙江，對官邸情形比較了解，在服勤時，黎組長常命我帶頭，因此我和他們相處的時間較多，了解也較深。在私，我以兄長相視，在公，大家合作無間，竭力完成任務，彼此相處，頗為融洽。故在公餘飯後，我們無所不談，他們常提到的一些不平凡事功，神祕性的工作經驗，以及為了工作所忍受的種種困苦與委曲等等，使我感觸極深，也給了我極多的啟發。

我和白世維兄，尤其無話不談，我們特別喜歡在參天古松之下，坐臥於學校進口的巨岩之上，聽他細述行刺張敬堯的英勇壯舉，以及他的抱負和無奈。

桂林南薰亭

民國二十八年一月底，我奉命偕留守南嶽同仁，輾轉由衡山搭火車到桂林，再乘公路局汽車抵重慶，我為此行的負責人。但因戰亂時期，交通困難重重，購票不易，我們就三三兩兩的分批成行，到桂林市時，我們就投宿桂林南薰亭。

南薰亭為桂林市頗富盛名的風景勝地，有一奇山秀峰，自平地崛起，獨特聳拔，為「桂林山水甲天下」的名山之一。離山腳十多公尺處，有天然小凹穴一處，依山峰建有兩層樓閣一棟，巧小雅緻，窗櫺門板，風格古樸，引人喜愛。自山腳至亭閣，約百多步，迴廊梯道，曲折多姿，入亭閣，憑窗遠瞰，桂林市的山色風光，盡收眼底。

桂林向為軍事重地，南薰亭曾是近代史上多位軍政要人之駐節處所，也曾有名流賢達在此隱居。現南薰亭已修繕妥當，定為領袖駐節之所，正派錢劍平副官負責管理之中，我們叨光在此下榻，實為榮幸之至。

錢兄是我們同事，對我們招呼十分週到。我因對南薰亭之亭閣，特別喜歡，目前正好空無一物，就要求錢兄讓我居住，不料他似有難色，遲遲不答可否，我一再追問，他才神情不安的說：「張兄，我們是老友，用不著搪塞隱瞞，實因此亭閣久無人居，而且景色太秀麗，地方過清幽，不宜你我凡人獨宿。」

他含蓄的提到凡人，我就猜此亭必有怪異，由於我年輕膽大，又身佩武器，不信神怪，就泰然的說：「錢兄，謝謝你的指點和愛護，但近十年來，在國家多難、社會動盪不安的情況下，我跑過很多地方，見過許多奇怪之事，聽過不少神鬼狐仙故事，也讀過很多神話傳奇，但從未親遇目睹，總心存懷疑，而且自信精神健全，反應機敏，為人忠厚，縱有什麼靈異出現，我想也不會對我不利的，放心吧！請工友將我的行軍床和行李鋪蓋搬進去吧！」聽我一說，錢副官也不再堅持了。

為了慎重起見，我對亭閣上下四周，特別加以仔細觀察，亭閣本身因修繕不久，樑椽門窗和磚瓦，都煥然一新，堅固安全，絕無問題。亭頂為陡峭聳立的山峰，為時應在億萬年以上，當無天然災害之顧慮。近亭上方，有古松多株，從峰石隙縫中伸展出來，虬蟠蒼勁，雖在嚴冬，松葉仍然茂盛，蔭蓋全亭。樓閣內更空洞無物，毫無隱密奇特之跡象。

由於連日旅途勞頓，晚上九時許，我就上床安睡了。睡至半夜，我忽為寒冷所凍醒，起先以為二月天氣，寒冬時節，不以為意，就起來加蓋呢大衣和制服後再睡下。但總覺得背部奇冷，翻來覆去，輾轉不能合眼，同時可能受了錢副官的一句「此亭不宜凡人獨宿」的影響，竟不知不覺地想起了種種怪異傳說。

忽然山風刮起，風勢強勁，一陣又一陣，間歇性的松濤聲，聲聲傳來，紙窗木門搖撼不止，一下子門樞伊伊呀呀，一下子屋中砰砰蓬蓬，又不時有砂石投撒於屋瓦之上，似有怪物欲穿瓦破窗而入，令我心慌意亂。幾回驚疑而起，手持左輪槍，潛伏到門邊窗下，不動聲色，作射擊準備。

然又在突然之間，風聲平息，寂然無聲，我推窗外望，明月皎潔，大地沉寂，似乎一無異象。如是驟起驟止的怪聲，斷斷續續的折騰了一個晚上。

天亮後，我披衣走出亭外，作了一番細密的觀察，看到山峰間、瓦背上都散滿了厚厚的一層松子，忽然恍然大悟……原來南薰亭構築在獨特的奇山之下，深夜受氣流影響，山風驟起忽止，造成風急勁大的奇風怪聲。同時窗外有古松多株，枝葉茂盛，松果滿樹，夜間松子被山風吹落，撒在瓦背上，沙沙作響。這些疾風和松果、松子，顯然就是深夜各種古怪聲音的來源了。加上我睡的是帆布行軍床，沒有墊棉褥，夜間寒流侵襲背腰部分，感到越來越冷，是必然之事，由於自己的愚昧無知和心理作用，竟誤以為是鬼怪作祟。

一旦找到答案，我安逸的享受了三天三夜的「人間仙境」生活，然後就匆忙的趕赴重慶了。

第十八章　重慶海棠溪

重慶警衛線

領袖於二十七年十一月三十日離南嶽赴重慶。特務組人員，包括留守南嶽者，也先後奉命赴組部報到，組部暫時先設在曾家岩的「重慶市立第二十小學」，不久以後，我們就搬入官邸對面興建的新居去了。

在重慶，領袖官邸設在曾家岩（堯廬），辦公室在近長江口的儲奇門（軍事委員會）。又因重慶夏天極為炎熱，領袖經常到長江南岸的黃山❶避暑，並在黃山辦公，舉行重要會議，約見貴賓，或思考國家大事。

因為領袖上黃山，要在儲奇門上躉船❷、乘汽艇過長江到南岸的海棠溪，上岸後，再換汽車上黃山，當座車不用時，就停在「四公里」（因離江邊四公里而得名）車庫，因此我們警衛的重點，就設在曾家岩至黃山的路線上。

我被派駐儲奇門—海棠溪，負責和情治單位協調配合，以及出勤時的指揮監督。

❶ 黃山位於長江南岸，原是富商黃雲階私產。

❷ 躉船，是停靠在碼頭上的大船，用來裝卸貨物與供旅客上下用的，不能開行。

真假證件

民國二十八年年初，軍統局特警組派在儲奇門的一個警衛小組，是受我指揮的。小組長姓侯，四川人，軍校特警班出身，英俊幹練，負責盡職。一天侯組長向我報告：「聽說燕喜洞某號住了一位自稱在侍從室工作的青年，生活闊綽，器宇非凡，很受房東和鄰居的敬愛，房東有女，年輕貌美，更有委以終身之意，不知他是不是張先生的人？」

顯然他有所懷疑，才來向我求證。

▶一九三八年底於重慶。

我們的職稱是「軍事委員會侍從室特務組」，雖名為「特務組」，事實上，工作性質和真正的情報人員大不相同。我們的工作極為單純，唯一的任務就是負責領袖的安全，除了偶有特殊使命，必須保密之外，平時同事之間，幾無秘密可言。除了我們特務組之外，領袖其他的侍隨人員都住在曾家岩官邸附近，所以我一聽他的形容，就知道這必是一樁假冒案件。

為了慎重起見，我還是問他：

「你怎麼知道他是侍從室的人員？」

「他有服務證。」

「有誰看過？」

「憲兵同志調查戶口時看到的，據憲兵同志說，當時他還神氣兮兮的，不肯給他多看一眼，一下子就把服務證搶了回去。」

看來偽造的成分很大，於是我指示侯組長：

「明天上午，你和那位憲兵同志一起到他家去，等他外出的時候，編一套理由，請房東讓你們進他房間去搜查一下，如有線索，馬上回來告訴我。」

侯組長做事明快迅速，第二天中午，他回來報告：

「……今天早上八點多，我和憲兵同志，遠遠的躲在他家附近，到了九點多鐘，看到他神神氣氣的出來，我們就以拜望為名，叫開了大門，應門的是房東太太，她還記得憲兵同志，就說：『你又來看X先生了，他剛出去上班，請進來喝杯茶吧！』房東太太是本地人，大方好客，知道我也是四川人，就親切的和我擺起龍門陣來，使我輕而易舉的登堂入室，在X的書桌等處，看到了中央政要的請帖和信件，儼然是一個大人物。我在房東太太面前大捧了他一場，使她覺得很有面子，就很高興的告訴我說，X先生去開一個重要會議，要到吃晚飯的時候才能回來……。」

此人冒充侍從室人員，膽大技高，機靈狡滑，我怕他回來以後，另生枝節，就決定馬上採取行動，親自率領侯組長和憲兵到他家中，等他回來。

他一回來，見到了我們，十分震驚，臉色驟變，很不禮貌的問我們來做什麼？我客氣的表明是憲兵隊派來的，聽說他是侍從室長官，上級命令我們前來拜訪，以便以後常來請教，現在請他把服務證借給我們看一看。

他倒能沉著應付：「對不起，我們的服務證是不能隨便公開的，如果你們一定要看，我明天會親自拿到憲兵隊給你們看。」

這是脫身之計，我當然不會上當，在我們軟硬兼施之下，他不得不拿出服務證，向我們晃了一晃，就這一晃，我已清楚的看到，他手上拿的這張淺藍色證件，確是我們工友用的證件（官員的證件是粉紅色的）。我就不再多說，馬上命憲兵將他扣押，同時拿出我的服務證給他看，他一看之下，臉色大變，只有俯首認罪。

▶與妻宛中、女棠、子海於重慶海棠溪茅屋。

後來經過檢查和盤問，才知道他在上清寺公車站，撿到這張工友服務證，就換上自己的相片，在外面招搖撞騙，已不知害了多少人。我當即將人犯，附同證件，交憲兵隊法辦，並將本案詳情報告了王侍衛長，由他去追查遺失證件的工友，和他應負的責任。

▶與妻子的家人於重慶。（前排中為我岳母，左為妻兄與家人，右為妻妹與妹夫）

海棠溪

我自負責儲奇門和海棠溪兩地的警衛任務以後，忽而軍委會，忽而儲奇門和海棠溪兩邊的碼頭和輪渡，忽而海棠溪和四公里車庫，覺得責任過於重大，疲於奔命，窮於應付。同時隨著戰事的發展，儲奇門和海棠溪兩地的環境日益複雜，安全的顧慮，逐漸增加。於是我懇請黎組長准我專門負責海棠溪，並推薦胡宿嘉兄接任儲奇門的工作，黎組長當即同意，在轉呈王侍衛長核准後，我就遷到海棠溪去了。

海棠溪是長江南岸江邊，黃桷埡山麓下的一個小鎮，鎮前有一條小溪名叫「海棠溪」，鎮隨溪而名。溪長約四公里多，向北流入長江，溪既不長，水又淺，溪面又狹小，是一個很不起眼的小溪。小溪兩旁野草閑花，雜亂蔓生，如有人真想在此一尋海棠芳蹤，一定會大失所望。更有趣的是，溪旁的公路叫「煙雨路」，因此有「海棠煙雨」之雅稱，聽起來十分的詩情畫意。

海棠溪原是長江南北的一個渡口，自西南公路開闢以後，成為西南公路的起點，大小汽車可暢通西南各省市，進而遠至緬甸、印度、越南各國。此外水運可通長江上下游（包括嘉陵江）各商埠市鎮，既是水陸孔道，也是軍事和經濟的重鎮。尤其自「七七」全面抗戰以來，隨著國際局勢之演變，海棠溪的地位，日高一日。

海棠溪區區小鎮，因戰爭而帶來的繁榮發展，一日千里。公私房舍，競相興建，運輸業、餐飲業、旅社客棧等接踵而來。客商雲集，熙熙攘攘，車輛往來，頻頻繁繁。加上郵政、海關、銀行等機構的先後成立，大小工廠的開設，以及疏散而來的機關（資源委員會）、學校（上海兩江女子體育學校）、物資原料、機械設備，與器材檔案等等的不斷湧入，真是形形色色，氣象蓬勃，儼然一座新興市鎮。

也就因此，海棠溪社會型態大變，社會秩序混亂，環境日益複雜，對護衛領袖安全的工作，不論直接或間接，都增加了許多的顧慮。自我遷到海棠溪以後，就針對各種情況，進行深入的了解，加強與有關單位的配合，與嚴密的部署，以確保領袖安全的任務。

有關單位

當時海棠溪的情治單位為數不少，有憲兵隊（連）、重慶衛戍總司令部南岸檢查所、軍統局特別警衛組（隸屬南岸檢查所為掩護）、重慶市警察局第十二分局等。但實際上，專任護衛領袖任務的，只是我們特警組和憲兵隊而已。

那時海棠溪的憲兵隊，屬於憲兵司令部的第三團，簡稱「憲三團」，是憲兵中資深優秀、名噪一時的一個團。連長（隊長）姓蘇，山東人，三十多歲，個子高大，體格健壯，經驗多，能力強，敢作敢為，表現頗為良好，可惜本位主義過於濃厚，得罪了許多人。

檢查所所長姓勞，湖南人，軍校六期生，資格老，學養優，能力強，幹勁足，熱情耿直，認真負責。

同時和我工作關係最為密切的，有軍委會運輸處的「汽艇管理所」和「汽車輪渡管理所」。

「汽艇管理所」所長姓黃名逾白，皖人，管理「非豪華型」柴油機汽艇兩艘：一為領袖專用輪，一為隨從輪（也是高級長官渡江時用的專輪）。兩艘汽艇各有船長一人，管理員一人，船員三人，工友一人。南岸江邊還有躉船一隻，裝有軍用電話機一部，由我控制，供全天候使用。就警衛而言，這是安全顧慮最多的場所。

「汽車輪渡管理所」所長姓李，名德元，也是皖人，管理躉船一隻（泊南岸），和兩艘柴油機汽艇，共有管理員、船員、船夫等十多人，專渡白天的大小汽車過江。本來他們的工作和我們的輪渡並無直接關係，但因地位接近，在警衛安全上顧慮頗多，故被列為重點對象。

另在「四公里」，有一車庫，領袖的座車，和兩輛隨從車，都停放在那裡，供領袖蒞南岸時使用。雖然維護和管理另有管理員負責，而控制調度和保護的任務，則由我負責。

握手修好

由於南岸連年來的發展極為快速，政府以海棠溪為中心，先後設立的機構和公營事業單位幾近百個。彼此之間，公務和業務上的接觸、人際間的應酬等等，日漸頻繁，使社會型態急速變更，環境頓形複雜，摩擦、糾紛、衝突等情事時有所聞。就警衛安全而言，勢必多有顧慮。就連憲兵隊和檢查所也有明爭暗鬥的現象。

憲兵隊一向素質高，訓練精良，紀律嚴明，忠貞不二，向有「鐵衛軍」之聲譽，深得領袖信任，權力頗大，為軍民所敬畏。然部分官兵恃寵恣縱，為美中不足之處。當時駐紮海棠溪的憲兵隊隊長，就自負自大，對南岸檢查所，處處排擠，時有摩擦。實際上檢查所的人員，全出身軍統局，是戴副局長特別遴選、嚴格訓練出來的，個個均非泛泛之輩。

戴副局長自負責情報任務以後，在政府領導中心中脫穎而出；繼而西安事變，慷慨赴難；及至抗日戰爭開始，更大顯身手，屢建奇功，深得領袖倚重。凡有關「情報戰」的重要工作，包括領袖安全的護衛工作，幾全集軍統局於一身，海棠溪就是他工作的重點之一。而憲兵隊受到時局的影響，環境的演變，大權日漸旁落，雖無可奈何，卻心有所不甘。為確保領袖安全，我就將實情面報王侍衛長，王侍衛長馬上表示對此事的重視與關切，命我多予勸導化解。

我深知不論政局如何變動，憲兵始終忠誠不二，是護衛領袖的主力之一，是我們侍從人員最可信賴的夥伴。雖然蘇隊長有些作風，引起檢查所和其他單位的反感和不滿，但尚不至於惡劣到不可收拾之地步。於是我暗示蘇隊長：「王侍衛長接到反映，說你本位主義太重，命我深入了解，勸你有則改之，無則勉之，虛心誠意的和有關單位密切合作，自家營中，千萬不可出現裂痕，給敵人有可乘之機。」

蘇隊長世故很深，非常清楚王侍衛長的權勢和王侍衛長對我的信任，加上我的耿直，和對他的關切，他在感激之餘，坦承本身缺失，願意誠心誠意的接受忠告，因而平息了一場明爭暗鬥的風波。

同時我也轉告勞所長，希望他和他的部屬也應識大體，和憲兵隊和好。勞所長很感慨的說：「如果不是你的身分立場，和你的誠懇，我相信蘇隊長是絕不可能檢討反省、改變作風的。現在靠了你的力量，改變了我們之間的不愉快，我和同仁，自會有風度雅量，不計前嫌，聽你的指示。但他日後若口是心非、惡性不改的話，那祇好請你主持公道了。」

這是勞所長的誠意和希望，也是他激將法的伏筆。於是我坦白的告訴他，在我作魯仲連之前，已將海棠溪的環境、社會現況、治安得失等等資料，詳細的呈報了王侍衛長。就這樣，憲兵隊和檢查所握手修好，過去常常發生的種種不愉快，果然再沒發生過了。

南岸各機關聯歡社

由於南岸的快速發展，在海棠溪附近，先後設立的政府機構和公營單位，將近百數；人民所經營的行業，分布在車站、岸邊和沿海棠溪溪畔，形形色色，為數眾多。公私之間，業務接觸，來往應酬等等，使彼此的關係日趨密切，也就因為關係密切，不免引發了競爭糾紛，摩擦衝

▼重慶南岸各機關聯歡社團拜紀念。

突等情事。尤其交通方面，為了爭道搶渡（登輪渡）而發生的糾紛衝突，頗為嚴重，秩序凌亂的程度，到了叫人頭痛和厭惡的地步。

此種混亂，我認為是警衛安全的大忌，除報告上級飭令憲兵隊增派武裝憲兵，認真取締和維持秩序之外，我又想到一個互讓、互助的合作方案。

當時海棠溪的近百家機構，大多是業務經營單位，經費較不拮据，彼此之間簡單的交際應酬，為數不少。民國二十九年底，有一事業單位的主管榮升，大家羅漢請觀音，在海棠溪設宴歡送，席設五桌，暢飲歡敘，場面溫馨熱鬧。我就趁機以此次宴會為例，說明這個鄭重、經濟又不浪費時間的宴會，正合乎戰時聯誼的要求，因而提出南岸各界成立聯誼會的想法。想不到一呼百應，大家一致鼓掌通過，席間公推年高德劭、在西南公路局服務的陳鐵生兄負責籌劃，並互相推選理監事多人。

陳鐵老不愧為公事老手，很快的就將聯誼會的章程，和一切程序手續，辦得妥妥當當。不多久，就在另一宴會上提出報告，討論決議，定名為「南岸各機關聯歡社」，並推選陳鐵生先生為理事長，我為總幹事，即日起正式展開聯歡與公益事宜。

迨民國三十年元旦上午，聯歡社舉行慶祝元旦大會聯歡會，參加者達百餘人，大家齊聚一堂，和諧歡欣，為海棠溪地區前所未有的盛況。以後各單位主管的迎新送舊、業務洽商等，都紛紛在聯歡社中舉行，確實節省了金錢與時間。既可聯絡感情，更符合抗戰時期政府的節約政策，因而深受會員的喜愛，開創了南岸各機關送舊迎新的新風氣。

進而，大家都認為聯歡社，除聯歡之外，應為社員和民眾服務，於是大家出錢出力，找到海棠溪煙雨路郵政局對面的一塊公有空地（約一百平方公尺），透過聯歡社的力量，租來使用，並且很快的籌足經費，興建了聯歡社自己的房屋。此屋是一樓一底的木造建築，有兩間大廳，作禮堂、會議室或宴會之用，後面隔有兩間小房間，作為辦公室、休息室和客房。聯歡社後來再創辦英文、會計兩補習班和一個合唱團，完全免費，以供會員和民眾的進修及娛樂。

各單位由「聯歡」而增進了解，進而順利地解決了許多的困擾與難題，對南岸地區的治安和秩序（尤其是交通），大有裨益，當然對護衛領袖安全的工作貢獻更多。

有些對「社會活動」有興趣的「名流」（如投共的冰祥雲等），可能認為南岸聯歡社的活動，辦得有聲有色，就一再設法接近陳理事長和我（總幹事）。表面上說是欽佩學習，說穿了，無非是想吸收利用。也許他們祇知道我是侍從人員，深得上級器重，而不知我是軍統出身，我當然也裝聾作啞，和他們若即若離，窺其真意。

不過他們有些人確有影響力，如邀請馮玉祥將軍擔任南岸聯歡社名譽理事長，請到著名影星胡蝶小姐，為我們籌募經費，並在聯歡會上高歌一曲，在海棠溪轟動一時，使聯歡社增色很多，這都是我始料不及的事。

擦皮鞋的小李

雖然海棠溪的治安和秩序，日見良好，想不到仍發生了兩件和我有關的遺憾事件。

第一件，一個擦皮鞋的小李和毛姓站員為了無票上車的小事，在海棠溪車站，大打出手，演變成相當嚴重的局面。

原因是小李介紹一位朋友無票上車，引起糾紛，以致拉扯互毆。車站內員工眾多，非但不加以勸阻，反而不分青紅皂白，一起上前去痛打辱罵，扭打不放，使小李在情急之下，失去理智，突然從腰間拔出手槍，對著他們大吼：「我是秘密工作人員，你們如再打我，我就要槍斃你們了！」

這意外的突變，不僅使站員們驚惶失措，呆立著不敢再動粗，就連車站的乘客，也都紛紛逃開，小李也就乘機溜之大吉了。

我得到消息後，馬上想到，這必是特警組化裝小組小李幹的好事！

等我趕到車站，表面上已恢復了平靜，四名憲兵也正在著手調查。但我感覺到氣氛低沉，員工神情嚴肅，所有的班車都停駛在外，有怠工的現象。候車的旅客，更議論紛紛，焦急的盼望著早點恢復通車。我又看到公告處黑板上大大的寫著：「本站站員無端被人毆擊和受武器恐嚇，無法執行職務，現將開往各線班車，一律停駛，敬希見諒！」這是煽動式的罷工，如不馬上加以疏導和制止，勢將造成不可收拾的後果。

我冷靜的考慮以後，一面請憲兵班長加強維持秩序，了解案情，抄錄公告欄上面的通告，請二人簽名作證，一面就到站長室去看馬站長。

馬站長和幾個站員見到我，氣呼呼的表示要嚴懲這擦皮鞋的「小子」。看樣子，他們相信這「小子」是祕密工作人員。

我當即表示慰問和前來了解實情，並勸他們要理智慎重。

我跟他們說：「這『小子』是不是情治方面的工作人員，我會很快查明的，如果他的身分是真的，那他犯了嚴重的紀律，暴露了身分，他的上級一定會嚴厲的懲罰他的。不過，我剛才在公告欄大黑板上看到『本站站員無故被毆辱和恐嚇，無法行使職務，各線班車一律停開』的通告，這使我非常驚訝，不得不提醒各位一聲……」

這時檢查所、警察局也都先後派員到車站來調查，和站長見面，我們就彼此打了招呼。

我再繼續說：「……你們知道嗎？你們的作法，有罷工的嫌疑，這在戰時是極嚴重的罪行，如果你們不理智處理，會演變成非常可怕的後果！現在治安單位都在這裡，後果如何，也就不用我來嚕囌了……」

經我一點明，他們馬上發現事情的嚴重，尤其馬站長等人，知道交通事業在戰時罷工的嚴重性，就馬上改變「給你顏色看」的氣勢，反過頭來懇請原諒，並請教如何處理善後。我怕拖延時間會橫生枝節，就請馬站長勸導員工，立即恢復工作和開車，再分請雙方回去，將肇事起因與經過，查明嚴處。

大家對我的意見，都認為合情、合理、合法，妥切可行，當即分頭去做，很快的平息了這一場可大可小的風波。

我當然將詳情分向王侍衛長和黎組長報備，同時我又和檢查所勞所長研究善後問題。為了組織的紀律，一定要嚴辦小李，以後對化裝的工作人員，一定要嚴格的遴選和訓練。此外，檢查所也要研究車站各員工的成分和心態，查明本案是否有人蓄意肇事。

經過憲兵隊和檢查所的會同調查，傳詢了有關站員，加上旅客的見證，查明確因站員態度不好，言語粗魯而引起互毆，小李情急為脫身而拔槍恐嚇也是實情。除查明小李確實身分，交由檢查所究辦外，車站人員不當的行為，也交由站方自行處置，並由站方保證以後不可再有粗暴的行為，而了結本案。

我們特務組，本身有「軍委會侍從室」特務組組員證，為掩護身分和便於工作，也領有憲兵司令部的警務員證，以及南京警察所的刑警證。政府自西遷武漢後，我們一般用憲兵警務員證，而極少用特務組組員證，除了掩護的方便，最重要的還是「侍從室特務組組員」的頭銜太耀眼嚇人。

到重慶後，受到時局的變遷，環境的不同，領袖出現在公眾場合的次數增多，我們的行動也不易保密了。護衛領袖安全的警衛，也由秘密，而改為半公開，甚至公開。尤其我在碼頭、車站、汽車、輪渡各處公開活動，認識的人很多，他們都稱我為張副官。加上我是南岸聯歡社的總幹事，知道我身分的人，就更不少了。像這次過問車站的糾紛案，我就是以公開的身分出面，也就因此，我能堂而皇之，凝聚一切警衛力量來護衛領袖安全。

水幫袍哥鬧事

四川向有「天下已治蜀後治」，「天下未亂蜀先亂」的傳說，可見「天府之國」的國事，是不易治理的。同時由於天、地、人的因素，社會組織和型態，也和其他各省大為不同。尤其「袍哥」的黑社會組織，從大城鬧市到窮鄉僻壤，無所不在，地下潛勢之大，實在令人難以想像。

我自民國二十四年，就多次隨從領袖到四川，以後抗戰八年，也大都在重慶、成都等處工作，更於民國三十二年進成都軍校高教班進修，畢業後進入部隊，在俾縣、雙流等縣住過，所以和民間的接觸較多，對袍哥的情形也略知一二。就政府而言，要看如何治理，袍哥潛勢力可以成為政府的助力，也可變為阻力。

自我來海棠溪以後，就對袍哥特別注意。海棠溪原是水陸碼頭，袍哥幫會早已有之，分水陸兩幫。過去交通不發達，海棠溪和儲奇門兩岸間的江面寬闊，渡江的工具只有舢板和船隻，因此靠水為生的船夫，以及與渡船有關的挑夫等，為數眾多。水幫袍哥，就吸收他們為子弟，在嚴密的幫規下，產生了很大的潛在力量。被擁為「舵把子」的領導人，無形之中，握有很大的權威與勢力。

當時海棠溪陸上的袍哥舵把子姓劉，在海棠溪車站對面，興建了一棟二層樓房，開設店舖和住家，生活富裕安適，已無形中停止了幫會活動。

水上袍哥的舵把子，姓盧，是一個子矮小，身體粗壯，外形飽經風霜的人。他曾有酗酒鬥狠、欺凌船戶、勒索行旅的不良紀錄。

海棠溪的船夫，大都世代以擺渡為業。因為時代的進步，渡江的交通工具，已由機動輪船代替了舢板或竹筏了，因此靠渡江餬口的船夫，生活大受影響。加上軍委會運輸處「汽車輪渡管理所」的成立，僱用了數十名員工，沒有優先考慮僱用他們，使他們心存不滿。尤其他們個人有時要渡江，圖個省錢、快速和方便，想搭汽艇輪渡過江，常被汽管所職員斥拒（汽輪渡不賣票），而耿耿於懷。

民國三十年三月，一個天寒細雨刮風的晚上，約十時許，突有暴徒十多人，手持棍棒，聲勢洶洶的突襲汽車輪渡管理所（位於後邊的躉船上）。雖未傷人，但砸毀了電話和門窗、玻璃、桌椅等公物，為時約十分鐘，就吆喝而去。

很快的，海棠溪各情治單位都接到了報告，紛紛緊張的趕到現場去了解狀況。我和汽管所所長李德元兄，住在海棠溪車站對面山坡的茅屋中，因此最先接到消息。我們和憲兵隊丁隊長同時到達躉船上，景象雖然凌亂，但並不嚴重。所幸照明設備並沒有被破壞，該所值班的員工也都平安的回到所裡去上班了。

據目擊員工的報告：「……我們正準備休息，忽然聽到岸邊一陣吆喝大罵聲，在明亮的路燈下，我們很清楚的看到，這些人是水幫的舵把子和他的十多位嘍囉，顯然是來找麻煩的。為了避免事態的擴大，我們有意的避開了，所以沒有發生正面衝突。接著我們就聽到一陣劈劈啪啪聲，與辱罵之聲，然後，他們就呼嘯而去了。臨走時，我們聽到有人揚言：我們還會再來打委員長的渡輪……。」

我們勘察了現場，聽了管理員的報告，再巡視周圍，確認這是水幫幹的大概不會錯。看到破壞的程度並不嚴重，既沒有傷人，也沒有砸汽艇，顯然是臨時起意，乘夜間天氣不好時，前來搗亂洩憤的。

站在治安立場，就戰時損壞交通設施而言，不管其動機如何，罪行輕重，都非徹查重辦不可，因此到場的情治人員，都主張立即採取行動，繩之以法。但我以為本案和一般治安案件大不相同，應理性的研商。

海棠溪不僅是交通孔道，而且是國家領袖往返渡江之處，在安全顧慮上是最敏感的地區，不能稍有鬆弛缺失。同時我相信各單位都有海棠溪水幫盧舵把子過去的不良紀錄，本案又是他帶頭所幹，很明顯的，是幫會「爭地盤」、「搶碼頭」的惡風遺毒。他明知汽管所是戰時軍事運輸單位，他也清楚領袖渡江的專輪就停在附近，竟膽大妄為，率眾滋事，還口出狂言，他目無法紀的心態，確應加以注意。因此我就對大家建議：馬上請憲兵隊增派兵力，加強防範，並請大家冷靜，今晚不要有行動，以免打草驚蛇。

我再請大家早點回去休息，明天一早，我會將本案的詳情以及所作的措施等，向王侍衛長詳細報告，並會提出建議，懇請核示。最後約定第二天上午九時，在憲兵隊開會，屆時會將長官的指示和各單位所蒐集的情報，研商討論以後，再決定如何查辦。

翌晨八時，我用電話專線向王侍衛長報告本案發生的經過和處置。他有點驚訝，但表示重視，就命交憲兵隊負責查辦，囑我從旁全力支持。

九時正，有關單位在憲兵隊開會，由憲兵隊丁樹生隊長主持會議，報告事項包括：憲兵隊已增派兵力加強警衛；汽車輪渡按時正常運作；水幫並無特別動靜；及王侍衛長很重視，命憲兵隊負責查辦，各單位從旁全力協助等。

憲兵隊長丁樹生，湖南人，是憲五團上尉連長，憲兵學校出身，忠厚謙虛，經驗豐富，處事穩健，對人友善，我和他相處融洽。

會議結束後，我立即到丁隊長辦公室，開門見山的對他說：「本案是水幫袍哥幹的，袍哥是四川的幫會組織，在社會上的潛勢力，是不容忽視的。目前重慶衛戍區，禁止幫會袍哥，和青洪幫的組織及活動，但其潛在勢力依然存在。這次膽大妄為的行徑，就是他們目無法紀的流露。正因此風不可長，如不懲辦，他人群起效尤，後果堪慮。但為了四川特殊的政治環境，和社會型態，我現在特來和你商量，在依法辦理之外，由你我來合演一齣戲……」

這齣戲的劇情是這樣的：

第一幕：丁隊長遴選幹練的官兵，秘密的找好一個僻靜隱密的舊倉庫，布置審問的設備。

第二幕：利用盧舵把子獨自夜出飲酒的習慣，派出有行動經驗的同志，趁盧舵把子獨自夜出飲酒的時候，將他秘密逮捕，扣押審問。當袍哥舵把子的人，必有些英雄氣概，因此要對他的吼叫亂罵和企圖逃脫等，故意不理不睬，讓他摸不著頭腦，不知我們葫蘆裡賣的是什麼膏藥，而收鎮懾的作用。

第三幕：透過關係，傳話給盧舵把子的眷屬和左右，強調戰時聚眾破壞電訊和交通，是犯了軍法重罪，使其眷屬和左右，心生畏懼，甚至懷疑盧舵把子的失蹤，是畏罪潛逃，而不敢輕舉妄動。

第四幕：在夜深人靜、警衛森嚴的氣氛下，丁隊長親自審問盧舵把子，問他知不知道，戰時破壞軍用電訊和交通設施，依軍法，會被判死刑；同時告訴他，現在大家都在和日本帝國拚死拚活的時候，他怎麼可以這樣不識大體，從中搗亂？而且還說會再來砸委員長的輪渡？

最後一幕：在曉以大義之後，丁隊長轉黑臉為白臉，以盧舵把子不悉法令、誤觸法網，而生「惻隱之心」，向我求情，再由我轉請王侍衛長，特准他改過自新（這當然是事先報請核准的）。

結果在案發後的第三天夜晚十時，整個計劃就順利的完成了。我和丁隊長，在法、理、情兼顧的原則下，完成了有關法律的程序和手續，使政府德威並施，又使盧舵把子面子上不至過於難堪，而心服口服的，成為地方良民。這對我護衛領袖安全的工作，自是大有助益。

第十九章　艱苦抗戰

疲勞轟炸

日寇暴虐成性。民國三十年六月五日，日機夜間空襲重慶市，在重慶市區，人口稠密的「校場口」大隧道附近，投下炸彈多枚，造成數萬人在大隧道中窒息喪生的慘劇。

三十年八月初起，日機更不分晝夜，每隔六小時，以少數或大批飛機，輪番轟炸重慶市，長達十數日之久，這就是歷史上有名的「疲勞轟炸」。在疲勞轟炸的十數日，水電中斷，重慶市民生活於驚恐之中，奔波於防空洞之間，失眠斷炊，疲憊不堪，以致病患激增。然醫生無法開業，病人就醫無門，長此以往，重慶一市，必將癱瘓無疑。幸賴全市市民，敵愾同仇，堅忍不拔，咬緊牙關，勇敢的支撐下去，使日寇黔驢技窮，改以大隊機群，選擇重要目標，大肆轟炸。

八月十三日上午，日機以八十六架大編隊陣容，三度猛炸重慶曾家岩一帶。領袖曾家岩官邸「堯廬」附近，落彈多枚，幸都沒有炸中建築物，僅門窗玻璃被震壞而已，其中一枚中型炸彈，落在堯廬官邸門口，離領袖辦公室僅數步之遙，幸虧只插入水泥地中，沒有爆炸。

黃山被炸

八月三十日中午，艷陽高照，領袖正在黃山行邸召開軍事會議，忽有敵機多架，飛臨黃山行邸上空，來勢洶洶，投下輕重型炸彈多枚。幸行邸倚山興建，有極堅固的防空洞近在咫尺，因此領袖和與會之政要將領，均能從容不迫的進入防空洞中，避過災難。行邸辦公室，僅受輕微損壞，可謂幸運之至。

雖然日機經常轟炸重慶市區和市郊，但南岸黃山的上空從無敵機蹤影。此次惡毒的轟炸，和民國二十七年八月十二日中午，日人以大隊機群，猛炸武昌「豹頭堤官邸」的情況極為相似，顯然是敵人得到了正確情報，想一舉達成謀害我領袖的陰謀。

這次黃山大轟炸，本來與我風馬牛不相及，然天下之事，多有巧合，生死之間，似乎也冥冥之中早有定數。

那天，領袖在黃山開軍事會議，軍委會交際科派了三位軍官，在儲奇門、海棠溪輪渡躉船上，等候各位高級將領過江，為他們調度車輛上黃山開會。不知何故，程潛將軍，遲遲不來，這三位軍官，就在海棠溪躉船上休息等候。其中一位，忽然提到久仰黃山大名，可惜無緣一遊，深以為憾，另外兩人亦同聲附合，要我陪他們上山一遊。

黃山行邸，戒備森嚴，沒有我帶他們上山，縱有機會，也不得其門而入。軍委會交際科和我們侍從室工作關係密切，交際科軍官上黃山，應該沒有安全上的顧慮。這次黃山軍事會議，開會的時間特別長，要到晚餐時才會散會。既然程潛將軍缺席，反正

▶一九四一年，與海棠溪憲兵三連長，（左起）曹覺塵、張一吾與江源。

為他準備的轎車空著不用，確實是上黃山一遊的最佳時機，於是我答應陪他們上山一遊。

上午十時多，我們坐上為程潛將軍預備的空車，直奔黃山。經過黃桷埡時，剛好遇到空襲警報，我們就躲在隱蔽之處，等警報解除了，才繼續上山。當我們抵達黃山行邸停車場時，正好是正午十二時左右，我走下車來，有意無意的抬起頭來，仰望天空，只見晴空萬里無雲，陽光眩目逼人，不知何故，我忽有敵機會突襲黃山的不祥預感。

我指揮司機把汽車停妥，叫他跟在我們身邊，不可東張西望或隨便亂跑。本來我準備先帶他們到我特務組辦公室休息一下，再去遊覽。這時忽然傳來飛機隆隆之聲，由輕而重，直向行邸上空飛來。

黃山遠在重慶市南岸山區，地形十分隱蔽，僅有平房數棟，以及散布在山邊樹林中的簡陋營舍，目標很不顯著，事實上敵機也從未飛臨過黃山上空，所以大家對空襲警報，毫不在意。

當我帶著交際科軍官走動時，同事們看到我，都一一和我親熱的打招呼，尤其內衛股唐偉舜兄，在辦公室門口遠遠看到我，非常熱情的手招口喊，要我到他股上去吃午飯。

特務組和內衛股比鄰而居，我平時一定會登門造訪。但那天不知何故，心中有事，總覺得敵機會轟炸行邸，就故作鎮定，邊走邊說：「謝謝了，我現在先帶交際科的朋友去參觀前面的防空洞，等下再來打攪。」我一邊快步急走，一邊跟我的朋友說：「我們的防空洞值得一看，讓我帶路，大家趕快走！」

轟炸機的聲音愈來愈響，顯然敵機已飛臨行邸上空了，幸好防空洞一下就到，我們急忙走進洞口。剛一轉彎走下石階，炸彈就如狂風驟雨般，無情的撒了下來。子彈的嘶嘯聲，炸彈爆炸的巨響聲，以及炸彈落地時的地動山搖，實在、實在太可怕了！

等一切又恢復了平靜，我急急忙忙的走出防空洞，外面的景象簡直慘不忍睹。防空洞上面的保護泥已無蹤影，只剩下鋼筋水泥的工事赤裸裸的暴露在外，土石灰泥，斷木殘枝，凌亂不堪，原來我們防空洞的上面和周圍，都中了炸彈。

幸好站在洞口轉彎處的衛士，和躲在洞內的同仁，都平安無事。目擊這慘況後，我馬上想到領袖和同事們的安危。幸領袖鴻福齊天，在敵機狂炸之前，已及時避入防空洞中，平安無事。軍委會交際科的三位軍官，在飽受驚嚇之餘，異口同聲的說託了領袖鴻福和我的機智警覺，才留下了一條老命，對我感激不已。

天人永隔

出了防空洞，我在內衛股附近，看見十多位同仁圍聚一起，人人表情沉重，凝視著陳廣煜醫官為一重傷者作緊急救施。我急忙前去一看，想不到這位重傷者，竟是唐偉舜兄。

偉舜兄係侍從室資深人員之一，忠誠盡職，學養兼優，深得王世和侍衛長的器重。他和我們特務組在勤務的配合上，十分密切，尤其和我個人相處得最為融洽，交情也最為深厚。

現在他側臥在內衛股左前方的斜坡上，左臂被一塊數寸大的炸彈片擊中，傷口大過碗口，鮮血直流，他的臉色很快的變成蒼白，生命已瀕垂危，但他的神志仍然清醒。在氣喘劇烈、與死神掙扎的最後一刻，還忍著極端的苦痛，用右手從右後褲袋中取出一把鈔票，交給附近的侍衛保管。雖然陳醫官急得滿頭大汗，盡心竭力的搶救，終因缺乏輸血設備和手術工具，偉舜兄回天乏術，撒手歸天了！

在這生離死別的一刻，圍在他附近的部屬同事，莫不悲痛哀傷，熱淚盈眶。尤其是我，在十多分鐘前，還見到他在內衛股門口，活生生的向我笑著打招呼，邀我共進午餐。誰知瞬息之間，竟天人永隔，怎能不叫人悲痛萬分，對暴日之深仇大恨永記心頭呢？

這次黃山被炸，除了唐偉舜股長不幸殉職，四位衛士受輕傷之外，其他人員都安然無恙，算是不幸中之大幸了。

《中國之命運》

民國三十二年二月下旬，領袖手撰《中國之命運》一書已完稿，命陶希聖先生負責出版發行。陶先生對此事非常重視，交由海棠溪南方印書館印刷，且已於二月二十四日完成排版，二十六日開始印刷。

為了提防該書在正式出版前會有意外，陶先生於二月二十二日，特請特務股黎股長指定一人，帶憲兵一人，前去該印刷廠負責監視印書。

黎股長立即於二十三日批交由我遵辦，並告訴我說：「據陶先生相告，《中國之命運》一書，領袖非常重視，曾修改又修改，此書關係我國前途至為重要，如發行前被人搶先洩漏內容，或被別有居心者，有意的斷章取義，甚至惡意批評，就會影響此書的價值了，所以你應先去實地了解印刷廠方面的情形，並和該館負責人仔細商談出書過程，擬定防範措施。此外，只派憲兵一人在門口監視，是不夠的，如有需要，你可以多調幾名憲兵幫忙。」

由於黎股長的說明和指示，我明白這額外的任務，雖然比較輕鬆單純，但稍有疏忽，就不會有好日子過了。於是我於二十四日上午，親到海棠溪憲兵隊訪問丁隊長，請他調派四名憲兵協助，再到南方印書館，拜會該館負責人。我將陶先生的便條當面交閱，然後巡視該館廠房，了解印刷裝訂的設備與過程，又和館方各單位有關人員詳談，擬定監護辦法，並從當日下午起，配合出書程序，開始實施出書的監護工作。

是年三月十日，《中國之命運》的底稿和新書，平安的交到陶先生派來的人員手中，運出了南方印書館。這前後雖只有短短的十幾天，我和四名憲兵同志，日以繼夜的負起監護之責任，確實十分辛勞。但我也從這次經驗中，學到了很多有關印刷與出書的專業知識。

第二十章　再去昆明

寂寞的除夕

民國三十一年二月初，正逢農曆三十除夕，我奉命先遣昆明。我於下午一時許由重慶珊瑚霸機場起飛，三時許抵達昆明。當天昆明上空風勢強勁，飛機顛簸得相當厲害，是我多次航行中，最不舒服的一次。下機後轉到指定的大旅社休息待命時，我已昏沉睏倦，很快的睡著了。

等我醒來，已是萬家燈火。想到重慶海棠溪家中的妻小，不免興起「每逢佳節倍思親」的感慨，於是準備自得其樂，在旅社餐廳中，好好的享受一頓豐美大餐，聊補獨在異鄉過除夕的落寞。誰知餐廳提早打烊，員工們都回家吃年夜飯，只留下少數服務人員招呼茶水而已，想過一個好年的希望落了空。我悵然若失的步出旅社，想另覓飽食之處。結果走遍大街小巷，無論大小中西餐廳，全都關門過年，使我苦惱無奈，只好到一家糕餅店，買了些零食回旅社，權充年夜飯。

這是我生平第一次，過了一個既可憐又感傷的除夕之夜。

昆明黑龍潭

領袖駐節昆明近郊的黑龍潭，住龍雲主席的別墅。此別墅建築在光禿禿的丘陵上，附近沒有什麼人家，倒是一個十分安全的地方。

龍主席的別墅規模並不大，是一幢宏偉的中西合璧式平房，古玩字畫和家具擺設等塞滿了每一房間。領袖特別有心，命勵志社總幹事黃仁霖先生請來好幾位藝術專家，將房間的家具、古玩字畫等重新整理安排，在短短一天之內，各個房間馬上改頭換面，煥然一新，氣質大變。

住在龍主席的別墅裡，我們侍衛人員最難得的享受，就是龍主席的總務人員，臨時捲起布蓬，找來烹調高手，為我們張羅伙食。這些菜餚的講究，遠過於一般酒席，尤其早餐備有高級雲南宣威火腿，配以麵包或饅頭，使我們大快朵頤，齒頰留香。至今時隔數十年，仍念念不忘，回味無窮！

遂寧溫泉

在龍主席別墅過了三夜，領袖就駐節「遂寧」的溫泉勝景區去了。

遂寧有多棟富商巨賈的別墅，是富商、將領、政要遊樂休閒之處。一棟棟別墅興建在幽靜的山麓一帶，外表建築，一律宏偉壯觀，內部裝潢，無不富麗堂皇。家家都有

▶三子女：張棠、張海、張溪。

溫泉浴室和小型游泳池，全用上等大理石鋪砌而成，整潔美觀，氣派非凡！我等何幸，竟也得有機會入池小游，池邊風景，賞心悅目，池中溫泉，通體爽適，實為難忘之回憶！

昆明機場槍戰

可惜好景不常，在遂寧的第二天上午九時許，忽得悉龍主席的親信「衛護團」在昆明機場，與中央航空委員會所屬的「防空警衛旅」發生激戰，戰況不明，正在查證中。

對我侍衛人員而言，這確是驚駭震撼的大事。王世和侍衛長馬上作了緊急的安全措施，並命特務組黎鐵漢組長，立即秘密馳赴昆明，作實地的了解與調查。

當時在遂寧擔任領袖行邸的武裝警衛部隊，正是龍主席的「衛護團」。除了後山「中央陸軍預備第二師」（師長陳明仁），以及行邸內少數的警衛、侍衛人員之外，所有行邸大門口和周圍的衛兵及警衛隊，無一不是龍主席「衛護團」的官兵。

由於西安事變的教訓，我們的警覺性當然特別高。這次我們特務組隨扈領袖到昆明，從情報的蒐集，地方情況的了解和掌握，到與中央情報單位及國軍部隊的聯繫，都有周全的部署，尤其對電訊的控制，格外的靈活通暢。

現在得到「激戰」的消息，王侍衛長馬上再選調憲兵官兵十多人，一律穿上中山裝，暫代我侍衛人員，以增強警衛力量，並對行邸周圍的「衛護團」，以及「衛護團」中的每一位官兵，都加以秘密的監視和觀察。

從安全工作上來說，這是最重要的一環。西安事變的慘痛經驗，就說明了對這一步的疏忽。不用說，這任務就落在我特務組身上，而黎組長又命我肩負起這艱險的職責。

得知情況後一小時，領袖也於上午十時許，步出行邸後門，親自走進後山茂密的樹林內，沿著「預備第二師」官兵的佈哨小徑，巡視一圈，歷時約四十分鐘。領袖對沿途所遇見的每位哨兵，都很慈祥的垂詢姓名、籍貫和生活狀況，使每個士兵都非常的興奮和感動。很明顯的，領袖也在做地形了解和實況偵察。

我記得當時中央在昆明的防衛單位有：陸軍預備第二師、航空委員會防空警衛旅、憲兵第四團，和空軍等，再加上實力強大的地下工作人員，人人效忠領袖，個個政治意識堅定。對這一切，龍主席及其左右不可能一無所知，所以我們相信他們絕不會輕舉妄動，也就因此，我們雖然十分緊張，卻無驚恐之心。

中午左右，黎組長趕回遂寧，將昆明機場發生衝突的詳情和平息處理的經過，一一稟告領袖。在得知一切都已恢復了平靜以後，我們侍衛人員這才好好的鬆了一口氣。

據黎組長告訴我：

這次龍主席的「衛護團」和駐防昆明機場的「防空警衛旅」之間所發生的衝突，完全是由於「衛護團」官兵聽信謠言，誤以為數名士兵被機場「防空警衛旅」逮捕扣押，竟不問青紅皂白，集結一連士兵，全副武裝，真槍實彈，擅自開進機場，聲勢洶洶，蠻橫囂張，不聽機場警衛遏止，排橫隊隊形，向「警衛旅」指揮部前進，揚言該隊有兩名士兵被指揮部逮捕扣押，要求立即釋放，不然要不客氣的強行搶回。事實上警衛旅並沒有扣押或逮捕任何軍民，指揮部為顧慮雲南政情特殊，不作斷然處置，只開空槍警告，並用喊話筒說明指揮部並未扣押士兵，請他們勿聽謠言，立即離開機場。警衛旅同時一面向上級報告，一面作緊急應變措施。昆明機場在建造時，就在機場周圍營造了許多座隱密堅固的小型「掩體」，以防敵人傘兵的降落、破壞或侵佔機場，所以當警衛旅戰士奉令應變時，他們很快的潛入各掩體內備戰。誰知「衛護團」不但不理睬警告，也不接受勸告說明，反而膽大妄為的開火還擊，使事態更形緊張嚴重，指揮部不得不下令各掩體作鎮壓性的反擊。警衛旅這一反擊，在那平廣、一目瞭然、毫無隱蔽與掩護的機場上，馬上就有十多人受了輕傷。在吃了苦頭之後，「衛護團」已清楚防空警衛旅，不是怕事受威脅的部隊，就驚恐的撲倒臥下，不敢再逞凶了。幸好他們的上級長官，接到部屬荒唐胡鬧的報告之後，馬上快馬加鞭，適時趕到，向指揮官說明失蹤的士兵早已歸隊，並表示事出誤會，除向指揮官鄭重道歉和感謝槍下留情之外，並要求將部隊帶回查辦，因而平息了這樁令人震撼的事件。

這戲劇性的誤會與衝突，雖已落幕，但昆明市民不明真相。當機場槍聲響起時，莫不驚惶失措，謠言紛紛，以訛傳訛，認為中央軍和雲南部隊起了衝突。一時人心惶惶，不能不叫人捏了一把冷汗，我們遠在遂寧，當然也就更加的緊張了。

領袖在遂寧過了兩夜，就回昆明，駐節中國銀行招待所。這招待所地近郊區，成四方形，像一座城堡，就警衛而言，就安全得多了。

從遂寧回昆明以後，領袖除鎮日忙於公務，和召見軍政首長、地方耆宿外，曾由龍主席陪遊滇池畔的西山龍門，在三清閣午餐，設席兩桌，龍主席在樓上宴請領袖，盧漢則陪我們侍衛人員在樓下進餐。以當時的軍政行情，盧漢為雲南的第二號首腦人物，照常情，他應陪在龍主席左右，招待領袖才對，似乎沒有陪我侍隨人員的道理。但他在席間，殷勤的勸酒進菜，談笑風生，神情輕鬆愉快，從雲南政情看來，這似乎意味著幾許不尋常吧！沒幾天，領袖離昆明，龍主席親自到機場送別，我聽到龍主席特別提到機場衝突一事，說錯在他的衛護團，防空警衛旅沒有過錯，要求領袖不要處分防空警衛旅，可見龍主席對此次昆明機場的衝突風波，十分在意。當時我聽到領袖毫不在意的說了：「我知道，我會注意的。」就登機起飛了。

陳明仁師長

西山三清閣一帶為昆明最奇特的風景勝地。三清閣建在千丈懸崖峭壁之上，由人工開鑿而成，鬼斧神工，世所鮮見。閣外闢有覽海亭，依欄可俯瞰三百餘平方公里的滇池。滇池壯闊瀚浩，氣象萬千，領袖對此一勝景似乎特別鍾愛，飯前飯後，盤旋於閣內外多時，才盡興的向龍主席握手致謝告辭。

當車離三清閣沒多遠，在途中多處，遇到士兵多人，身穿破爛棉軍服，搬運工事材料，徒步沿著馬路向城區方向前進。昆明天氣溫和，四季如春，時值近午，太陽高照，這些士兵的穿著，看起來十分奇怪，當然引起了領袖的注意。

領袖關心的停下車來，命後面隨從的黎組長，查明番號具報。經黎組長率我下車詳查後，知係陸軍預備第二師的士兵。領袖據黎組長回稟後，十分震怒，立命陳明仁師長來見，怒斥他為什麼在昆明這樣溫暖的地方，派士兵服勤，竟穿厚棉軍服，而且破爛不堪，實在太丟中央軍的臉了。

陳明仁師長係黃埔二期生，勇敢善戰。當年東征時，他任連長，惠州戰役，身先士卒，神勇無比，以致身負重傷，成為當時的英雄人物，是領袖心愛的學生之一。但他也難免傲慢自負，又有湖南人的倔強脾氣，竟責軍政部顢頇無能，又以自己家無厚資，無以私製軍服等牢騷之語，當面頂撞領袖，使領袖怒中加怒，立下手令，押解重慶法辦。

這是震驚昆明的大事。當時在昆明的名將，如關麟徵、宋希濂等都聞訊趕到昆明中國銀行招待所，親向領袖求情卻都無效，這可以說是我革命軍中鮮有的一段插曲。

第二十一章　中央陸軍軍官學校高等教育班

俞濟時侍衛長

民國三十一年十一月，王侍衛長世和調職，由國軍第十集團軍總司令部俞副總司令濟時將軍接替。自我民國二十三年三月進侍從室，俞濟時將軍是我的第五位侍衛長，其中蔣孝先將軍，是以組長名義代理侍衛長之職。

俞將軍浙江奉化人，生於民國前八年，五歲啟蒙，九歲入小學，讀中學時，因眼疾和家境不豐，輟學從商。民國十一年其叔俞飛鵬先生任福建浦城知事，委他以財務之職。民國十二年五月，領袖電召飛鵬先生赴廣州籌辦陸軍軍官學校校務，他隨叔父赴粵襄助。旋軍校招考第一期學生，他投考錄取，於十三年一月入學，十二月畢業，分發軍校教導團一營見習。嗣後東征北伐，英勇善戰，屢建功勛，頗為領袖賞識。民國十七年，他年僅二十五歲，即升任國民政府警衛團少將團長。民國二十四年，他三十二歲，國府律定陸海軍軍官名額（當時之陸軍包括空軍）：一級上將八員，二級上將十六員，中將四十員。在四十員「中將」之中，黃埔軍校畢業者，僅第一期兩人而已，而俞將軍即為二者之一，可見他是一位傑出的年輕將領。民國二十一年，俞將軍任八十八師師長，於上海「一二八」戰役中，浴血奮戰，率部與日軍堅苦抵抗三十多日，榮獲了青天白日勛章一座，是領袖最欣賞和寵信的愛將。

當他接任侍衛長時，我在海棠溪負責警衛任務，並兼領袖專用汽艇和座車管理調度之責任。俞侍衛長接事之後，既未召集本組同仁集體訓話，也沒個別召見談話，只有領袖每次上下黃山，乘坐汽艇渡江時，我才偶爾與他相遇而已。不過我們對他的功勛和才幹，早已如雷貫耳，而他的嚴厲，更為眾所周知。在我最初的印象裡，俞侍衛長短小精幹，剃光頭，目光炯炯，精神煥發，行動穩健，城府甚深，似是英氣內歛，有魄力，敢作敢為之人。

果然他到差不多久，即先後著手成立侍衛人員訓練班，釐定短期教育計劃，分批送侍衛人員進中央軍官學校，接受短期和專業教育；並創訂侍衛人員服務規章守則、季考年考規程、撫卹退休規程等等。此外，他又釐訂種種計劃守則：例如重要集會場所的警衛配備計劃；巡察官和值日（星）守則；隨從與先遣勤務守則；乘車（隨從車）位置圖；座車必經道路注意事項；警務員外勤工作計劃；曾家岩、黃山、林園官邸衛兵司令職掌；步哨特別守則；非常時期警衛計劃；侍從室來賓規定；防空洞抽查注意事項……等等，先後都奉領袖核准備案。

對我們影響最大的，是他將以外衛勤務為主的特務、警衛兩組合併為一，名為「警務組」，由黎鐵漢先生擔任組長，並減少組員各半，從兩組三十二人，併為一組十六人，原警衛組長羅毅與編遣各員，概由軍統局戴副局長另派工作。

俞侍衛長接長侍衛長不到一個月，就親自到軍統局拜會戴笠副局長，密商護衛領袖安全之事宜。這種作法，還是侍衛長中之第一人。戴局長是最清楚政治行情的人，當然求之不得，結果極其順利而迅速的達成了兩項協定：軍統局即日起成立特別警衛組，遴選一百五十名受過特別訓練的幹員，專負領袖外衛的警衛與人事，一切費用由軍統局負擔，然監督指揮權則歸侍衛室；其二，軍統局各省市地區負責人的化名、地址、電話和秘密聯絡方法等，密送俞侍衛長備需。從表面看來，戴局長似乎做了一件虧本生意，而實際上多年以來，軍統局和侍從室的關係，一向由特務組秘密聯繫，現在既有明確的措施，對領袖安全的護衛，就很重要了。

不過有人認為俞侍衛長可能受門戶之見，感情用事，因而編遣了多位優秀幹部，似為美中不足之事。

憑良心說，本組在未改為「警務組」以前，所有同志，都是中央軍校（二期至七期）和浙江警校（正科一、二期學生）畢業生，而且都受過特種訓練，無論出身、學識、經驗，都相當優秀。尤其都以直接護衛領袖安全，為畢生之最高榮譽，一切為國家、為領袖，鞠躬盡瘁，死而後已，絕無小我和名利之心。所以對任何拂逆與打擊，都能容忍，也就因此，大家對此次的改組與編遣，莫不以平常心待之，並無不滿與怨懟。

同樣不可諱言的，身為領袖的警衛人員，任務之艱辛，工作壓力之沉重，心情之苦悶，決非局外人士所能了解的。今奉命調動的人，我猜他們大概也不會有異議的。就領袖警衛的傳統和性質而言，侍從室是一個家族色彩極為濃厚的機構，也就因此歷任侍衛長，都認為軍統局出身的本組不是嫡系，而是外衛（非內衛），甚至比武裝的警衛部隊都還疏遠，這很可能牽涉到門戶之見，一時難於突破，所以我們對俞侍衛長的雷厲風行，也一時不敢多有臆測。

中央陸軍軍官學校高等教育班

民國三十二年七月初，「中央陸軍軍官學校」高等教育班第十期，招考學員，畢業時頒發中央軍校文憑，名額五百名，由部隊和各軍事單位報送應考深造名單。因為取得軍校身分，對日後任官與升遷之關係頗大，因此軍隊和行伍出身者，莫不以進身高等教育班為榮，不但爭取者極為踴躍，報送應考之各單位也對此事極為重視。

王侍衛長世和將軍，對我多年來的服務成績，頗為滿意，特於當年春初，備函軍校陳教育長繼承將軍保考，經審核考試順利通過後，我即於民國三十二年七月底入學，至三十三年八月初畢業。在校期間我守紀律，勤學習，總算各項成績都令長官滿意。

▶一九四三年七月，入讀中央陸軍軍官學校高等教育班第十期。

自民國二十二年二月，我離開警校大門，步入社會開始，即負起特種任務，日夜勞心勞力，生活極不正常。後於翌年三月，「閩變」事件平定後，在福建建甌奉調軍委會侍從室，擔任領袖侍衛工作。侍衛工作責任重大，作息無定時，精神壓力極大。雖然見識經驗頗多長進，而苦無靜心進修機會。現有幸進身軍校高等教育班，受正統軍事訓練一整年，當然十分用功，獲得長足進步，私心不免感到振奮與欣慰。

駐印補訓處

我從高等教育班畢業，回到重慶曾家岩組部報到。在組部門前，意外的遇到溫州小同鄉張宇衡先生。他是黃埔軍校三期畢業生，與我相識多年，曾在俞濟時將軍麾下工作，是一白面書生，頗有幾分文才。相見時大家都很高興，握手攀談，這才知道他近日官運高照，接任新一軍軍長鄭洞國將軍屬下「駐印（度）補訓處」處長。

補訓處部，駐紮成都附近陴縣的一個古老王墓內，屬下有三個團和附屬單位，分別設在陴縣、雙流、隆昌三處，現在正加緊訓練新兵，以備將訓練好的新兵空運印度，參加對日軍作戰。

他說：「我此刻正將進官邸見俞侍衛長，有所報告和請示。」接著他又意氣飛揚，開門見山的對我說：「我曉得你剛從高教班十期畢業回來，人品學識都很優良，我一向對你很欣賞，現在我需要良才襄助，不客氣的說，我想請你到『新一軍駐印補訓處』幫忙，暫時擔任總務處長一職。我知道俞侍衛長對你很器重，對我也很愛護，如果你肯屈就，等下我見到他時，會當面稟告，請他應允，真想不到你我此刻在組部相遇，說來還真是有緣分，請你務必答應，並等候好消息！」

▶中央陸軍軍官學校高等教育班第十期中央區學員合影紀念。

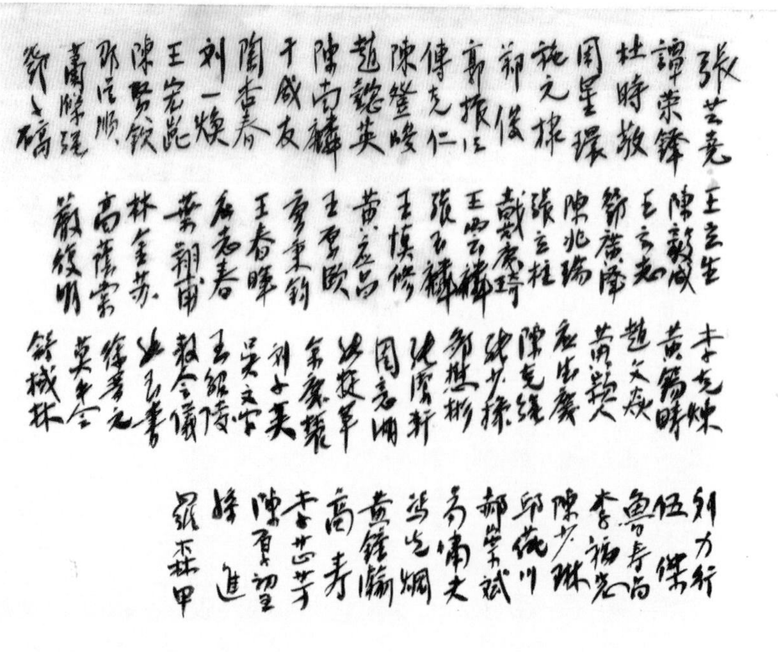

▶中央區學員名單。另，我原名「張玉麟」，因在高教班時與他人同名同姓，而改名張毓中。

我對這夢想不到、突如其來的怪事，一時茫然，無法作答，僅說了一聲「謝謝」，就匆匆和他握別，懷著怪異的心情，連走帶跑的進入組部。

久別重逢，見過正副組長和各位同仁，大家歡歡喜喜的寒暄一番，然後我回到辦公室兼寢室裡，認真的考慮到剛才發生的奇事，一時疑問重重，不知是憂是喜……。張處長是我素已相識的小同鄉，文筆流利，頗有才氣，但我們平日交往不多，了解也不深，連他何時榮任「新一軍駐印第一補訓處」處長一事，也一無所知。而他，又怎會忽然看上了我？實在費人猜疑。

晚餐過後，我就將這突如其來的怪事和百思不解之處，就教於黎、陳兩長官，他們也覺得這個邀請非常不合常理。經過大家討論後，黎組長的結論是：「依我們的推論，張處長擔

▶高教班之摯友。

任駐印補訓處長一職，一定和俞侍衛長有關。張處長為了自己的政治前途，當然要爭取和俞侍衛長有關係的人，他一定看中你是軍統局戴副局長第一批甲訓班訓練出來的學生，人際關係好，對他有利。看來他一定已經得到俞侍衛長的俯允了，所以叫你先做心理準備……看來你現在已別無選擇，如果是俞侍衛長答應的事，你祇有遵命，千萬不可表露出肯否之意見。」

黎組長雖是黃埔二期生，但也是我軍統局南京洪公祠訓練班的同期同學，我十分敬仰他，他也特別愛護我。我聽了他高明的分析和指教後，內心頗多感觸和憂慮，一面非常希望這件事不要成真，一面想到既然軍校畢業，有機會外調部隊，自然又有棄之可惜的矛盾心理。

半個月後，俞侍衛長果然來召見我說：「新一軍駐印補訓處張處長很欣賞你，曾當面要求調你去幫忙，現在又來了正式公文，我決定放你外調去幫忙，不曉得你的意思怎樣？」

我們老侍衛人員，都知道俞侍衛長的脾氣，那就是他決定的事，最好乖乖服從，而且黎組長也已指點過我，我當然就很識相的說：「謝謝侍衛長的栽培」，就決定了外調一事。

由是我懷著喜悅和擔心的矛盾心理，忙著趕製軍服，告別了妻子兒女，於民國三十三年十一月底，赴成都「補訓處駐印辦事處」報到了。

見過張處長後，他命我到辦事處休息。大約在第三天的傍晚，張處長在辦事處準備了一頓豐盛的晚餐，和我單獨進餐，一邊勸酒進菜，一面閒聊瑣事，氣氛頗稱融洽，情意也算不錯。但餐敘將罷時，張處長的神情忽然轉為凝重，帶著無奈的語氣說：「毓中兄，我這次能向俞侍衛長請求將你外調到我這裡幫忙，真是難得的榮幸，俞侍衛長一再誇獎你的人品學識和才華，要我好好對待你。現在你來成都已經三天了，現任的黃總務處長本來另有安排，但近來因為時局大好，臨時發生了人事變化，他一時走不了，我答應過你的總務處長職位，也因此有了變化，這使我有失信的難堪，非常抱歉，請你體諒。我現在也別無他策，只好暫時發表你為『駐印辦事處主任』……」

其實我既無隊職官資歷，又不喜總務工作，「辦事處主任」正合我心意，就欣然接受，馬上向處本部單位辦理有關手續，正式上任了。辦事處業務簡單，做的是接待和對外聯絡事宜。在成都，軍政各方面的負責人，出身軍校高等教育班者為數眾多，就在就學期間，各期就有聯絡感情的聯誼會，對以後公事上的協調洽辦，極為便利。例如辦事處申請電話一事，過去曾一再催辦，都無下文，現經我拜訪高班同學，請求幫忙，很快的就裝好了，這使張處長很驚異，認為我有辦法。因此我的工作，極為輕鬆愉快，我也樂得清閒，趁機多讀書寫字。

是年冬天，部隊按上級命令，要成立「點驗委員會」，到本處所屬三個團和直屬單位，實施「點驗」工作。點驗委員會由處中各單位主管組成，「主任委員」一職，一向由階級最高和資歷最深者擔任，而此次張處長卻指定由我擔任，似另有用意。

點驗工作關係處長之前途甚大，如有不實或蒙蔽，呈報上級而被查覺時，處長將首當其衝受到懲戒。因我和部隊及各單位都不相識，不會感情用事，也比較公正，而且張處長了解我態度謙和，工作認真，觀察力強，就特別指定我擔任點驗委員會主任委員，我當然認真的負起責任，盡量的做好點驗工作。

雖然十多年來，我忙於護衛領袖安全之任務，很少與外界接觸，但對兵役腐敗和黑暗的傳言，時有所聞。現在身為補訓處的點驗主任委員，不禁內心湧起了「一探究竟」的好奇心。在點驗開始之後，我就認真的去查驗，遇到不明白或有疑問的地方，就虛心的向熟悉點驗工作的委員請教，或作客觀的觀察，希望做到不被包圍蒙蔽，而能實實在在的達到上級所要求的標準。

事實上各受點驗的單位，早已憑經驗或教訓，準備妥當，大致上都符合上級所規定的標準，尤其對環境衛生的外表工作，特別賣力，如營房內外整理、清除、打掃、洗刷等方面，都下了功夫，內務方面也按照規定，清潔整齊，沒有什麼可以挑剔的地方。總之，從表面看來，除醫療措施和康樂設備很差之外，大體上實在看不出有什麼重大的缺失；另外傳說中的腐敗和黑暗，經我明查暗訪，也沒有什麼發現。

點驗工作，很順利的按預定程序完成，然後我和點驗委員返回陣縣處本部，整理資料，填寫報告，評定優劣和建議，再行文呈核，很快的完成了點驗任務。

老實說，我對部隊的點驗工作是門外漢，好在我虛心學習，沉著應對，而未出洋相。不過對兵役各事，經過這次點驗，得知良多，獲益非淺，同時深覺補充兵，大多體格瘦弱，面帶菜色，病患率很高，顯然營養不良，離「精兵」的目標相去甚遠，實為國家民族之隱憂。

再回侍從室

擔任「駐印辦事處主任」的職務，為時僅三個月，忽於民國三十四年二月初，奉俞侍衛長電報，命我即日辭職，回侍從室服務。這又是一件使人想不到、猜不透的奇事，令張處長和我都非常的驚異，但也祇有遵命了。

等我趕到曾家岩，進官邸晉見俞侍衛長後，才欣聞抗日戰爭的勝利已指日可待，世界情勢之演變，勢必很大，領袖警衛的工作，務必加強，所以調我回來，命我立即向警務組黎組長報到，即日起開始服務。對我的調回，黎組長非常高興，命我留在組部，擔任代副組長之職務。

我自進軍校高等教育班第十期，就學一整年，接著任「新一軍駐印第一補訓處駐印辦事處主任」三個多月，總共離開警衛崗位近一年半，對侍衛室內外各情，難免有些生疏。回到組部後，從黎組長、陳副組長（善周）和侍從室各同仁處得知，俞侍衛長來後的許多改變。

俞侍衛長一向治軍極嚴，人未到已先聲奪人，所以對整理侍衛室一事，可以說是輕而易舉。他到差後立即著手創訂種種規章守則，和重視福利等革新的措施，頓使風氣一變，而收「整整有條」的預期績效，使領袖極為滿意。不到三年，於民國三十四年三月，俞侍衛長接到外調命令，出任第三十六集團軍總司令，實踐當年領袖答允他「再外調較重帶兵職務」之承諾。

誰知為時僅兩個月，就在俞侍衛長派出重要幹部，到漢中進行籌立總司令部以後，忽奉領袖面諭：「抗戰已臨全面反攻之期，中樞警衛工作，將更為重要，汝仍留原職如何？」俞侍衛長達不到他素所盼望的帶兵意願，難免有些無奈和沮喪，但領袖對他的厚愛和重視，也足以使他引以為傲的了。

實際上，領袖早已在民國三十二年二月，就命俞侍衛長兼任委員長侍從室第一處副主任，後第一處主任商震將軍奉派赴美，就命他兼代第一處主任。侍從室原來祇有一、二兩處，後於抗戰時期成立第三處。當時第一處主任是商震將軍；第二處主任陳布雷先生；第三處主任陳果夫先生（處部在重慶南岸的南溫泉）。這三組分管軍、政、黨三者，乃中樞權力最大、地位最高的機構。

第一處主管軍事，歷任主任錢大鈞、張治中、賀耀組、周至柔、商震等均官拜上將，或封疆大吏，為領袖所倚重的一代風雲人物。因當時俞將軍還兼侍衛長，每當領袖巡視各地時，侍從室第一、第二兩處與機要室所派出的組長、秘書、高參、總務、譯電人員等隨扈人員，統歸侍衛長指揮。由此可見，當時領袖視俞將軍如股肱，倚畀之殷，幾無人可比。

第二十二章　勝利在望

第六次全國代表大會與第六屆一中全會

中國國民黨第六次全國代表大會，與第六屆一中全會，分別於民國三十四年五月五日，與五月二十八日，在重慶復興關中央訓練團（中訓團）召開。

黎組長命我率范子堅、林添法兩同志，於開會前兩天，以大會秘書處職員名義，進駐中訓團總裁辦公室旁邊的房間，負責領袖護衛工作。中訓團設有警衛組，負責全團安全之任務，組長張業，原是侍從室老人，屬下幹部全係軍統局同志，在警衛聯繫配合上既密切又放心。

當時國際形勢正在急轉直下，義大利已失敗投降，頑強之德國也於全國代表大會開幕後幾天（五月八日），向英美無條件投降；只有日本帝國主義，仍在作垂死的掙扎，然已敗相畢露，投降之命運，將指日可待。

大會和全會之適時召開，意義重大深遠。八年艱苦抗戰即將勝利，全國軍民，無不振奮莫名，喜悅萬分。領袖也免不了喜形於色，每日親蒞會場，主持會議，參與討論會，聽取報告，作重要的指示和訓話，不斷的邀請黨國要員，召見各級傑出幹部，研商國是，垂詢高見。雖自晨至暮，備極辛勞，但領袖始終步履輕快，精神奕奕。

在某次會議中，有數位代表，對中央黨政軍與某些地方當局之措施不當，極表憤慨不滿，尤其對新疆盛世才的倒行逆施，目無法紀，藐視中央，形同叛逆一事，痛恨不已，紛紛指責盛世才捏造事實，殘害無辜，慘殺黨政要員，人怨民怒，罪大惡極。然中央不但姑息不罪，反委以「農林部部長」之高職，實在令人不服、不甘和不解。代表諸公情緒激動，淚流滿面，使其他代表人人驚訝，以為領袖必會震怒。誰知領袖神態自若，不慍不火，讓他們淋漓盡致的說個痛快，一直到散會才離席。依我多年來侍衛的經驗，在嚴肅的會議中，出席者能在領袖面前如此大膽失態的發言，是第一次；領袖聽了，態度安詳，一無惱怒，也是第一次。

全國代表大會，至五月二十一日下午圓滿閉幕。當天晚上，領袖邀請全體代表，在中訓團大操場，舉行露天大會餐，席近百桌。五月天氣溫和，夜色朦朧，而操場上燈光耀亮，情況熱烈，場面壯觀，是一個別開生面的大會餐，也是一個令人感到興奮與榮耀、永難相忘的夜晚。

領袖於六時蒞臨，在如雷之掌聲、震耳之歡呼聲中，以炯炯目光，面帶微笑，向各位代表頷首致意，愉快就座。

晚餐是簡單的西式快餐，很快的就結束了。在結束之前，領袖起立向大家致辭：「……這次大會中，有些同志，對新疆盛世才不但不查辦，反而被委任為農林部長一事，表示憤慨不滿。其實我對他們所指的罪狀，十分清楚，但處理國家大事要有遠見，不可情感用事。任何人，祇要知道新疆政治環境之特殊，戰略地位之重要，對於國家安危之舉足輕重，就不會意氣用事了。盛世才已於民國三十一年七月七日通過第八戰區司令朱紹良，轉達中央，他不願出賣國家，而願向我政府歸順，要求保護，這是我國民政府成立以來，最重要的一件大事。如今許多同志不明真相，不問功過，一味大加撻伐，心懷不滿……」（大意如此，諒組織文獻中，必有詳細記載）

對於新疆盛世才的功過，領袖曾於三十一年十二月三十一日的「反省錄」中有以下記載：「新疆主席兼督辦盛世才於七月間，公開反正歸順中央，河西走廊馬步青軍隊，亦完全撤回青海。於是蘭州以西，直達伊犁，直徑三千公里之領土（古代亞歐主要交通路線所經過之地區）全部收復，此為國民政府成立以來最大之成功，其面積實倍於東北三省。此不僅領土收回而已，蓋新疆歸誠中央以後，我抗戰之後方完全鞏固，日本便不能再有消滅我政府之妄圖，而俄帝和中共之態度亦大為轉變，不敢復為我抗戰之害。」

由此可知領袖為黨為國、任勞任怨之苦心，這也說明為什麼在大會之後，領袖更贏得了國人的敬佩和擁戴。在這次大會餐中，領袖一改平日神態嚴肅、威嚴懾人的作風，而以愉快的心情，柔和的音調，話家常似的，娓娓說來，使人聽起來格外的親切與感動。

南鄭

民國三十四年六月底，領袖先飛西安，七月一日上午，再飛天水，下午轉飛南鄭（漢中，今陝西）巡視，我都負先遣任務。領袖飛蒞南鄭之後，即駐節戰區司令部中，召集軍事會議，和召見黨政首長，對他們有所訓示和慰勉。

南鄭為歷史上頗具盛名的古城和軍事重鎮，到今天仍留有多處名勝古蹟，人文風物，以及可歌可泣的動人故事。領袖在南鄭巡視三天，忙裡偷閒，遊覽了劉邦點將台、張良廟（廟台子）和張飛廟等處。

「點將台」在南鄭附近，群山環抱，地勢隱蔽險要，是我生平所見過縣城中最小、最可憐之縣城。原為漢朝天下初定，劉邦大封功臣為王，張良要求以留城為封地，而被封為「留侯」之歷史古蹟，也就因為張良的明哲保身，日後終能逃過被整肅殺害之命運。

當時中國旅行社，在張良廟內闢建一所「廟台子招待所」，備有相當現代化的休息室（閱覽室）、臥室、廚房、浴室等，清潔簡雅，環境幽靜，使人有沙漠綠州之感。

領袖上午十一許蒞臨「廟台子」，巡視張良廟內外一周，即進臥室休息。此次領袖邀有錢大鈞、白崇禧兩位將軍隨行。至正午，和兩位將軍共進午餐，心情輕鬆愉快，餐後午睡片刻，就逕返南鄭。

領袖駐節南鄭，連日三次出遊，均輕車簡從，事先極度保密，未驚動任何地方單位，警衛僅派少數侍衛人員，作重點布置而已，幸一切順利平安，領袖深表欣慰。

南鄭二奇

此次我隨侍服勤南鄭，遇有兩件鮮事。

其一為「廟台子」之廟祝，高價出售當地一草藥名「鹿草」，我因好奇而詢問，得知此鹿草，有一段神話故事。

據說很早很早以前，廟台子山區，盛產野鹿，一日偶然間，一樵夫發現雌鹿口啣無名野草一束，奔獻雄鹿，引為怪異。後經樵夫暗中觀察，識得此藥草，採來研究，得知鹿性淫，此藥可壯陽，由是採來銷售而獲厚利。

其二為漢水之濱，有一特別黑米，米粒較一般食米細小，色全黑，燉稀飯，氣味芳香，口味奇佳，惜產量極少，普通人無福享受。我託領袖之光，得以品嚐一碗，不亦快哉！

第二十三章　壁山銅梁查案

李團附被殺害案

民國三十四年七月中旬，領袖命俞侍衛長轉飭警務組派員調查「青年軍二〇一師李團附被殺害案」具報。

李團附係領袖警衛武裝部隊李軍需之子，任「青年軍二〇一師某團」中校團附，駐防四川銅梁，某日黃昏橫死於營房附近的梯田坎上，至翌日清晨才被農民發現，家人認為遭人謀害，曾兩度報呈領袖申冤，這次是第三次覆查。

當黎組長命我查報時說：「本案似乎有些特殊，想是俞侍衛長在幫李軍需忙，才作第三次覆查，而且還特別交由本組辦理，所以希望你慎重認真，無枉無縱的查個水落石出！」

經過深思之後，我擬定腹案，決定馬上到「青年軍二〇一師駐防重慶衛戍區」的壁山，去蒐集有關資料。壁山的青木關，設有重慶衛戍總司令部下面的「稽查處青木關檢查所」，專負治安、情報、檢查等工作，權力頗大。相信他們因工作需要，必有許多有關資料，尤其該所成員，幾全是軍統局出身，是我舊識，和我關係極為深厚，於是我決定先到青木關檢查所一訪。果如我之所料，我受到他們熱情的歡迎和協助，使我在一天半內，得到所需資料，然後我把所得資料縝密的核對和過濾後，作了仔細的分析與初步的研判。

第三天，我謝別檢查所友人，再到壁山街頭，買了幾件舊衣服，化裝成採購土產的小商人，落腳在銅梁街頭一家便宜的旅館裡，再依有關資料，開始作「二〇一師縣團」營房，和銅梁市街等地形與環境的偵察。

此團部駐紮於銅梁街正對面一公里的山坡上，地形平坦，面積廣闊，依山臨市街，氣勢雄偉，為一良好營地。營房正門前是一長約五百公尺、寬約四公尺的道路，沿山坡之斜坡，直達市街，路面堅固平坦，交通頗稱便利。營房正門左後方，有禁閉室和廁所，廁所左邊有梯田多畝，梯田半弧形的伸向市鎮。營房周圍建有矮牆，無守衛，門禁也不森嚴。我在近營房邊的田埂上來回走動，又登上梯田高處瞰視，既未被注意也未遭到干涉，使我從容的將本案現場，看得一清二楚，與資料中所得到的概念，一無差別。

根據資料，李團附為了構築工事，將剩餘材料，未報備而擅自變賣現金，充作敘餐開支，遭人檢舉後，被監禁於廁所附近的禁閉室內，等候處置。一日黃昏，他借上廁所為名，乘機溜出小門，沿梯田田埂，向銅梁街坊潛逃。

當時的看守是臨時僱用兵，既非正式士兵，又未經軍事訓練，連實彈打靶的經驗都沒有，因為當時軍方兵源缺欠，軍方可僱用一般民眾來代替衛兵。看守衛兵見李團附上廁所已久，毫無動靜，就前去查看，發覺他已逃跑，在驚惶失措之下，就急忙奔出邊門追尋。但天黑未見人影，僅聽到左前方遠處梯田上有走動聲，諒必是李團附，他就連忙大聲高喊：「李團附！你不能逃啊！你逃走會害死我的，快回來，不回來我就要開槍啦！」一面就盲目的向梯田方向開了一槍，結果既不見人影，也不見反應，以為他已逃走，祇好回去報告值星官，再轉報團長，命人分頭在街坊各處追捕多時，始終不見蹤跡。不料翌日清晨，李團附被農夫發現橫死在田埂上，李團附的父親一而再、再而三的向領袖申冤，要求查辦。

知道了這些經過，我就以一小行商面目，秘密的活動於銅梁，從事真相調查，但如何著手呢？

我馬上想到蜀人嗜飲茶，不只大小都市城鎮，到處茶館林立，茶客眾多，就連偏遠窮鄉，也處處有茶館，加上人人擅口才，好清談，一上茶館，就張三李四的大擺龍門陣，海闊天空，無所不談，一談就是大半天，而且輪番上陣，絕無冷場，茶館裡的氣氛情調還真能引人入勝呢！憑我過去工作的經驗，四川茶館裡，藏龍臥虎的人物，屢見不鮮，三教九流的幫會分子，和情治人員，也混跡其中，從事各式各樣的活動。我過去在四川，曾去過重慶、成都和好多城市鄉村，知道祇要多泡茶館，就會知道許多社會消息。於是我就利用我半吊子的四川話，有計劃的出入銅梁街坊各茶館，從事偵查工作。

我逗留銅梁四天，雖然在生活上很不習慣，但接觸到不同身分的人，獲知許多風俗民情，和動聽的故事，最重要的，是我得到了有關李案的豐碩成果。

我滿心欣慰的，取出壁山青木關所得資料，互相對證研究分析，確知二〇一師官兵素質優良，風紀頗佳，精誠團結，並無思想分歧、派系摩擦等現象，與地方各界相處也融洽和睦，從未發生過紛爭衝突等情事。而李團附本人，謙虛溫和，人緣良好，似無個人恩怨，感情糾紛，或政治因素等被人謀害的理由。事實上，李團附所犯的過錯，並不嚴重，軍方也用不著利用他逃亡的機會加以殺害。再從屍體現場，和次日黎明才被發現等狀況來分析，幾可斷定，他是在黑暗中被衛兵胡亂一槍打中、意外死亡。

為了確證我的推斷，我就持侍從室侍衛長辦公室正式公函，到壁山青年軍二〇一師部，拜訪戴之奇師長，作現場勘察。因本案發生已多日，上級派員前來調查的次數，想必不少，所以當我表明身分，說明來調查李團附一案時，他很客氣的接待我，但並不重視，等他看到公文內容，知道是領袖批諭俞侍衛長派員查辦，就馬上緊張了起來。

我很禮貌的要求他給我密切協助，他滿口答應。我特別提到我的身分比較特殊，請他嚴守祕密，以免有居心者，乘機製造謠言，擾亂人心。他就自動準備房間一間，做我的辦公室兼臥室，我求之不得，就請他調出所有有關李團附案的資料，供我查閱，並請他指定對李案了解、參與調查的官員，助我辦案。

整整兩天，我在師部查資料，到銅梁實地偵察，再找到當時值日的衛兵，問了詳細的口供，並作了現場表演；從衛兵位置到屍體地點的距離，屍體周圍情狀的勘察等，皆作了詳細的偵察與研究，都查不出團部或衛兵有任何偽造或隱瞞的地方。因此我最後的結論祇有一個：這是一樁離奇的意外事件。

就有關資料研判，李團附的逃亡，出於長官的暗示是有可能的。因為當時青年軍的團體榮譽性很高，嚴守軍紀之心甚強，或許其長官同仁，以舞弊情事，情有可原，基於同情與愛護，深恐他將成為榮譽和軍紀的犧牲品，而暗示他趁團部在附近學校開同樂晚會，看守不密，熱鬧鬆懈時潛逃。至於李團附真正逃跑的動機，倒底是畏罪潛逃，或另有個人隱情，因死無對證，也就祇能存疑了。

對本案，我從秘密偵查，到公開調查，一共費了五天功夫，自信已盡一己所能，針對所有有關資料和調查對象，抽絲剝繭，一點一點、一層一層的去深入了解，認真查證，最後斷定李團附之死，完全出於意外，絕非預謀殺害。

調查告一段落後，我就辭別了戴師長，道謝了青木關檢查所各友，快馬加鞭的趕回組部，立即寫調查報告，呈交黎、陳正副組長核閱，被他們認為「詳盡正確，徵而有信」（這是黎組長呈報俞侍衛長轉呈領袖報告中的結尾語），對我慰勉有嘉，並命我休息兩天。大約不到一個禮拜，領袖就批示：「李軍需閱」，就結束了這拖延相當時日的案件。

不料幾天後，李軍需親自到辦公室來拜訪我，我想他一定心有不服，前來責問，誰知他說他看了我的報告，認為客觀詳盡，對其子可能被謀殺的種種疑點，都因我有人證事證，仔細的澄清說明，使他心服，認為這是天命，就再沒有什麼可怨尤之處了。

斑疹傷寒

自璧山、銅梁查案，回組部覆命後沒幾天，我就感到身體極不舒服，以為是一週來生活不習慣，食宿太差和疲勞過度所致，所以毫不在意的躺在床上休息。想不到體溫不斷升高，周身不適，後經領袖隨從醫官吳麟蓀博士診治，連服藥三天，都不見好轉。吳醫生再給我服用當時美國最新發明的消炎特效藥「沙發特成」，竟也無效，高燒仍然不退。

吳醫官知道病情嚴重，立即送我進醫院就診，幸賴吳醫官的關係，排除無病床的困難，順利的進入「牛角沱陸軍總醫院」住院治療。因我是侍衛人員，吳博士是領袖的隨從醫官（後於民國三十四年十月調任軍醫署署長），所以院方特別給我優待，安排我住將官單人病房，並由主治醫師細心檢查會診，經檢驗和診斷結果，確定為「斑疹傷寒」（我曾於民國十九年夏患過副傷寒），幸危險期已過，住院三週多，就出院回家休養了。

我的長官、同仁、家人，都為我能度過劫難而高興，因為斑疹傷寒為當時鮮見的病例，既危險又無特效藥可治，我能撿回一條性命，確是非常的幸運。

斑疹傷寒的另一特徵，就是脾臟腫大。記得我在醫院的第三天，醫生用手電筒照射胸腹，仍可看出斑疹隱跡，經手按摸，脾臟仍然腫大，於是我的病例就成為斑疹傷寒臨床見習的難得機會。每日清晨診治時間，主治醫師，就分批率領實習醫官，指示斑疹的痕跡和示範按摸脾部的手法。雖然主治醫師，每次都帶點歉意的說一聲謝謝，我也無可奈何的說聲沒有關係，而心中實在不勝其煩。但想到給實習醫師們多一次臨床見習的經驗，對難纏的斑疹傷寒多一分貢獻，也就泰然無怨了。

斑疹傷寒是可怕的傳染病，大概是我在銅梁查案時，住在便宜的旅館裡傳染到的。我進醫院時，已度過傷寒的最危險期，想必是吳醫官給我服下消炎特效藥的緣故。事後黎組長告訴我，那些特效藥，是美國剛發明出來的新藥，而且還沒有正式公開使用，就由美國總統夫人送給我們蔣夫人的，說起來，我真夠幸運的了！

由於吳醫官的大力幫忙，院方良好的診治，我妻吳宛中的辛勞與細心照顧，出院不到一個月，我就康復上班了。大難不死，病癒出院，我對所有幫助過我的人，都有說不盡的感謝！

第二十四章　勝利還都

抗戰勝利

民國二十六年七月七日，日本藉口一名士兵在蘆溝橋附近失蹤，挑起蘆溝橋事變，積極侵略我國，逼得我軍民忍無可忍。領袖認為「犧牲的最後關頭」已到，毅然號召全國軍民，奮起對日全面抗戰，浴血苦鬥，堅忍不拔，絕不屈服，使日本有如陷入泥淖之中，越陷越深。

至民國三十四年五月一日，軸心國主角、德國元首希特勒自殺，德國繼義大利之後，向同盟國無條件投降。中美英三國領袖於民國三十四年七月二十六日發表波茨坦宣言，促日帝無條件投降，當時日本已是強弩之末，仍於次日內閣會議中、在軍方之霸持下，決定拒不投降。

民國三十四年八月六日和八月八日，美國分別在廣島與長崎，投下原子彈各一枚，落彈處人民死傷數十萬，建築財物蕩然無存，景況之殘酷和悲慘，為人類歷史上之所未見。原子彈毀滅性之恐怖，頓令日帝驚駭失措，可憐百姓顫慄惶恐，以為世界末日之到臨，迫使日皇不得不接受波茨坦宣言，以照會託瑞士政府，轉達中美英蘇，請求無條件投降。

中美英蘇四國於八月十五日正式宣布接受日本投降，而結束了第二次世界大戰，終止了人類之大屠殺，擺脫了恐怖之惡夢。據軍委會統計，我國歷經八年浴血抗戰，官兵陣亡一百三十餘萬，負傷一百七十餘萬，共計三百五十萬人；民眾直接和間接死傷人數約數千萬，財物損失至少六百億美元。雖然我國作了極大的犧牲，付出了最高的代價，但終於達到最後的勝利，報了我國數十年來的深仇大恨，雪洗了我民族的奇恥大辱，怎不令全國軍民和海外僑胞歡欣鼓舞、欣喜若狂呢？

領袖英明睿智，領導抗戰勝利，成為我民族之英雄，他內心之欣慰，可以想見。事實勝於雄辯，抗戰之勝利，不但證明了領袖抗日的決心，也澄清了許多人對領袖親日的種種污蔑。

復員還鄉

民國三十五年元月新初，我奉命率第一批侍衛同仁眷屬，以及中央級數單位之人員與眷屬，搭民生公司民生江輪復員南京，並負責計劃與部署南京警衛事宜。

復員為政府勝利後之首要工作之一，複雜棘手，責任繁重。從交通工具之分配、生活之照料、安全之措施，以及秩序之維持等等，都須周密計劃，認真執行。一路上，我和同船各單位相互協調，使歸心如箭的復員者，得以順利平安的重返首都或重歸故里。

航程是自重慶朝天門碼頭順長江經漢口，在漢口停泊一日一夜，即直航南京下關上岸。路上的擁擠雜亂，生活上的諸多不便，自所難免。甚至當船經過有名的三峽風景區時，為了安全的考量，不得不下令船上乘客不得亂動，使許多人無法一飽三峽風光，是為憾事。好在人人歸鄉心切，心情非常愉快，也就沒人斤斤計較這些不便之處了。

船到漢口停了一日一夜，我趁機上岸訪晤好友。當時我浙江警校正科同期同學倪永潮、童學南等多人，在漢口警察局任督察長、分局長等高職。老同學相逢，快樂無比，互道十多年來出生入死的種種經驗，時而興奮，時而噓唏。只可惜自翌晨揮別後，就音信杳然，不曾再謀面，諒他們也和許多同學一樣，早已魂歸天國，為國犧牲了，真叫人懷念不已呢！

武漢為古今軍事政治重鎮，領袖自領導革命，經常駐蹕武昌或漢口，身為侍衛人員，我也得以觀賞武漢三鎮的古蹟名勝，和瀏覽現代化的市政建設。在我記憶中的武漢三鎮，是一個市面繁榮，氣象蓬勃的城市，而此次復員，舊地重遊，武漢三鎮竟滿目瘡痍，淒涼蕭條。

民生輪原係航行長江之江輪，對重慶至南京之航線十分熟悉，一路順利無事。平安抵達下關後，各單位安排人員與眷屬分別下船離去，井然有序。侍衛室早已派人，事先到南京，安排員工和眷屬的住所。我和妻小，分配到小火瓦巷的一排平房之內，一家五口分住樓下樓上各房間，水電俱備，比起重慶的茅屋來，真有天壤之別，我和家人都覺得非常滿意。

原是領袖官邸的「中央陸軍軍校」，在抗戰期間，未遭破壞，經修繕後，就和從前一樣，因此仍定為首都官邸。我將家眷安定以後，就住進官邸特務組舊址，進行警衛事宜之布置。當時中央政府雖未明令還都，而擔任領袖的特別警衛人員，和特警憲兵已分別調到南京，從事衛護領袖之部署，我當然主動的和他們聯繫配合。當時的武裝警衛，以憲兵為主力，在南京成立憲兵分區司令部，林錫鈞任司令兼憲兵團團長。林司令於抗戰時期，曾任陪都重慶憲兵團長，在護衛領袖安全的工作上，和我們侍衛室的配合極為良好，現在又相會於首都，自倍感親切愉快。

▼一九四五年・抗戰勝利後侍從室侍衛人員授勛獎典禮。

侍從室改組

抗戰勝利後，民國三十四年十一月，「委員長侍從室」機構改組，各處業務分別歸併國民政府各局。有關警衛的部分也有了很大的變更：第一處第二組與第六組合併，改組成「三軍務局」，俞濟時和趙桂森兩將軍任正副局長（後趙隨商震主任赴美，高參毛景彪將軍繼任）；專任領袖警衛之「侍衛室」改組為「警衛室」，黎鐵漢任主任（後黎鐵漢升副侍衛長，又轉調廣州市警察局長，由石祖德將軍繼任）；「警衛旅」改為「國民政府警衛旅」，由樓秉國將軍任旅長。機構改組後，領袖仍命俞局長指揮「警衛室」，負領袖安全之責，官邸「內務科」亦仍歸俞局長負責督導。

侍從室機構之改組，在政治方面，可使外界之詆毀，如「侍從室組織龐大，權力過高，獨攬黨政軍大權」，或「有獨裁傾向，封建思想色彩，不合乎潮流」等之流言，不攻自破；又可證明抗戰勝利，打倒強敵之後，政府邁向民主政體之決心。

就領袖安全之警衛而言，「侍衛室」與「警衛組」合而為一，改組為「警衛室」，實為警衛史上之一大改革。以往之「內衛」（侍衛室）與「外衛」（警衛組）向有隔閡；「警務組」（警衛組與特務組改組合併而成）被視為局外人，屢被排擠歧視。今「警務組」黎鐵漢將軍升任「警衛室」主任，雖仍在俞局長之下，但黎主任的身分和職務卻和侍衛長相同。

在領袖的警衛系統之架構上，明確規定侍從室內部的「警衛室」為「內衛」，「特別警衛與憲警等單位」為「外衛」，俾使「內衛」與「外衛」兩者之間精誠團結，密切配合，更能發揮整體的警衛力量，這顯然是俞濟時將軍，對事不對人的胸襟。這也可以說是我「警務組」，多少年來識大體、能容忍、肯苦守、實幹苦幹的成果。

第二十五章　萬民歡騰

領袖於日本無條件投降、抗戰勝利後，曾蒞北平、南京、上海、漢中、西安、天水、貴陽、瀘州、宜賓、萬縣、瀋陽、長春等處巡視。凡民眾瞻仰到領袖丰采時，莫不情不自禁的雀躍歡騰，狂熱歡呼，令人感動萬分。

其中蒞臨北平、上海、瀋陽三市的民眾歡迎大會；視察上海市政；欣賞梅蘭芳京戲；以及視察浙江省政府時民眾的狂熱盛況，實非言語所能形容。就我們護衛領袖安全的警衛人員而言，更有興奮、喜悅、惶恐等複雜的心情，而留下永難忘懷的回憶，現就記憶所及，分別概述之。

北平巡視

民國三十四年十二月十一日，領袖由重慶飛北平巡視。此為抗戰勝利後元首第一次蒞北平，華北的震喜，北平市民的騰歡，狂熱的歡迎，實難以想像。

十二月十六日上午，領袖應北平市教育界人士的一致要求，親蒞太和殿廣場，對一萬八千名北平大專學生訓話。

侍衛長俞濟時將軍，破例的（平常都命警衛室主任出面主持）親自率警衛室主任、副主任、侍衛組（股）長、警務組組長、內衛股股長，和特別警衛組組長，邀同北平市警察局長、憲兵第十九團團長，及有關情治負責人，一起齊集太和殿，作實地勘察，然後返回行轅，主持警衛會議，提示重點與要求，再命黎鐵漢主任和各出席者繼續研商細節，擬訂警衛計劃，呈閱領袖後，才放心的飭令實施。

以當時北平的情況，太和殿的地形環境，與警衛力量來說，達成確保領袖安全一事，應無置疑。在警衛計劃中，對聽訓學生的過濾，隊伍的組成，隊形的排列，各層次領隊人的遴選（由學生、教職員、憲警擔任），假想情況的掌握等等，都有周全細密的規定。就在前一日午夜，黎主任還親至現場，會同與會者及他們的重要幹部，按照警衛計劃，預演一番，一直到大家都認為滿意了，方始罷休。

領袖準時蒞太和殿廣場，對大專學生訓話，學生隊伍整齊壯觀，人人面帶興奮喜悅之情，自始至終恭立聆訓，秩序井然。訓話一小時許畢，全體學生心情激動，高呼主席萬歲，聲震殿宇，久久不停。

領袖頻頻頷首道好，心情至為愉快。當侍衛人員隨護領袖進入太和殿時，領袖竟情不自禁的步下平台石階，走近學生隊伍，向學生握手垂詢，使學生興奮忘情，紛紛爭相與領袖握手。於是周圍學生，由近而遠，蜂擁前來接近領袖，頓使隊伍凌亂，無法按照警衛計劃實施控制，而且混亂的情況越來越嚴重，在隊伍前緣的警衛線，也被衝破，根本無法攔阻遏止逼近領袖的人潮，情勢演變得相當險惡。但領袖仍然滿面笑容，毫不在意，因而陷入人海浪潮之中，越陷越深，變得險象環生，安全堪虞了。

幸俞濟時將軍情急智生，一面舉帽向警衛人員示警，一面連忙請隨侍領袖左右的孫連仲、黃仁霖兩位身材魁武、鶴立雞群的將軍，連請帶擁的力護領袖返回平台，原在平台上擔任警衛的侍衛人員和便衣憲警，更奮不顧身的切入人海之中，開出一條小小通道，才勉強護衛領袖通過人潮，進入太和殿休息。

此時又有大夥學生，擁向西殿，希望能在領袖登車時再一瞻丰采。俞將軍基於安全著眼，稟報領袖，奉准改由東殿門，登上事先安排好的座車，安返行轅。

此次太和殿節目的警衛部署，為俞將軍親自主持，在計劃實施上，可以說萬分周密，無懈可擊。想不到領袖訓話完畢，為學生的狂烈及熱情所感動，突然走下講台，步向學生隊伍，與學生握手垂詢，造成了擁擠混亂，秩序無法控制的場面。這是我們警衛計劃中從未列入的特殊狀況，也使各層領隊人，一時之間亂了手腳。

俞將軍深自內疚，耿耿於懷，呈報領袖，自請處分。在其《八十虛度追憶》中有自請處分的敘述：

按此次太和殿突發狀況，極可能演變成後果不堪設想之局面，就事件本身論，純為青年學生擁戴領袖赤忱，發而為強烈孺慕之行為，初無任何蓄意，惟群眾熱情而激烈之舉措，如一旦失去控制，輒易肇致事端，余對此次事件，事後曾加檢討，認為執勤之憲警與侍衛人員，均已能排除困難，努力達成任務，惟因時間及空間控制，自覺未盡周全，故就整體言，余應負失職之責。基此，余曾備文呈報　領袖自請處分，奉批「閱」，益使耿耿於懷，寢食難安也。

▼一九四五年十二月，領袖巡視北平，學生爭相前去和主席握手。

此是警衛史上的大事，也是警衛人員引以為反省和警惕的教訓，可見警衛工作的難為，也由此可見俞將軍勇於負責的精神。

上海巡視

領袖暨夫人，於民國三十五年二月十一日，由重慶飛上海巡視，駐節東平路官邸，我奉命負先遣任務。提到官邸，很多人就想到領袖在全國各地必有許多官邸。其實領袖的官邸祇有漢口的租屋，和上海東平路的邸宅兩處，其餘所謂的官邸，都是公家官舍或招待所，而且都是普通房舍，並非豪華大廈。

據說上海的官邸，還是夫人陪嫁的嫁妝。官邸坐落在前法租界「賈爾業愛路」的住宅區內，是一棟二層樓的西式洋房，既不巍峨雄偉，也不富麗堂皇，與上海許多顯要富豪的公館比起來，簡直遜色太多了。邸後有一不大不小的花園，成長方形，圍以堅固高牆，牆內植有奇花異草，點綴著小型的假山、亭榭、水池、噴泉，饒有中國庭院情趣。抗戰初起時，此邸曾租給德國人斯脫奈史。斯氏於二十年代剿共期間，擔任軍委會侍從室警衛顧問，至抗戰全面展開以後，他就離開了軍委會。後來聽說他在上海經商，因他是軸心國人，日本和偽政權，都沒有找他麻煩，官邸因此未遭竊據或破壞。抗戰勝利後，經侍從室內務科人員收回，稍加修繕，就完好如初了。我在西安事變後，調任侍衛官時，曾數度在東平路官邸服勤，現景物依舊，人事已非，不禁感慨萬千。

▶上海市賈爾業愛路官邸。

時任上海市錢市長大鈞，警察局宣局長鐵吾，都曾擔任過侍從室侍衛長，都是我的老長官；警察局俞副局長叔平，是我浙江警校學長；淞滬警備總司令部稽查處處長和大部分高級幹部，都是軍統局出身的同志，和我們警務組的淵源很深。就警衛工作來說，極為有利，對我的先遣工作，幫忙尤大。

領袖蒞滬的次日（十二日）下午四時，到上海市政府視察。

領袖視察上海市政府，不是一個公開的節目，我就密告擔任外衛的警衛人員，採保密的警衛方式，布置警衛。並於下午二時率侍衛官和侍衛到市政府晉見錢市長，蒙他親切的接見和示知節目，其實錢市長很重視安全，也很清楚領袖的好惡，所以他早已在暗中做好準備，隨時恭候領袖蒞臨。

市府府址，在近黃浦江邊的黃浦路上，四周都是宏偉大樓。這些大樓幾全為政府機構和銀行、洋行，因此環境和交通都不雜亂，而且黃浦警察分局就在市府附近，在安全顧慮上，就比較放心。這次警衛措施，是在座車到達市府前，採取秘密方式，等座車到了市府之後，就馬上派武裝警察和便衣警衛人員，擔任警衛和交通管制。

我先後來過上海多次，對上海情況略知一二，自認僅膽識和見聞，就比一般人廣博一些，因此我想到祇要領袖一蒞市府，就會被市民認出，造成轟動，頓時市民一定會蝟集不散，要求瞻仰領袖丰采。所以當我見錢市長時，就特別提到這點，並提出一些應對措施的建議，例如請領袖在離開市府之前，到市府大門之陽台上接受民眾歡呼；市府後門事先關閉，秘密準備預備座車和隨從車，作必要時由後門離開的準備等等。蒙錢市長一口答應，並密令其親信辦理。

我又於下午二時半左右，去黃浦警察分局訪汪東昇分局長。汪分局長是我浙江警校學長（正科一期），兩人相見，熱情歡談，自不在話下。汪分局長上午接到領袖蒞臨市府的密令，他當即秘密調配警力，作市府內外警衛的措施。他謙虛的問我意見，我也不客氣的將狀況之研判等事項請他注意，請他千萬不要緊張，要外弛內張的派出便衣幹員，在市府周圍布置警衛，另派少數便衣在市府內和我密切配合。汪分局長工作能力強，經驗豐富，我們三言兩語的，就把事情談妥，然後分頭去作準備了。

我回到市府，率先遣侍衛官、侍衛，會同市府人員與錢市長親自指派的人，在市府內作必要的情況了解和偵查，並對市府周圍環境，作仔細的巡查勘察。先遣工作初步完成後，我馬上向官邸上級用電話報告，並決定通訊暗號。

領袖下午四時許蒞臨上海市政府，因時間控制確實，錢市長率高級人員適時的在市府大門口恭迎，我也偕同侍衛官一面警衛、一面指揮司機停車和開車門。當時就有一些好奇而敏感的市民，佇立在附近觀望，當氣派不同的三部轎車（座車和隨從車）到達時，馬上引起周圍往來市民的注意。及領袖下車，在多位侍衛人員護衛下走進市府，錢市長又親自在大門口恭迎，就有人開始認出是領袖，忍不住驚喜興奮的大聲喊叫：「是蔣主席！」一面就向市府奔擁而來，想一瞻領袖手采。

雖然領袖已進入了市府，時間上遲了一步，但民眾興奮熱烈之情，反而越來越高，大家爭擠在大門附近，不肯離開，而且消息傳播極快。不多久，市府前面所有的馬路和人行道都擠滿了人群。

此情況原在我意料之中，同時汪分局長也武裝整齊的在市府前面，親自指揮，維持秩序。我當即請他吩咐武裝員警，要以笑臉面對群眾，勿過分干涉。然後我匆忙的趕到市長辦公室門口，知道領袖正在辦公室內休息，但俞侍衛長侍立在門外，我就乘機向他報告警衛情形，和市民越聚越多的狀況，並告訴他已秘密準備好另一套預備車（座車和隨從車），在市府後門等候備用，俞局長頷首稱好。

我再趕回市府大門口，祇見市府前面的廣場，已萬頭攢動，人山人海，擠得水洩不通，座車和隨從車已陷入人牆，不能動彈。但民眾秩序井然，沒有搗亂之混亂現象，而且個個都睜大了雙眼，盯著市府大門，渴望一睹領袖手采。

領袖在市府訓話和巡視約一小時後，就由錢市長陪同，到市府大門陽台上和市民見面。領袖出現在陽台之上，精神奕奕，滿面笑容，一面揮手，一面聲音宏亮的向群眾說「大家好」，立即引起一陣騷動，爆出「蔣主席萬歲」之高呼，和轟雷般之掌聲。領袖愉快地頻頻點頭揮手，民眾之狂熱，一波又一波，歷久不停。當領袖再度揮手，說再會時，又掀起更狂熱、更長久的歡呼聲，情況之感人，真叫人永生難忘。

領袖准允了錢市長的建議，離開陽台後，就由市府後門，換乘預備車安返官邸去了。約半小時後，市府派高級官員，代表市長向市民致謝，並宣布蔣主席已離市府，請大家回去休息。起初市民還不相信，不肯散去，仍然秩序井然，痴痴的渴望再見領袖一次。最後由汪分局長勸請，讓出一條通路給座車離開，並下令撤離所有警察崗哨，人們這才半信半疑的慢慢散去。

我也好好的鬆了一口氣，滿意的完成了這次任務。

梅蘭芳演出

民國三十五年二月十二日，領袖視察上海市政府的當天晚上，蒞上海美琪大戲院，觀賞梅蘭芳的拿手好戲：《費宮人刺虎》。梅蘭芳是應我軍方主辦的「中美陸海空三軍同樂晚會」，特別演出此齣名劇，以示敬軍勞軍的心意。

美琪大戲院外型雄偉瑰麗，內部富麗堂皇，座位寬大舒適，燈光音響一流，樓上樓下可容數千人，為上海頗有名氣的戲院。被邀請者除中美雙方海陸空三軍將領與軍官之外，尚有市府高級官員，工商社會名流，星光閃閃，冠蓋雲集，珠光寶氣，中外交輝，為上海前所未有的盛會。

晚會七時半開始已座無虛席，全場秩序井然，肅靜無譁，充分顯示晚會之水準。八時許娛樂節目正式開始，演出逗笑雜耍等，至九時中場休息。領袖伉儷於九時五分左右，在無人注意時，愉快從容的蒞臨戲院。

此時廣播聲中突然響起中英雙語，報告領袖伉儷蒞臨戲院與大眾同樂的消息，燈光也同時向領袖伉儷打照過來，因此全場人士，可清楚的看到伉儷手采，人人莫不驚喜興奮，一致起立致敬，並以如雷的掌聲表示歡迎。

領袖伉儷滿面笑容，一面頻頻頷首致意，一面以手勢示意請大家坐下，等領袖伉儷坐下以後，全場才又安靜下來。跟著大燈改為小燈，揭開帷幕……先響起一陣短暫的鑼鼓聲，繼而飄出悠揚的國樂，再燈光一亮……艷麗如仙的梅蘭芳出場，馬上一陣如雷的掌聲響了起來，人人陶醉在他那神乎其技的演出之中。尤其外賓們目睹一堂堂男子，一

▶上海市賈爾業愛路官邸。

笑一顰，一舉手，一投足，比女人還女人，興起大有不可思議的驚嘆。

演出時間約一小時，不僅觀眾如醉如痴，鴉雀無聲，就連領袖伉儷也愉快的欣賞到劇終（刺虎為壓軸戲）才離場。不消說，領袖伉儷起立離開時，全場觀眾都在原座位上肅立不動，鼓掌歡送，情況極為熱情。然秩序井然，毫無凌亂現象，可見觀眾之水準，以及對領袖之尊敬。

就警衛而言，上海的環境十分複雜，安全顧慮不少，幸好領袖伉儷蒞臨美琪大戲院觀賞京劇一事，事先保密非常成功。按照常理，領袖絕不會輕易去參加同樂晚會的，就連情治憲警和軍方也祇知道中外高級將領、政府政要和社會名流，為敬軍勞軍，在美琪大戲院舉行同樂晚會，邀請名伶梅蘭芳演出拿手好戲。至於安全措施，以為只不過是一般性的秩序維持而已。

這次警衛措施，虛虛實實，有虛有實，是俞侍衛長親自秘密與有關負責人安排妥當的。我奉俞侍衛長命令，仍負先遣任務，採秘密方式，對美琪大戲院之座位、休息室、停車處等處，率侍衛等作周密的勘察檢查，然後再指派侍衛官、侍衛、警務員在暗中控制監視，我自己則不時的在各處視察。俟領袖伉儷進戲院後，我就公開我的身分，與安全警衛人員密切聯繫配合，控制所有門戶的進出，作必要時的檢查和盤問，總算安然無事，完成了這特殊的警衛任務。

上海跑馬廳

上海市民訂於二月十四日（領袖蒞滬第四天）上午十時，在跑馬廳舉行歡迎領袖大會。此一消息，被上海各大小報章，以大標題刊登出來，頓時轟動了全上海，同時警察局也公布了跑馬廳地區上午高度交通管制的消息。在市府有計劃的籌劃推動後，市民都非常興奮的於當日上午八時許，開始由跑馬廳四周各門進入會場。

上海跑馬廳原是全球聞名的跑馬場，定期舉行跑馬比賽，是國人所熟知的場地，面積廣大，可容納數十萬人，場地設備與建築結構，都是針對賽馬之所需而設計的，所以四周入口很多，不論人數多少，進出都很方便。

大會籌劃者，對跑馬廳的情形十分熟悉，就將出席人數配合現場，早早事先策劃，作有組織的分區、分門、分地點、分時間，由周圍各門進入會場集合，因此行動靈活，秩序井然。

上午九時許，人潮就擠滿了整個跑馬場，據統計，出席人數約有二十多萬，真是人山人海，場面盛大。經大會總指揮作隊形整合後，陣勢極為壯觀，據說這次歡迎大會是上海市歷史性的空前盛會。

上海為我國經濟貿易交通中心，全球四大都市之一，人口號稱一千多萬，環境極為錯綜複雜，世稱冒險樂園。就警衛而言，安全顧慮，勢所難免。好在八年抗戰勝利後，上海的政治軍事治安，完全掌握在我政府手中，尤其當時多數的大城市，均效忠領袖，視領袖為民族救星，因此安全顧慮，應當沒有問題。但俞侍衛長為了萬全起見，仍命警衛室黎鐵漢主任，結合上海的警備、憲、警、情治各單位，研擬「上海市各界歡迎領袖市民大會」警衛計劃，彼此密切協調配合，以護衛領袖安全。

我奉命擔任先遣，按慣例率警務員、侍衛官、侍衛，先到跑馬廳的大會主席台上，作務必勘察檢查的工作後，再繼續負警衛任務。我以主席台為中心，與現場各負警衛工作的制服、便衣負責人，取得聯絡，形成內衛、外衛和交通管制的警衛網。由於主席台建築堅固，高出場地數公尺，正面攀登頗不容易，而且主席台面對廣大開闊的跑馬場，可對跑馬場之全景一目了然，這對警衛自然非常有利。主席台背後，面臨馬路，有左右與中央三條大馬路暢通各處，我們祇要嚴格管制交通，阻止行人走近主席台，設置「拒馬」等障礙物，再派武裝警衛把守，就可隨時作緊急阻絕或封鎖之需。至於群眾中的安全措施，當然由歡迎大會的警衛部門安排部署，我就不必多說了。

約九時三刻，我再度巡查進主席台的路口各處，作恭迎座車的準備，忽然發現軍統局戴笠局長徘徊於「拒馬」之外不得進入，這使我十分驚訝，馬上命人移開「拒馬」，趨前致歉迎接。他面有慍色，但仍欣然進入主席台，這點使我至今仍不明白，他為什麼不帶警衛而隻身前來，當然更想不到，這竟是我最後一次與他見面。一個月後，民國三十五年三月十七日，戴局長從青島飛南京，在途中飛機失事殉職。每想到我從此再無緣受教，就不能不悲痛欲絕了！

領袖於上午十時正，蒞臨上海各界歡迎大會之主席台上，頓時數十萬市民驚喜興奮，高喊委員長好，蔣主席萬歲，歡呼聲、鼓掌聲，聲震雲霄，那種出自內心、真情流露的狂熱歡騰，實在太叫人感動了。領袖面帶笑容，頻頻頷首，連連揮手，向市民致意，領袖愉快的心情，不言而喻。領袖訓話約一小時，當領袖訓話完畢，高興的說再會的那一剎那，全體市民又興高采烈的、一陣一陣的歡呼鼓掌，熱情的表示歡送。據說上海市民為了爭看領袖丰采，踮腳擠望，擠脫的男女鞋子，落在跑馬場上，市府用了十大卡車，方才清除運光，為此次爭看領袖丰采，留下了一段佳話。

領袖於二月十五日飛返南京。

檢討這次領袖巡視上海，僅就警衛工作而言，真是萬分的緊張辛勞，幸無任何閃失，是為警衛任務上值得一提的史實佳話。

杭州巡視

領袖於民國三十五年二月二十日，由南京飛蒞杭州市巡視，駐節西湖澄廬行邸。領袖連日巡視市區、筧橋航空學校、檢閱青年軍，並分別召見軍政首長、黨務及地方仕紳代表，並於二月二十三日偕夫人巡視浙江省政府。

省府地址在離城站不遠的梅花碑，為一歷史悠久的老衙門，出路很差，僅右邊有小馬路一條可單行通筧橋街，門左有長巷一條可勉強通小車，門前有一迴車場，供停車和迴車之用，大門設有鐵欄門。

領袖此次巡視杭州省府係保密性質，故在警衛上頗為單純。我奉俞侍衛長之命，率同侍衛官、侍衛各二員，早一小時先遣到省府，作必要的警衛措施。

當領袖蒞臨省府時，省主席率各廳處長列隊在省府大門口恭迎。因此次巡視，性質保密，故無他人事先得知此一消息，也就無市民蝟集，爭看領袖丰采之情形。但領袖偕夫人在省府門口下車後，省主席和所屬官員多人，在大門口鼓掌歡迎，並大聲的向主席暨夫人問安，被經過路人和到省府洽辦公事之民眾見到，就奔相走告，趕來省府聚集迴車場。頃刻之間，就達數百人，更沒多久，相接而來的市民已增到千餘人，竟使省府前面擠滿了市民，就連座車與隨從車也陷於人陣之中。

為了保密起見，事先沒有派遣武裝警察來維持秩序，以致一時無法控制，人群爭向省府大門擁進，使秩序發生混亂。我情急之下，立刻親自拉閉鐵欄門阻止，不料人群又轉向左邊小邊門擠來，門都被擠成彎曲，因而傷我左臂。經我大聲喊叫勸導，情況才安定下來，再由省府官員幫忙勸導，告以若不自行約束，注意秩序，勢必造成混亂，發生不良後果。幸好大家馬上冷靜下來，自動排列隊形，而再無擠亂現象，使我鬆了一口氣。

領袖伉儷在省府約一小時半，非常愉快的步出省府。群眾親見領袖，頓時一陣興奮歡欣，高呼蔣主席萬歲，並拚命鼓掌，以表示歡迎的赤忱，暫無爭相推擠的情事。不料領袖微笑頷首揮手致意，卻不上車離去，反向市民人叢中走去與市民握手，這幾乎是北平太和殿故事的重演，形成市民興奮非常，爭相擠前要與領袖握手，而造成三面圍繞的推擁陣勢。雖與北平太和殿的情形有天壤之別，而我仍以安全顧慮為焦急，就急忙懇請俞侍衛長請領袖上車離開，俞侍衛長就輕聲向夫人請求，夫人立刻靠近領袖，一面親熱的叫聲「達令」，一面就強拉領袖上車。經我侍衛人員在車前開導，同時在左、右、後三面護衛，終於在市民的拍掌歡呼聲中，慢慢的離開人群，安返官邸。

領袖於二十四日下午離杭州，我奉命轉赴南京，部署領袖還都時之警衛事宜。此次領袖巡視杭州共四日，在警衛實施方面，較為輕鬆順手。因為杭州政治環境較為單純，軍民和各界擁戴領袖之赤忱，絕非任何其他省市所能及，因此對安全的顧慮就少得多了。而我在杭州受警政和特種訓練，為時兩年又半，對各方情況都相當熟悉。再說領袖在抗戰前，曾多次蒞臨杭州，對我而言，這次的警衛措施可以說是駕輕就熟了。再加上杭州市長周象賢（抗戰前他即為杭州市長），在重慶海棠溪時，就和我熟識，省會警察局陳局長純白，係警察先進，又是我溫州小同鄉，相識已久，故在聯繫配合上，得到很多的方便和協助。

凱旋南京

民國三十五年二月二十五日，我奉命由杭轉南京，到黃埔路官邸，向率領第一批同仁暨眷屬還都的指揮官柳元麟將軍報到，住進警務組原址。官邸舊貌，除樹木高大，枝葉更茂盛外，一切都看不出有什麼變動。

房屋廳舍，經修繕粉刷後煥然一新，生趣蓬勃。當時特別警衛組和憲警都已陸續還都，經聯絡後，就著手在軍校內官邸、國府路的國府，和中山門一帶，先行布置少數警衛人員，藉防奸宄乘隙活動。

國民政府於民國三十五年四月三十日頒布還都令，定五月五日凱旋南京。領袖於五月三日由渝飛蒞南京，五月五日出席首都各界舉行的還都慶祝大會，接受錦旗和頌詞，舉國騰歡，情況熱烈。有關警衛事宜，是由警衛室黎鐵漢主任主持，邀請各有關單位研商擬訂警衛計劃，既嚴密周全，又配合密切，一切都順利完滿。

巡視瀋陽

民國三十五年五月二十日上午九時許，我忽然接到俞局長濟時（兼侍衛長）電話：「委員長將巡視瀋陽，由你負責先遣，以黃仁霖的戰地服務團職員名義，搭該團專機前往瀋陽，明天上午十一時，你把先遣計劃書送到國府軍務局給我核閱……。」

先遣似乎成為我的老行檔，可以說駕輕就熟，但如此鄭重其事的，還是頭一次，我感覺到十分不平常，急忙緊張的趕寫先遣計劃書。既然是計劃書，當然要依照參謀作業的格式來擬寫，重點在先遣人員要絕對保密和謹慎，深入了解一切狀況，秘密和有關單位聯繫配合，以及入境問俗，注意當地情況等等。寫好後，我先呈黎主任過目，於翌日準時晉見俞局長。

這是我進入國府，第一次見到「軍務局」俞局長的辦公室。他的辦公室很大，四面擺滿了高大的櫃子，牆上掛著兩張大地圖，房間當中有一張大型辦公桌，桌上置有四部電話機，和很多堆著的卷宗，使我覺得軍事氣氛十分濃厚。

當我進門時，俞局長正伏在大辦公桌上批閱公事，並沒有抬頭看我，可見他很用心。我祇好站立辦公桌前，等他看完公文，才喊一聲報告，將先遣計劃書呈閱。他一聲不響的接過我的報告，立即一面批閱，一面命我口頭報告，一面左右開弓的在電話上講話。當他講電話時，我習慣性的會自然停止報告，而他卻一再的說：「繼續說下去，我聽得清楚的。」在我報告完畢後不到數分鐘，他就將計劃書還給我說：「就照我的批示和你的計劃去辦。」

又說：「領袖已有面諭，定五月二十三日飛瀋陽巡視，現在你就回去報告黎主任，命侍衛俞濱東組長派侍衛官季峻宮，內衛股王華珊股長，派侍衛兩名，由你率領，以黃仁霖先生戰地服務團員工名義，於明晨（二十二）秘密赴明故宮機場，會見戰地服務團主任，搭軍用專機先遣瀋陽。等下我會以電話會知黃仁霖，叫他明晨派員在機場照顧你們，為了保密起見，你到瀋陽以後，就照你的計劃實施安全措施，其他一切不必過問，戰地服務團主任會拜會熊主任式輝，和瀋陽市董市長文琦，直接密商……還有，我這裡有瀋陽軍統局與其他情治單位負責人的名單及電話，你自己酌情和他們聯絡。」

俞局長的細心周到，原是眾所周知的，但他一心三用的奇才，我還是第一次見到，不能不叫我佩服，難怪領袖會如此倚重他了。

我以時間迫促，就拿了名單和計劃書向俞局長行禮告退，立即奔回警衛室，將見俞局長之情形向黎主任報告，並請他立飭俞組長、王股長遵辦。

二十二日晨四時許，我率季侍衛官和兩位侍衛，到達明故宮機場，會見戰地服務團主任，原來他是我勵志社的老友，兩人相見倍感親切。當時他就將戰地服務團職員的證章，分給我們佩帶，然後我們就登機飛瀋陽了。專機是C-46型運輸機，乘客清一色為服務團成員，專機於清晨五時許滑上跑道，於晨曦中飛向遙遠的瀋陽。

當日天氣晴朗，長空無雲，航行非常平穩，在山東濟南機場加油後，就經秦皇島，越營口，一逕飛往瀋陽。從機上鳥瞰，平疇千里，鐵路公路交錯如網，阡陌溝渠縱橫散布，好一派富饒景象。

約近午時，我們安抵瀋陽北陵機場，立換戰地服務團的專用軍車，逕馳「總領事館」行邸落腳。

領袖為避免地方政府招待，多少年來，每次出巡四川、雲貴、兩廣、華北，及西北各省市時，都由勵志社黃總幹事仁霖，密派忠貞幹員，從事行邸安排布置，以及侍隨人員膳宿等事宜（領袖飲食另由內務課負責）。此次瀋陽行邸的選擇，和修繕、整理、打掃、清除等工作，亦由黃總幹事派員秘密辦妥。

我們一到瀋陽行邸後，得到戰地服務團人員的協助，就依照先遣計劃，對行邸環境作全盤的了解，對行邸內部各處作徹底的勘察，以及對領袖臥室、辦公室、會客室和餐廳，作了細密的檢查，再由季峻宮侍衛官率領侍衛看管。為了保密，只有我按俞局長給我有關情治負責人的電話，一一通話聯絡，分別約見，其餘同仁，一律不准離開行邸，或對外通電話。

此行邸原是日本總領事館，位於瀋陽市的鬧區之外，為一樸實之日式平房，內部設施現代化，環境隱蔽幽靜，安全設備良好，選為領袖行邸，堪稱相當理想。行邸佔地廣大，闢有典型的東方庭園，樹木扶疏，花卉多株，亭榭水池相映成趣，景色宜人，意境幽雅，乃一休閒安憩之好處所。

下午三時許，我聯絡到軍統局負責人，他已接到上級密電，知道我今天會到瀋陽，特別在等我電話，我擔心在電話裡說話不妥當，就邀他單獨到行邸與我秘密會面。他告訴我，領袖巡視瀋陽的事，瀋陽行營熊式輝主任和董文琦市長在今天上午就得到了密令，並於上午十時，由熊主任、董市長召集黨政軍各領導人，和情治單位高級負責人舉行秘密會議，研商歡迎領袖伉儷和安全措施等事宜，並擬訂警衛計劃。他又說，東北各領導將領、黨政和情治憲警首長，均由中央選派而來，忠誠可靠，合作無間，相處融洽，本身思想應無問題。尤其人民信仰領袖，對擁護中央的赤忱，也無可置疑，因此對領袖安全的顧慮，應不會有問題。我們密談多時，從他那裡，我知道了不少當地的有關消息，因而大大的放了心。

領袖伉儷於五月二十三日近午時，飛蒞瀋陽北陵機場，我率侍衛官、侍衛各一人，分乘戰地服務團調度好的座車和隨從車，到機場恭候。行營熊主任、瀋陽市董市長、瀋陽市各黨政首長，和地方父老等數百人，早已在機場等候，當座機落地滑到停機坪時，大家都從容的列隊恭迎。

領袖伉儷下機時，精神奕奕，毫無倦容，且笑容滿面，頻頻頷首向歡迎者致意，心情極為愉快，上車後，逕馳行邸。自北陵機場到行邸沿途兩旁，擠滿了歡迎的市民，手持國旗舞動，口喊：「蔣委員長萬歲」、「蔣主席萬歲」，歡呼之聲，聲如雷鳴，盛況非常熱烈，秩序十分良好，使座車很順利的到達行邸。同時我乘領袖在行邸休息時，就將對瀋陽的了解和警衛措施各情，分別向俞局長和黎主任報告，並建議召開警衛會議，當蒙俞局長核准，命黎主任主持。

對於此次領袖偕夫人蒞臨瀋陽當時之情況，瀋陽市董市長曾有如下之描述：

國民政府主席、領袖偕夫人於三十五年五月二十三日，亦即國軍攻克長春，進駐長春市區之日，由北平乘〇〇一「美齡號」專機飛抵瀋陽巡視，此是中華民國成立以來，國家元首首度蒞臨東北，五月原是東北地區初春佳季，二十二日那天更是春陽普照，草木崢嶸，瀋陽人民甫歸祖國懷抱，又逢國軍在吉林長春掃蕩共軍大捷之時，聞元首蒞臨視察，莫不歡欣鼓舞，爭先恐後出來歡迎。由北陵機場至行邸，沿途民眾均手持國旗，列隊歡迎，座車所經之處，歡聲雷動，「蔣委員長萬歲」、「蔣主席萬歲！」之聲，此起彼落，不絕於耳，此情此景，宛如昨日。（《傳記文學》第五十六卷二期）

領袖蒞臨行邸後，僅稍事休息，即接見軍政要員。

接著領袖偕夫人於二十四日下午三時許，由董市長陪同到瀋陽市清故宮巡視。事先我奉命率侍衛官、侍衛各二員，以一般市民身分前去參觀（清故宮當時已改為瀋陽博物院），而負先遣任務。因保密良好，又未驚動警衛單位，自領袖偕夫人進清故宮巡視至離開，除極少數管理人員知情之外，其他市民幾無人注意，故警衛部署既單純又輕鬆。

清故宮乃清皇太極所建，規模雖小於北平故宮，而形式幾乎完全一樣，只不過由大縮小而已。自順治入主中原，遷都北京，仍尊瀋陽為盛京，各帝對清故宮所有宮室，年年修葺，得以完整保存迄今，其中所收藏之《四庫全書》、《康熙字典》原稿等，無不是歷史珍寶。

二十五日上午，瀋陽市舉行「歡迎領袖暨夫人大會」，由市府主辦，大會地點為市政府大廣場。

市政府的位置，在瀋陽市中心，原為公園，日本投降前三年才修建完成。市政府為一口字形的四層大樓，雄偉堂皇，為我國各省市所鮮見之官署。市府本身所屬八局，除警察局外，其餘七局均在同一大樓辦公，一樓有可容千餘人之大禮堂。市長辦公室在二樓，樓上有一陽台面臨廣場，與市長辦公室相連，由陽台鳥瞰廣場，所有景物一目了然。廣場開闊平坦，約可容納三十餘萬人，廣場四周有青翠的樹木，悅目的花草，場外有寬闊的高級馬路，交通極為便利，而且附近無高樓大廈，環境整潔而不喧鬧，就警衛觀點而言，十分安全。

歡迎大會人數，預定三十餘萬，主辦負責人，從計劃至執行，其工作之繁重，可想而知，為安全而求保密，是絕對不可能的事。而且這又是瀋陽市歷史性的大新聞，轟動全市，振奮人心，更具有政治意義。對中共而言，一定也非常重視，甚至可能有不軌行動，身為侍衛人員，我們就不得不針對種種情況，嚴加防範了。

幸好東北的各情治領導人，都是忠誠優秀與富於鬥爭經驗者，在研商發動三十餘萬人，舉行歡迎領袖暨夫人大會時，已有審慎的考慮、周密的計劃，與實施的方案。領袖蒞瀋陽的當晚，國民政府警衛室黎主任鐵漢就召集他們，開了一次很成功的警衛會議，開誠佈公的交換了情報，討論到領袖駐節瀋陽期間，如何一致同心協力，竭力以赴，以完成確保領袖安全的神聖任務。

在會中我特別提到我們在北平、上海、杭州三市的經驗，那就是每當領袖揮手示別的一霎那，民眾都會不約而同的口出激奮狂熱的歡呼聲，身不由己的爭前移動，意欲接近領袖，瞻仰丰采，因而造成隊伍失控，秩序混動。於是我就建議參加歡迎大會的單位，應分別加強組織功能，控制成員，尤其廣場上行列的位置，更依小學（限高級班）、初中、高中、大專學生、公教人員、工商各界市民代表等次序安排，特別指定小學、初中生席地而坐，聽到大會總指揮官喊立正口令時，就一致起立，列隊立正，形成一緩衝地帶，結果這一建議被大家贊同，決定加入計劃之中，切實的去實施。

二十五日上午九時許，領袖偕夫人蒞臨市政府，由董市長恭迎上二樓市長辦公室休息。

當時三十餘萬民眾，早已密密麻麻的集合在廣場上，排列整齊，秩序井然，陣營極為壯觀。另有無數市民，並未納入正式的歡迎組織中，也自動聞風趕來參加，擠滿在廣場三面的街道上，為數約十萬多人，總計人數，可能超過四十萬人，真是萬頭攢動，一片人潮旗海，場面偉大，盛況熱烈。

歡迎大會於上午十時開始，領袖伉儷同時出現在陽台上。當時陽光普照，氣候溫和，能見度良好，全體民眾目睹領袖伉儷丰采，頓時興奮的爆發出「蔣主席萬歲！」的歡呼聲，聲震天地，霹靂啪啪的鼓掌聲，聲如雷鳴，一陣接一陣，久不停歇。又恭聆領袖訓話時，每聽到感性言辭之處，亦復如是，其如痴如狂，出自內心擁戴領袖赤誠的情景，真太令人感動了！

大會時間並不長，大會完畢後，領袖伉儷再在狂熱歡呼、鼓掌聲中離開陽台，領袖心神愉快，滿面笑容，向大會民眾不斷揮手示意之後，轉到廣場前面，上座車離去。

這時既整齊又秩序良好的民眾，忽然起了騷動，勢如潮湧的爭向座車方面而來，正如北平、上海群眾，意欲靠近領袖身旁，要仔細瞻仰領袖與夫人手采。幸好最前面學生們的緩衝區，發生緩衝作用，而未影響座車起行，使歡迎大會極為圓滿成功，也令我們護衛領袖安全的所有人員，好好的鬆了一口氣。

以後領袖遊覽北陵、東陵；巡視官兵傷患醫院；茶點招待東北地方仕紳二百餘人；召集東北文武機關科長以上人員四百餘人；及至東北大樓訓話等節目，我與有關單位，密切聯繫，周密配合，使安全措施，警衛部署，外弛內張，便衣與武裝混合布置，順利圓滿的達成各項任務。但為時一週多來，各警衛人員殫精竭慮，備覺辛勞，絕非局外人所能知者，為我至今仍感懷不已的往事之一。

再就我個人而言，自進侍從室擔任侍衛工作之後，就嚴守保密原則。如有時在公開場所，護衛領袖左右時，總盡量的避開攝影記者的鏡頭，以免暴露身分，貽害公務。其中唯一的例外，就是這次（三十五年五月二十七日上午十一時許）在瀋陽市東北大樓門前，侍立領袖身後，刻意之留影，此張照片，成為我生平最大之光榮，與永存之紀念。

領袖於二十七日下午二時許赴東陵遊覽憑弔，因東陵接近安東，地頗偏靜，自瀋陽至東陵有公路可通，汽車行程約一小時。但受戰事影響，路況並不良好，歹徒出沒活動之情事，時有所聞，安全顧慮頗多。為慎重與絕對保密起見，俞局長特別命我化裝成傘兵司機，暗藏可摺疊之卡賓槍，駕駛吉普車，隻身作沿途實地偵察，並擬具警衛計劃，採便衣化裝之警衛方式，報請核准

▶一九四六年五月二十七日，於瀋陽東北大樓門前侍立於主席身後留影。

後實施。

東陵規模普通，陵門不大，圍牆低矮，舊式平房數間，低窄陳舊，僅有一老人看管，景象淒涼。門內有古樹兩株，樹幹不高大，枝葉不茂盛，但作十五度相對傾斜，形如互拜，頗為奇特，領袖曾垂詢此樹為何名，無人可對。領袖遊覽約半小時，即循原路回行邸，原認為可能有安全顧慮之行程，都特別的順利平安，為我長期侍衛生涯中，另一值得回憶的往事。

長春之行

五月三十日上午八時許，我奉命偕季峻宮侍衛官，搭空軍王副司令叔銘將軍親自駕駛之B-25轟炸戰鬥兩用機，飛長春市負先遣任務。

當時長春市被國軍光復後僅一週，中共大軍仍活躍於長春近郊四周，情況頗為緊張，從機場至市內，時遭共軍騷擾威脅。為安全計，經請示決定，領袖僅在機場與長春市父老仕紳十多人會面。

我當時就在機場停機坪與領袖之臨時接待室，會同軍中憲兵數名作警衛布置，十多位父老仕紳，大都鬚髮蒼蒼，年事已高，約九時半許，在軍方保護之下，到機場恭候領袖蒞臨。

十時許領袖飛抵機場，下機時父老仕紳偕軍方將領均趨前迎接。當領袖滿面笑容，一一與父老仕紳握手寒暄時，人人喜形於色，熱淚盈眶，手顫抖，聲哽咽，其興奮、欣悅、酸楚、激動、期望之複雜心情，實難以形容，其感人的情景，亦將永刻我心，終身不能忘懷。領袖與他們一一見面後，即邀進接待室相敘歡談，至十一許時，登原機離長春，逕飛北平巡視。

暴風雨

自領袖登機離去後，我也改乘C-46隨從機飛北平。當時天氣晴朗，鳥瞰長春至錦州一帶，錦繡河山，清晰壯麗。當飛機接近山海關上空時，我為鳥瞰天下第一關之雄姿，特進駕駛室，以一覽山海關全貌為快。

不料飛機掠過錦州上空不久，即將飛越山海關時，忽然烏雲四合，陰霾密布，氣象驟變……機外雲層籠罩，茫茫一片，什麼都看不見，有如盲目飛行，我急忙回返機艙，此時飛機驟降驟升，劇烈顛簸，搖擺不停，機身外電光閃裂，雷聲嘶鳴，雨水如倒……有如天神之震怒……我見空軍武官夏功權兄頻頻進出駕駛艙，臉色沉重，同機祕書曹聖芬兄等，皆面帶愁容，一言不發，看來我們劫數難逃了。

在驚恐之中，不知過了多久，我們忽然聽到駕駛員大聲呼叫：「好了！好了！我已經隱隱約約的看到下面的山頭了！」大家聽了，不禁同聲歡呼，喜不自勝。飛機衝出了雷電交加的暴風圈，居然未被雷電擊中而機毀人亡，也未在茫茫雲層中撞上高山而粉身碎骨，真是命不該絕，可謂命大福大了。

我們脫險飛抵北平，卻未見領袖座機安抵，不得不叫人驚訝。我們隨從機到達北平後約一小時，才看到領袖座機安抵。我們問了駕駛員，才知道他們接到山海關氣象突變、氣候極為惡劣的無線電報告，就繞道秦皇島，避開了暴風雨圈，也因此多飛了一個多小時。而我們隨從機因電訊不靈，盲目的飛進了烏雲密布、雷電交加的暴風雨圈中去，所歷經的驚駭恐怖，至今想起來，仍心有餘悸。

北平懷仁堂看平劇

領袖蒞臨北平後，於六月一日晚，在北平懷仁堂，邀請「美國海陸空軍各高級將領暨眷屬及部分軍官」，欣賞平劇。演出劇目有《打瓜園》、《樊江關》、《慶頂珠》、《龍鳳吉祥》四齣國劇。演出者有荀慧生（四大名旦之一）、張君秋（四大名旦之一）、李多奎、金少山、譚富英等二十五人，都是當時名滿菊壇的第一流名角，此為歷史性的空前盛事，不免轟動一時。

懷仁堂本身是藝術性極高的精美建築，是過去為王室演出京劇之場所，環境頗為單純，內外警衛部署亦較簡單。

一過戲台，幕後的情況，比起一般禮堂或演講台來，就複雜多了。因演出者人數眾多，成分良莠不齊，再加上幕後的衣箱道具、化裝台等，十分零亂，在鑼鼓喧天中，大批人馬，臺前臺後，不斷地進進出出，雜亂不堪，在安全上就大有顧慮了。俞局長命我特別注意舞臺安全，於是我親自在後台指揮，除了事先作安全檢查之外，對演出時的一切動靜均予以監視，此為我生平第一次，目睹京戲名角演出時幕後的形形色色，真叫人大開眼界。

第二十六章　廬山警察署署長

突如其來

我於民國三十五年六月三日由北平返南京。六日下午三時許，在「中央陸軍軍校」官邸，遇到了江西省主席王陵基。當我和他握手寒暄時，他突然邀我翌日上午十時，到南京成賢路「江西省政府辦事處」一談，並要我邀田蘭庭同志一起前去。

我起先不明其意，楞了一會，然後忽然想起，俞濟時局長以前曾經推薦我出任「廬山警察署署長」、田同志任「九江縣警察局局長」，後不知何故，久無下文。此次突然被邀，說不定與此事有關（田蘭庭兄係我浙江警校乙訓班同學）。

次晨我邀田兄準時拜見了王主席，見面時，他開門見山的對我說：「張同志！我很知道你，非常歡迎你到江西省來，我明晨要乘專機飛南昌，就請你隨我到江西，接任廬山警察署署長，現在就請回去準備罷！至於田同志，就請你暫時留在南京，等我的安排！」

這又是一樁突然而來、叫人驚訝不已的奇事，我當即回答：「我身為侍衛人員，身不由己，歉難從命，容稟告俞局長後再核奪吧。」就表示歉意的告別了。我臨走時，特別留意了一下王主席的神情，見他並無慍色，只是無可奈何的說了聲：「那就祇好這樣了！」然後送我們出大門，互道再會，我也就回官邸去了。

自日本無條件投降後，侍衛人員的警衛工作增加了許多，我的臨時任務，更是忽而南京、北平，忽而上海、杭州，忽而瀋陽、長春，責任既重，變動又多，實在有點疲於奔命。對調任新職一事，祇知道俞局長於國府還都前，已準備領袖上廬山避暑有關事宜，曾命警衛室黎主任，就警務組警務員中，遴選一員出任廬山警察署署長，報請領袖核示。

據我所知，當時警務員十多人，以我浙江警校正科二期、中央軍校高教班十期、杭州特訓班第一期甲班、南京洪公祠特訓班第二期結業之資歷，以及服務年資成績等，似為最合適人選。但因我曾外調新一軍補訓第一處服務，與外調服務條例不符，黎主任不得不另報他人，結果連報四員，都因種種原因而未獲批准，最後只好破例，仍報請我出任，並呈報領袖核准而定案，至於個中詳情，我就不大清楚了。

我一回官邸，立即晉見俞局長，面稟王主席邀我相見之詳情，想不到他面有慍色，神情冷漠的說：「事情都已經過去了，不必再提了。」然後他拿出王主席的回電給我看：「……蒙推薦張毓中同志任廬山警察署署長，極為歡迎，惟查現任署長鍾國楨，畢業於浙江警官學校正科四期，亦軍統局同志，去留乞示……」（電文大意如此）。

這回電分明有擋駕之意，當時俞濟時將軍位高權重，收到這樣的回電，內心之不愉快，可想而知，因此將此電報置之一邊，不與理會。但是現在王主席，又怎麼會改變初衷呢？會不會王主席見到我時，忽然想到那一通久無下文的電報，就以實際行動來作答覆？想不到這樣一來，不但增加了俞局長之不快，也使我大感不安！

六月十五日，俞局長命我偕侍衛官周星環先遣廬山，負警衛部署與監督行邸修繕、環境整潔等任務，不料當我乘江輪抵九江下榻廬山招待所時，即被廬山管理局吳仕漢局長發覺，派員前來接待。翌晨我上牯嶺投宿胡金芳飯店時，又蒙吳局長親自來訪，堅邀午餐，吳局長態度誠懇，談吐高雅，我頗心儀之。吳局長在午餐時透露王主席與他本人，竭誠的歡迎我出長警署，要我不要謙辭。事實上我也很樂意接受此一磨練的機會，但想不到好事多磨，我只好實話實說：「真的很抱歉！事情已經過去了，歉難遵命，就請勿再提了。」

雖然我的答案，使吳局長失望而去，但可以猜想得到，他一定會回去向王主席報告請示。果然到了傍晚，王主席親自打電話給我，以命令的口氣說：「吳局長告訴我，你已經到了牯嶺，那太好了，我明天就召開臨時省府委員會會議，通過你接任廬山警察署署長，並會派專差送達派令公文，你就即日到差吧！」

我在受寵若驚與歉難受命的雙重心情下，祇好直爽的說：「我這次上廬山，是為了蔣主席的安全措施，與監督行邸的修繕，絕不是來接警察署工作的，請主席體諒……。」

奇怪的是，王主席既不光火，也不回答，就將電話掛斷了。我以為他會再考慮，或再命吳局長來勸導，誰知第二天下午，他的派令就由專差送達，飭吳局長面交。事實上，我如果沒有得到俞濟時局長的允可，對他的派令，大可以置之不理，但這樣一來，會造成非常尷尬的局面與後果，也會使吳局長夾在當中，十分為難。所以吳局長和我兩人商議，決定由我接通南京俞濟時局長的專線電話，再請吳局長提出懇求。

由於吳局長的機智，好口才，先以崇拜俞局長一生貢獻黨國的勳功偉業，表示萬分敬意等的恭維話開始，轉到廬山光復不久，環境特殊，百廢待舉，治安為當務之急，亟需俞將軍麾下幹員張毓中先生負廬山警察署之重任，接著又以誠懇的態度，要求只借調半年為條件，終於說服了俞局長。

廬山警察署署（所）長

我於翌日（七月七日）上午九時，匆忙地接長廬山警察署，這是我畢業於浙江警校十多年之後，第一次穿上警官制服與佩帶，正式的負起警察任務。

廬山係直屬江西省政府的行政特區，設有廬山管理局，置局長一人，下設建、財、教、地政、總務等科室，行政組織與其他省縣市大同小異，但人員既少，業務又單純，形態與性質，自然就與他處大不相同了。

警察局也不稱局而稱「署」（後因廬山警察「署」和內政部警察總「署」混淆不清，而被改名為廬山警察「所」，仍直屬江西省政府），設署長一人，下設督察長及行政、司法、保安、外事、總務、戶口、秘書等科室，各科室設主管一人，科員、辦事員十多人。警察署

▶任廬山警察署署長週年紀念。

在山麓「蓮花洞」設分駐所，有所長一人。在山上有「月弓塹」、「含鄱口」、「土壩嶺」、「大林路」四個派出分駐所，各置主管一人，共有員警一百二十餘人。

警察署主要負責廬山的治安和景觀的維護，平日工作較為簡單，但一到炎暑，由於領袖駐節牯嶺，廬山就象徵性的成為我國夏都，也是政治和訓練的中心，一時冠蓋如雲，將帥雲集，星光熠熠。再加上形形色色的中外仕紳淑女，上廬山來遊歷避暑，盛況非比尋常，因此在治安的維護，轎伕挑伕的管制和調度等工作上，警署的任務極為繁重，也絕非警署原有的警力所能承擔勝任的。

幸中央為衛護領袖安全，設有「特別警衛」，由保密局❶便衣警衛人員，和憲兵司令部武裝（含便衣）憲兵，以及原「軍統」、「中統」（國民黨中央黨部調查統計局簡稱）情報人員，取公開或秘密方式，受「警衛室」指揮，與我警察署密切配合，從事確保領袖安全的任務。何況我本人就是以「警衛室」成員身分兼警署署長，因此在協調運用上，得到極大的助益。

在我到任的當天，就召集第一次署務會報，聽取各單位簡報，然後到警署內外巡視一番。我見所舍破舊，設備簡陋，又目睹員警制服色樣不一，鞋襪破損不全，立即拿出帶來的出差費，暫時墊付現款，到街上商店，購買各員警所需鞋襪換穿，才稍改觀瞻，使員警們驚喜不已。

---

❶ 民國三十五年五月三十一日，國民政府明令：「裁撤軍事委員會及所屬各部會……改於行政院設立國防部……。」六月一日，軍委會即行裁撤，國防部成立，於是原本隸屬軍委會之調查統計局（簡稱「軍統局」）就被改為國防部保密局，只是名稱和隸屬改變，一切組織業務等完全照舊。

雙胞案

除了廬山管理局，中央與省府在廬山設有辦事處，與簡易之郵政、電訊、銀行、旅行社等機構，而且全部集中在管理局附近。我就按一般習俗，於下午三時許拜會一圈，僅費半小時就全部拜會完畢，再照一般機關交接傳統，於下午六時在署內舉行歡迎和歡送新舊署長之聚餐會，席設五桌，賓主五十餘人，觥籌交錯，熱鬧非凡。

正當大家酒酣耳熱、興高采烈之際，王主席忽來電話，我以為他關心我有沒有接事，不料他命我馬上準備接九江縣警察局局長之職，我在驚訝之餘，就很不客氣的問主席：「這倒底怎麼回事？」

王主席在電話裡無奈的說：「你是知道的，我非常希望你在廬山幫忙，但剛才接到經國先生電報，要調你去接九江警察局長，經國先生強調九江比廬山重要，希望我快點辦理……你就早點準備吧！」

這是怎麼回事？我愈來愈迷惘不解了。

就我個人而言，今蒙經國先生獎掖，指定調我接任長江重鎮、商業繁榮的九江警察局長，當然是我的榮幸，也是求之不得的喜事，但是想到政府的立場，朝令夕改，總覺得心裡不安。

好在我清楚領袖近日就要蒞臨牯嶺，我就報告王主席說：「我一定遵命，但最好等到蔣主席上山之後，再作定奪比較妥當。」

王主席是個性開朗的軍人，他很讚賞我的意見，就決定把新的人事命令，暫時延緩幾天。

我到差雖僅一日，但能體會到警署同仁對我的印象不錯，期望也似乎很高，為了避免影響大家的心情，我就若無其事的回到酒會之中，歡樂如常，對主席電話的內容，隻字不提。

散席後，為了友情和道義，我就悄悄的告訴了剛卸任的署長鍾國楨兄，然後兩人相偕去謁見吳局長。吳局長已接到王主席電話，大家都感到驚訝與無奈，但他們仍希望我能設法挽回。實際上我有我的苦衷，祇好答應他們等經國先生到達牯嶺後，再見機行事。

七月十二日下午，王主席蒞牯嶺，吳局長率我與鍾國楨兄驅其寓所晉見。一番寒暄後，就談到我調九江的本題。原則上王主席、吳局長都真心的希望我在廬山幫忙，尤其是吳局長，他有政治眼光，一開始就爭取我擔任廬山警署署長，現在更積極要求王主席向經國先生反應，同時鍾國楨兄得知他又要接回原職，內心極為焦急不快，強烈的懇求主席設法收回成命。

王主席就問我的意見，希望我能客觀的提供良策，我明白他們的誠意，也了解他們的無奈，就大膽的請王主席先請俞局長幫忙，祇要俞局長答應了，事情也許會有轉機。

計留廬山

領袖伉儷是三十五年七月十四日午後蒞臨牯嶺的，我將警衛布置妥善後，就在小天池口恭迎領袖，並乘機跟在俞局長轎後，向俞局長報告王主席留我在廬山服務的誠意，並懇請指示。

俞局長一改一向嚴肅的態度，以溫和的語氣對我說：「你還是親自向經國先生請示吧！他

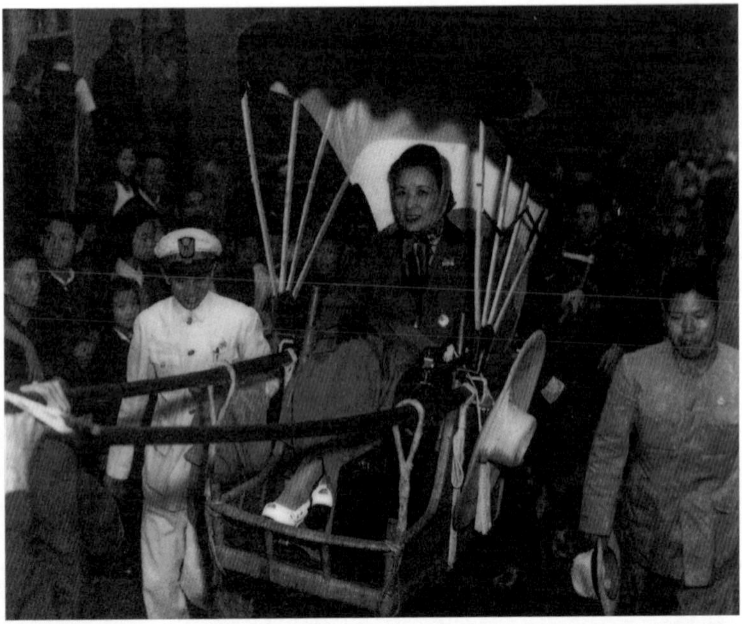
▶任廬山警察署署長期間，護送蔣夫人下廬山。

是走路上山的，就在後面，你就在這裡（小天池口）接他好了。」

這幾句話聽起來極為平常，但我立即體會得出，他話中另有含意。顯然現在已事實證明，調我任九江警察局局長一事，是經國先生的意思，同時也證明俞局長已知道要我接廬山警察署一事，確是王主席與吳局長的要求，而絕不是我個人的私下活動。

大約過了一刻多鐘，經國先生捷步登陡坡而上，雖汗流浹背，但大氣不喘，上了小天池口，神情奕奕，毫無倦容，可見他肯吃苦，健康情況極好。

我當即趨前行禮問候，他也對我問好道謝，接著，我們邊走邊談。我首先報告先生偕夫人已安抵行邸，一切安好，然後感激他提攜我擔任九江警局局長，最後再提到王主席希望我在廬山幫忙的事，請他核奪。

他說：「廬山環境比較單純，我知道你已將警衛有關措施部署妥當，現在我們的人員，也都上了山，安全顧慮，應不成問題。但九江為一水陸碼頭，情形就大不相同了，而且九江環境向來複雜，飛機場又在九江對面的第二套口（第二年九江飛機場竣工），各方要員往來都要經過九江，地位非常重要，安全方面的顧慮也多得多，你還是去九江比較好。」

說到這裡，我除了說「是」、「是」以外，還能再說什麼呢？

我回到管理局去見王主席和吳局長，他們剛從行邸恭迎領袖伉儷與經國先生回來，我就把俞局長和經國先生對我的指示向他們作了報告。我認為此事已成定局，祇有歉意的道聲有辱使命了。但國楨兄不甘願，也不死心，一再要求王主席、吳局長和我動動腦筋。

本來此事已成定局，為公為私，我都可以置之不理，但想到自己個性淡名利，不喜官場應酬，又非常喜愛廬山迷人的風景、單純的生活，尤其對王主席和吳局長的重視與關愛，盛情難卻……我竟一時三心兩意，猶豫不決起來。

經過仔細的考慮後，我決定接受他們的盛情，就說：「從我被俞局長推薦任廬山警察署署長，至經國先生電請王主席調我為九江警察局局長止，經過情形，確實有些錯綜曲折，而事實上都是為了領袖的安全。我個人除了唯命是從之外，完全沒有挑精揀肥的意思，依我多年經驗的判斷，祇要主席和局長乘領袖蒞臨牯嶺時，親自拜訪經國先生和俞局長，並當面邀請他們在主席公館接風洗塵，推想他們一定不會拒絕，如是就可趁機提到我的問題，目前的難題也就會迎刃而解了……。」

王主席、吳局長兩位聽到我的建議和研判，就會心的一笑，決定一試。

依我的看法，王主席是從四川數十年混亂政局中奮鬥出來的老將，人生閱歷頗深；吳局長的學識、經驗、機智與口才，堪稱一流，對周旋應對，更是能手。我可以大膽的說，他們不但會達成目的，而且還會給經國先生和俞局長留下極好的印象。

大概晚上九時，王主席很興奮的告訴我：「謝謝你，由於你的建議，不但留你在廬山服務的問題已經順利解決，而且我們暢談歡敘，融洽愉快，只是有些委屈了你，感到歉意……。」

就這樣，廬山警察署和九江警察局的人事問題終告定案，也因此，我定了心，將住在南京的妻室和子女接到牯嶺來安居了。

同時由於這兩次的任免，都有省政府的正式發表任免令，因此使我多了一個未到差的「九江警察局局長」頭銜，成為官場間的趣談。

尤其因為我的出任「廬山警察署」與「九江警察局」，分別是由國府俞局長，和經國先生推薦給王陵基主席的，因此特別引起江西省政府各方面的矚目，不得不對我另眼相看，使我在二年又五個月的署（所）長任內，得到許多方便，克服了很多難題，圓滿的達成了各項任務，成功的護衛了領袖安全，深蒙上級嘉許，也就因此，擔任廬山警察署署（所）長，是我生平最感榮幸的事了！

第二十七章　廬山真面目

歷史上的廬山

廬山之名，在太史公《史記・河渠書》就有記載：「太史公曰，余南登廬山，觀禹疏九江。」後來相傳周定王時代，有名叫匡俗的名士，結廬隱居廬山，因羽化成仙，祇留下空廬，被稱為匡廬，而名此山為廬山。

廬山位於江西九江縣東南，星子縣西北，分屬九江、星子兩縣，延綿二百五十餘公里，山勢「俊偉詭特」，山峰最高者達海拔一千四百七十四米。

由於長江鄱陽湖，水運便利，故東晉陶淵明、謝靈運，唐朝李白、杜甫、白居易，宋范仲淹、歐陽修、蘇東坡、朱熹，元朝趙子昂，以至明清劉基、方孝儒、徐霞客等聖賢大儒、詩詞名家、奇士遊俠、高僧老道等，都曾到過廬山，或徜徉於山水之間，或設帳講學，或結廬隱居，或參禪修道，遺留下許多極有歷史價值的文物遺跡，風流軼事，鴻文名句，感懷吟詠，永世不衰。其中尤以蘇東坡的「不識廬山真面目，祇緣身在此山中」之句，家喻戶曉，最為有名。

廬山有維護良好的古廟大寺，及御碑亭等遺跡，李白就曾有：「余行天下，所遊覽山水甚富，俊偉詭特鮮有能過者，真天下壯觀也」之句。

至清末，有英籍傳教士李德立（E. S. Little），由沙河上山，經天池至黃龍寺，因過「長衝」（即以後的牯嶺區），見其地勢平坦，流水縈迴，極宜避暑之用，乃以不當手段，造屋修

▶廬山全家樂。

路。後雖為地方紳耆查知，控告阻止，而時值中日甲午戰爭之後，清廷不願開罪友邦，飭令地方官廳和平了結，終使李德立租到「長衝」，以年租十二千文，九十九年為期，於光緒二十一年十一月立約。以後修路築屋，成為避暑勝地，繼為各國教士所知，紛紛前來，向李德立分購租地，並組織業主會，公舉董事十二人，成立董事會，處理有關土地財產事宜，有計劃的開闢長衝地區。

長衝避暑地

長衝的地形，坐落在兩座山谷之中，山不高，谷也不大，但谷勢開闊平坦，中有小溪一條，沿山谷自東而西，由高而下，水不深流不急，清澈見底。洋人開闢避暑地時，就在小溪兩岸，築碎砂土大道兩條，取名為「河東路」，和「河西路」，日後又在河東山坡，開建平行的「中路」和「上中路」。

河東路、中路和上中路，合稱「河東區」，全長兩公里，有房屋四百多棟。河東區是牯嶺之精華所在，領袖的官邸，就在河東路八號。公共建設有教堂、學校（英美學校）、醫院、療養院等多所，均頗具規模，醫師和醫療設備也都優良完善，非一般城市所能及，另有游泳池二處，和網球場十多個。

河西路在河東路對面，位於山坡之窪地，景色遠遜於河東區，設施也多有不及，又受山勢所阻，從右彎上小坡到醫生窪、轉河南路之區域內，僅有房屋百餘棟，過了河南路，松林茂密，

▶一家人於廬山含鄱口。

是廬山有名的松濤勝景。

在廬山置產的人，幾乎人人富有，所建宅第，都是依地形精心設計而成，所以在牯嶺租借地上之五百多棟房屋，不僅風格色調個個不同，連家具、室內裝潢、擺設布置，也都特別定製，可稱為牯嶺之特色之一。

人傑地靈

領袖一向特別喜愛廬山，每於戎馬倥傯之際，總喜抽暇作廬山遊，在山水之間，沉思籌謀國家大事。每屆夏秋季節，領袖更駐節牯嶺，使牯嶺成為夏都。

自民國二十二年起，領袖先後在廬山五老峰山麓的海會寺創辦軍官訓練團，與別動總隊訓練班，又在牯嶺建造圖書館和傳習學舍，舉行夏令營等活動，培育無數優秀革命幹部，影響國家前途極為深遠。民國二十六年七月七日蘆溝橋事變爆發，領袖更在牯嶺圖書館大禮堂，召集全國俊彥志士，開「國事會議」，發表「廬山談話會」宣言，決定全面抗戰到底。日後抗戰勝利，我國成為世界四強之一，廬山也因此在我近代史上佔有重要的政治地位。

廬山管理局

民國十五年，江西省設立廬山管理局，負責管理廬山風景名勝事宜，原屬九江縣政府，至民國十九年改隸江西省政府。

因廬山分屬九江、星子兩縣，界線轄區混淆難清，自隸屬江西省政府以後，由省政府派員，會同兩縣勘定其轄區範圍❶，各轄區內之地方行政及自治事宜，仍由九江、星子兩縣分別主管，而由廬山管理局協助之。

民國十七年十月全國統一，我國國際地位提高，全國各處租界大都先後收回，廬山牯嶺租借地❷管理權也全部收回，洋人個人所有之房產財權，聽其保留，或讓國人承購，因此廬山管理局可全權建設廬山。自此以後，廬山之建設大有進步，為中央所重視，曾有建設廬山為國家公園的構想，後因抗戰和戡亂而中止。

---

❶ 東南以王家坡、九疊屏、五老峰、黃丹崖、太乙村、大漢陽峰、矖谷石、公水溝為界；西北以碧雲庵、雪裡坡、石門澗、東林林區、太平宮、鐵佛寺、蓮花洞為界。

❷ 廬山牯嶺租借地包括：長衝、草地坡、猴子嶺、大林寺衝、醫生窪與凸窪等地。

上廬山之路

廬山山勢高峻，上山不易，當時上廬山之路只有兩條。

第一條是由蓮花洞上山。民國初年開築九蓮公路，從九江到蓮花洞，長十三公里，行車時約需半小時。然後再由蓮花洞徒步或乘轎上山，途長約七公里半，費時兩小時。

九江是重要的交通樞紐，交通極為便捷：水運有長江大碼頭；陸路有鐵路公路；航空有民航客機。蓮花洞又有組織健全的工會，隨時可提供便轎與苦力（即挑夫）上山，十分方便，故當時上山者絕大多數都走這條路線，是上廬山的第一條大道。

▶母親上廬山與三子女合影。

第二條則由星子縣海會寺或棲賢寺，經太乙村、上含鄱口、轉到牯嶺區的大路。這是海會寺軍官訓練團，及太乙村村民到牯嶺的捷徑，但轎夫、挑夫等雇用不易，一般遊客就很少由此路上牯嶺。

由第一條大道上山的人，一到蓮花洞，出了檢查哨，就沿溪谷山澗，循山路磴石，拾級而上，越登越高，令人氣喘腿軟，似攀登天梯，永無止盡。但沿途林木清翠，野花遍山，景色幽美，登山不久，就會感到陣陣涼風吹來，暑氣漸消，心怡神爽不已（如冬日上山，則另有白雪皚皚、樹木冰凍、玉樹瓊枝的奇麗景致）。

及登「月弓塹」，坡路奇陡，仰望峭壁巉岩，雄偉險要，這是第一條大道中最難爬登的一段，也即被人稱為「好漢坡」之所在。月弓塹建有一座堅固的碉樓，廬山警察署就在此設置派出所，日夜派警員警戒檢查，防守甚為嚴密。

經碉樓，登月弓塹後，就踏進了平坦的「小天池」，舉目望去，前面迎面而來的，是一條平坦開闊、棕黃色的細砂石路，長約一公里，一直延到半山腰，此時放步前進，就到了名揚四海的牯嶺避暑地「牯嶺街」了。

牯嶺市區

「牯嶺街」成T字形。直街長約三十公尺，橫街長約一百多公尺，都鋪有平整的石板路，入山

▶宋子文廬山別墅，曾借宿其中。

者，沿直街到橫街左轉彎不到二十多尺，再下一小坡，就踏進從前所謂的「牯嶺租借地」，人稱「租界」的特區了。

國人就在這地區的街坊上，興建了一層至三層的純中國式房屋數十餘間，經營旅館，開設商店，出售高級百貨食品、飲食雜貨等。

另外還有一條「下街」，為一斜坡很大的山谷，國人沿山谷左右建造了簡陋的房屋近百間，經營菜市和一般民眾遊客的生活必需品，也開有中下級旅館客棧多間，供應一般大眾日常生活之所需，這是一般謀生者和大批苦力活動棲息之所。中有胡金芳大飯店，歷史悠久，房間多間，設備良好，收費公道，服務管理均優，為中外遊山避暑者所喜愛。胡金芳大飯店的名氣很大，幾乎和有名的河東路九十四號「仙岩大飯店」相提並論。

另有牯嶺規模最大的吳姓商店，在夏季可買到連上海大百貨公司都買不到的一些珍貴物品，這些世界各地避暑客所帶來的奇珍異品，就成為廬山的另一特色。

自抗戰勝利租借地收復以後，在廬山管理局吳仕漢局長的領導下，不但原有的風景名勝古蹟和道路都被修整得面目一新，另外又新開闢了許多道路，可通達廬山所有的旅遊景點。

領袖伉儷，有心要保持廬山的原始風貌，不主張開闢現代化馬路，因此廬山沒有汽車的噪音和空氣的污染。也因此，遊廬山唯一的交通工具只有乘轎和步行兩種，行李運輸和貨物運送全賴人力（苦力），所以廬山在夏秋之季，需要的人力數量十分龐大，約需五千人以上，這又是廬山的另一特色。

自東漢明帝後，佛教盛行，在廬山和廬山山麓一帶，建有廟宇三百多座，歷經兵燹敗壞，現今尚存者，僅有牯嶺區的大林寺、黃龍寺和兩座小尼庵，與山麓的東林寺、西林寺、海會寺、秀峰寺、歸宗寺、萬彬寺等六座寺廟而已，香客和遊客人數之比例極為懸殊，真可謂香火冷落，今非昔比了！

佛光

我個人在廬山警署服務兩年五個月，曾在大林路住過一段時間，住家附近就是有名的「天橋」。據傳說，朱元璋被陳友諒打敗，窮追到「天橋」，躍馬而過，「天橋」忽然中斷，朱元璋得以脫險，迄今天橋半截，仍突出於峭壁深澗之間。此地平時人樵絕跡，為我警署選作投擲手榴彈的演習場地，我平時公餘無事，也常徘徊於巨石之上，或俯瞰深不見底之山澗。

某日下午三時許，天氣晴朗，薄霧飄逸，我佇立天橋，向絕壁深澗俯視，忽然發現我的身影被籠罩在一片「佛光」之中，使我驚訝不止。這使我想到民國二十四年七月，隨護領袖遊峨眉山金頂時，所遇到的佛光，幾乎和現在的景象完全一樣，這才知道所謂佛光，只不過是一種自然現象罷了。

人間天堂

由於廬山奇景「俊偉詭特」，物質文明建設現代化，交通方便，夏季涼爽，環境整潔，治

▶我妻宛中任職江西省銀行與同事合影。

安良好，人際關係和諧，無國籍種族之歧視，上、中、下各階層互不排斥衝突，人人自由自在，和和樂樂的過著神仙般的生活。

因此中外人士，從世界各地，紛紛慕名而來。每屆盛暑，爭上廬山的人數，有萬餘人次，按國籍，有百餘國，依膚色，包括全球各色人種，因此男女老幼奇裝異服，爭奇鬥艷，形形色色，到處可見。其中一部分年輕貌美、身材動人的「洋妞」，穿著比基尼衣褲，招搖過市，使大膽者首昂目瞪，保守者垂首閉目。

俞侍衛長濟時將軍，就曾以外國婦女穿著過於暴露，可能會引起國人反感，命我研究取締。歐美諸國，思想開放，如貿然加以取締，依法應無問題，而牯嶺為洋化多年的避暑勝地，於情似須考慮。我奉命之後，研究再三，以我國人民思想尚保守為由，以文書勸導「洋人」，希望他們外出時，穿著勿過暴露，結果成效良好，「洋人」都能接受我們禮貌性的勸告，這也說明「洋人」有入境問俗、尊重他國習俗的美德。

第二十八章　山雨欲來

馬歇爾八上廬山

因為美國朝野的天真，和蘇聯史達林的詭計，自第二次世界大戰，美國毅然參戰，至日本無條件投降，美英兩國，一再被共產集團的宣傳矇騙而不知，受史達林的愚弄落其陷阱而不覺；更由於美國情報不實，警覺心不高，判斷錯誤等等因素，處處謀阻我軍事行動，造成中共氣燄高漲；再加上美國羅斯福總統駐華軍事代表史迪威將軍的傲慢與偏見，導致美國對華政策錯誤，使局勢日趨惡化。

美國總統杜魯門於民國三十四年十二月二十日，派名將馬歇爾將軍為駐華特使，促進國共團結協商，因此馬歇爾將軍八上廬山，晉見蔣主席。

不料馬特使受到史迪威將軍之影響，袒護中共，再被周恩來之笑容所迷惑，竟大施壓力，逼我政府一再遷就，要我政府接受中共所提的「聯合政府」等無理主張，以致和談失敗，使我軍事行動受到牽制，士氣大為低落，戰事隨之失利。共軍乘機大肆滲透分化，逼得領袖為國為民下野，由李宗仁副總統代理總統，終使國家土崩瓦解，神州變色，日後人民慘遭清算鬥爭，成為我國近代史上最大的浩劫，最慘痛的悲劇。

嚴格的追究，我認為神州之變色，馬歇爾和美國國務卿要負極大的責任。當馬歇爾八上牯嶺時，正是我任廬山警察所所長期間，雖然我們警衛人員對馬歇爾極為不滿，但為大體著想，也為了防範中共的嫁禍於人，我們對馬歇爾的安全護衛反而特別重視。

馬歇爾身材修長，其妻亦身材高挑，領袖伉儷對他們特別禮遇，特遣私人軟轎到小天池口迎接。因小天池之路平坦寬廣，他們夫妻兩人，將兩轎並肩平排，緩緩而行，意氣飛揚，目中無人。馬歇爾其臉如馬，冷漠也一如馬臉，從未見他有所表情，更不消說有笑容了。據我們所知，在其左右隨從的華籍人員，幾全是共黨或左傾分子，叫人看了百感交集，長嘆無奈！

▶蔣夫人與馬歇爾將軍夫婦。

主席王陵基

我記得在南京，偕同事田蘭庭兄第一次晉見王主席陵基時，他僅垂詢我們數語後，就先對我說：「張同志，我『很知道』你」，我當時就有些奇怪？他怎麼會「很知道」我呢？

後來我到南昌見到省會警察局詹藜青局長（他是軍校三期生，江西人，是我第一次踏上工作崗位時的長官，我擔任他的副組長）、江西水上警察總隊長雷飛鴻兄（江西人，是我浙警正科二期同期同學）、江西省訓團教育長胡靖安（軍委會侍從室間接的老長官）、南昌市市長唐新、警保處處長柯建安，都談起王主席和戴笠先生的關係非常深厚，對軍統局出身的高級幹部，都很信任，王主席也曾經向他們打聽過我的底細，我這才明白，他所謂「很知道你」這句話的意義。

因為我的出任廬山警察所長，使他和俞侍衛長之間發生了一些誤會，然後又突然有經國先生推薦我接任九江警察局長之密電，這幾樁事情，使他對我有了「莫測高深」的感覺。以後吳局長希望我留在廬山，鍾國楨所長去意堅決，讓他左右為難，要我從中幫忙獻策，我坦然答應，終於達成目的，這種種因緣際會，都使他對我另眼相看。

在領袖駐節牯嶺期中，王主席和我酬酢多次，見我處理公務，周旋於中央政要，及領袖左右高級人員之間，應對進退都很得體，因而留下良好印象。我也體會到，他處處對我的重視和禮遇，使我精神愉快，工作的表現就格外的出色了。

春宴殊榮

民國三十七年元月二日，我禮貌性的赴南昌向王主席暨各位長官拜年，當日王主席就以正式請帖，邀我於次日（三號）正午十二時，在省府大禮堂歡宴。

我當時以為只是官場上的春宴而已，就毫不在意的準時前去，不料在大門口被衛兵擋駕：「王主席沒有請客。」

我出示請帖，他們仍然遲疑不信：「上面沒有交代呢！」

正在這個時候，省府交際科張德明科長匆匆跑來，對我致歉的說：「很抱歉，我來遲了一點，沒有在大門口迎接你，王主席正在大禮堂等你，請你進去！」衛兵看到張科長親自跑過來迎接和表示歉意，他當然也就客氣的說聲對不起，就放我進去了，這種種跡象，都使我覺得這頓飯似乎不是一個普通的應酬。

當我跨進大禮堂大門，看到王主席和宋秘書長，暨各廳處主管都已在禮堂閒談，我連忙趨前向王主席和各位長官一一行禮致敬，接著王主席就用粗獷的聲音說：「我知道你會守時的，所以我也準時開始入座。」

席僅一桌，客人除我之外，祇有省府一級主管約十位，當王主席說入座後，我當然很識相，主動的站在末座。

誰知事情出人意料之外，王主席看著我說：「張所長，你的位置在首座，不在這裡！」這使我不相信自己的耳朵，受寵若驚的說：「主席！你在開我的玩笑嗎？有這麼多長官在座，我怎敢當首座呢？」

說實話，廬山警察所長，位低職小，依情依理，在各位長官前面，我都不可能坐首席，雖然王主席一再催促，我仍立正不動，後來還是王主席輕鬆風趣的笑著說：「今天按職位階級，你確是最低，以我國官場傳統作風，也未曾聽說過，堂堂一省主席，會設宴省府大禮堂，邀請一級主管作陪，歡宴屬下編制官階僅薦任的警察所長的。但我一向重風格，論事功，而不拘小節，我清楚你所負的任務，關係到國家命脈。自你接任廬山警署後，不僅完成治安任務，而且你處理地方糾紛，敏捷果斷，情理法兼顧，毋枉毋縱，深得民眾信服，部屬敬仰，表現極為優異，使我十分滿意。尤其你不計名利，不恣驕傲人，更令我欽佩，這是我今天請你午宴，並推你坐首席的原因，這也是我個人對你的推崇和公務上的慰勞。你大可不必客氣，我是不喜歡嚕嗦的人，我就乾脆命令你在指定的位置上坐下吧！」

不消說，我祇有「服從命令」，向王主席道謝，並向各位長官作拱致意了。席上的各位長官，我都曾在牯嶺與他們杯盤交錯，歡聚多次，因此彼此之間一無拘束。加上王主席性格豪爽，善飲健談，帶動大家開懷暢飲，熱情歡笑，氣氛極為輕鬆愉快，這是我一生中，少有的官場歡樂宴會。

知遇之恩

每逢暑期，領袖駐節牯嶺期間，中央元老、黨國軍政要員，大都隨同領袖上牯嶺辦公，加上封疆大吏、耆宿名流，臨時上山者，為數不少。江西省主席和廬山管理局長，盡地主之誼的酬酢，十分頻繁。我因是廬山治安首長，王主席、吳局長總邀我作陪客，祇要有飯局，我必敬陪末座。

應酬頻繁，確實相當苦惱，但有緣能見到有風範之長者，和飽學博聞之名流，則是人生一大快事。我曾有幸和戴季陶老先生同席多次，他喜愛啤酒，佛珠不離手，我每次敬酒，總先替他斟滿啤酒一大杯，然後起立，敬他一杯，他從不拒絕，一面舉杯大喝一口，一面念聲阿彌陀佛，然後邊喝邊念，很快的就乾完一杯，他的仙骨神韻，灑脫忘我，令人難以忘懷。

▼一九四八年四月五日，九江各界歡送江西省主席王陵基。

另外江西政要熊式輝、魏大銘諸先生常避壽牯嶺，僅邀約少數至親好友參加壽宴；還有曾赫赫有名之鄂省主席夏斗寅先生，在抗戰勝利後即隱居牯嶺，私宅中有名廚相隨，我多次叨光，盡嚐名廚名菜，都是叫人難忘之廬山舊事。

民國三十七年秋，王主席在牯嶺，宴請廬山管理局吳局長暨各科室主管和我，表示慰勞之意。主席豪放善飲，喜熱鬧，擅交際，善辭令，酒量宏，大家也興致甚高，盛況熱烈。席將終時，王主席突然起立致辭：「大家在廬山的表現非常良好，我今天特別邀請各位痛飲，歡敘一番，表示慰勞你們的辛苦，和酬謝你們的貢獻。現在我要宣布我對廬山人事安排的新計劃，我打算報升吳局長為九江區行政專員，升張所長接廬山管理局局長……。」

我在驚訝錯愕之下，和同仁鼓掌道賀後，馬上起立向王主席說：「報告主席，我是軍人，此事恐有不宜，謝謝主席，務請多多考慮！」

不料他接著脫口而說：「我也是軍人，我能當主席，你為什麼就不能當局長？」

顯然王主席已有些酒意，心裡一高興，就毫不考慮的先宣布了人事計劃，其實我確是「身不由己」，知道事情絕不可能會如此簡單，就姑且聽之，沒有放在心上，甚至事後也沒向俞侍衛長報告。不過王主席對我的關愛，是我終身感謝不盡的，只是沒有想到，這件事後來卻給我帶來了困擾。

沒多久，王主席內定調任四川省主席，據說還是俞侍衛長幫的忙。三十七年四月三日，國府正式任命王陵基調任四川省主席，胡家鳳為江西省主席。胡家鳳係政學系健將、熊式輝先生麾下幕僚長，在熊式輝任江西省政府主席時，他就擔任省府秘書長，胡主席從政經驗豐富，道德品性文章，都令人敬佩。

我想王主席的榮調是受到時局多變的影響而提早的，因此他對廬山人事的新安排，當然也就胎死腹中了。王主席倒是個很有心的人，當我們在九江機場歡送他飛南京之前，他特別將我拉開人群，對我說：「張所長，我對你祇有道謝和抱歉，我曾考慮要你到四川省會警察局，但四川政情較特殊，你是浙江人，恐有不宜，假使有興趣的話，縣長倒可由你任選一個……。」我當時深受感動，除道謝之外，還是老話一句：「我是身不由已的，聽其自然吧！」

不測風雲

之前王主席曾數度對吳局長和我說：「蔣夫人曾透過勵志社黃仁霖先生，推薦王作民先生擔任管理局長，因江西各界對他有意見，我就向黃總幹事說明，轉請夫人諒解，而將此事擱置了下來。」王主席一走，我就判斷王作民一定會捲土重來，爭取廬山管理局局長的職位，如果真如此，我當然會竭誠的協助他。不久省府果然發表王作民為廬山管理局長，吳局長沒有調任行政專員，卻升任江西省銀行總經理。

王作民，江西人，勵志社黃總幹事的老幹部，是我工作上的老朋友。自民國二十三年由南昌起，數十年來歷經南京、重慶、成都、峨眉、廣州、桂林、貴陽、昆明、西安、漢中、北平、瀋陽等處，我都曾和勵志社高級人員在不同任務上相互配合，關係極為密切，故彼此都很熟悉。

我是侍衛人員，一切都以護衛領袖安全為唯一任務，故身不由己，唯命是從，我的工作也絕不允許我任意的自行選擇，所以，作民兄擔任局長，我真的替他高興。

大概他到差兩三個月後，國府警衛室主任石祖德將軍（他接黎鐵漢將軍的位子）在牯嶺對我說：「毓中，你和王作民是老朋友，為什麼相處不好？」

石主任，軍校一期生，是侍從室老人，可以說是我的老同事，也是我多年的老長官，在王世和將軍任侍衛長時代，他就很愛護我，知道我的為人和工作表現。實際上，民國二十四年當他任少將特務團團長，護衛領袖時，勵志社在其團部設有勵志分社，分社的主任，就是王作民，所以王作民也是石主任的老部下，我相信他對王的了解，一定比我多得多。

聽了石主任的話，我深感意外，就請他告訴我實情。石主任是忠厚、無心機的軍人，就說：「王作民昨天在俞局長和我面前，說你不會英文、吃空缺等的不是。」

我當時聽了，確實有點不高興，說我不懂英文，廬山既非租界，又非殖民地，我政府官吏，有何依據必會說英文不可。至於他所提的其他不是，我雖不善言辭，但言行一致，不油滑敷衍，他對我個人的批評，我會有雅量不予理睬。但說我吃空缺多名，有違事實，我不得不說出實情，請他轉報俞局長。

我就先將王作民活動廬山管理局局長，和王主席有調我任該局局長之意一節，向石主任報告，然後再告訴他吃空缺一事，實在是因為事關機密，有不能張揚的苦衷。這是因為廬山情況特殊，是中央情治單位十分注意的地方，保密局毛人鳳局長，對護衛領袖安全的工作，係承戴故局

▼一九四八年四月二十四日，廬山管理局同仁歡送局長吳仕漢。

長遺志，自是特別重視。除設「特別警衛組」，半公開的受侍從室「警衛組」指揮之外，保密局另設站方或臨時人員，取絕對秘密方式和警務組密切聯繫配合。

毛局長於民國三十六年初，成立廬山站，曾考慮派我為站長，我當時顧慮到怕俞局長誤解，就向毛局長婉轉說明，而推薦廬山警察所督察長劉裕謙代兼站長，由我從旁支援。經核准後，為便於工作掩護和開展起見，我權宜以警察所額外人員名義，從事工作，為數約二十多名，其名雖列在警察所，而薪給待遇，實密由廬山站發給，所以我實際上，是在貼缺而非吃缺。再說廬山警察所直屬江西省政府，經費人事都是獨立的，和廬山管理局並無關係。

石主任聽了我的報告，明白了其中的委曲與複雜，答應立即報告俞局長，要王作民向我解釋和道歉。

最後當我告退時，我向石主任說：「報告主任，對他的批評我不會計較，不過我二十多名的貼缺，得要他補發銀餉，以後也要他每月支付薪津，看他怎麼說？」

第二天中午，王作民邀我午餐，我知道石主任已報告過俞局長，也和他談過話，我就假裝若無其事的去應宴。

他一見到我，特別親切殷懃的接待我，並開門見山，鄭重其事的對我說：「我們是多年的老朋友，我對你一向敬重，我絕不會說不當的閒話，我今天請你吃飯，就是誠心誠意的向你解釋，請千萬別相信別人的話，如果我講話有對不起老朋友的地方，我感到十分抱歉，務請多多諒解！」

我心知肚明，就付之一笑，儘量保持君子風度，滿不在意的吃完這頓並不怎麼愉快的午餐。

時局惡化

領袖偕夫人於民國三十七年八月九日蒞臨牯嶺，至十八日就下山飛返南京了，為時僅九天，是過去夏季領袖駐節牯嶺鮮有的現象。

接著在南京上海各大報上，時有領袖巡視北平、天津、瀋陽、上海、承德等各地的新聞，我就體會到局勢的演變，愈來愈惡劣了。以後徐州大會戰失敗，負責指揮大會戰的徐州總司令劉峙將軍，攜妻小上廬山定居（劉是江西人）。在數度宴會中相遇閒談，才清楚時局危殆，赤焰可能會很快的延燒到南昌和九江來了，使人日夜憂心，不得不作應變的措施了。

首先要嚴防滲透與破壞，我就在蓮花洞加強組訓工作，在牯嶺成立廬山自衛大隊。江西曾是被共黨騷擾得最厲害的地方之一，當地人民記憶猶新，警惕心強，故發動反共防共的工作，易得地方人民合作。由於我和省府各廳處關係良好，洽領必需的槍支彈藥、手榴彈，及電訊設備，都很順利，僅僅兩個月，就將百餘人的自衛大隊編成，開始訓練和完成初步的防範應變工作，被地方上認為奇事。❶

❶ 在我擔任所長期間，廬山治安良好，從未發生過風吹草動事件。聽說在我走後不久，就有土共在山麓騷擾，並於某日黎明，偷襲含鄱口派出所，傷一警員，劫走所有槍彈。

匆匆離別

民國三十七年十二月二十九日，我忽然接到俞局長急電：「准調上海警察局服務。」在當時兵荒馬亂，領袖被逼下野前夕，中樞震盪不安，俞局長竟未忘記我這遠在廬山的芝麻小官，實在出人意料之外。在驚喜感激之餘，我就秘密和劉督察長、李科長伯任研商離職有關事宜，我們的結論是先保密，立赴省府向胡主席請示，再定行止為妥。

於是我於民國三十八年元旦，偕劉督察長下山轉南昌，宿一夜，於二日清晨赴省府候謁主席。

上午八時許，胡主席命在辦公室相見，我和劉督察長向主席拜年行禮後，就報告接到俞局長急電一事。他態度和藹，一面命我們就座，一面帶著笑容說：「我也接到俞局長急電，要調你到上海警察局服務，我正想打電話給你，現在你來了，那太好了！你這幾年在廬山服務，實在太辛苦了，但你表現良好，大家對你十分敬佩，以你的才華和忠勤，應該到上海這等大都市去服務，才可大展你的長才……。」

我當時面謝主席的愛護和勉勵，並冒昧的請求說：「……時局演變莫測，為了爭取時間，我想後日就搭浙贛鐵路，赴南京請示俞局長，再轉上海警察局報到，所以帶劉督察長來晉見主席，請准許由他代理警察所職務，以免有礙公務，好在廬山環境單純，我已有防範應變的準備。劉督察長是我警校後期（四期）的正科同學，學養均優，忠誠負責，由他代理，我想廬山治安，一定不會有問題，敬請主席恩准……。」

胡主席讀書人的氣質十分濃厚，他從政多年，閱歷深，經驗豐富，就毫不遲疑的答應說：「好，好，就這樣辦吧！」

我看到他辦公桌上有文房四寶和現成的信箋，就打鐵趁熱，請求借用，在他辦公桌旁，立即寫辭呈，面請核批，他笑一笑說：「可以，你馬上寫，寫好我就批。」

就這樣，不到二十分鐘，我把離職理由，和由劉督察長代理的簽呈，呈上胡主席批准，就輕鬆愉快地離開了主席辦公室，帶著劉代所長向各廳處拜年。在介紹、拜託照顧後，我就於當日下午搭乘浙贛鐵路趕赴南京了，也就因此，我不得不和廬山的父老與同僚不告而別了。

我自三十五年七月七日，一波三折的接長廬山警察所長，至三十八年元月二日匆匆的離開警所職務，為時兩年有半。我在廬山，主要的任務，是護衛領袖的安全，其次是維持廬山治安，和襄助全山管理。在廬山，我曾榮幸的兩度蒙領袖、一度承蔣夫人召見慰勉，並承省府各長官和地方各界的關愛支持，以及警所同仁的合作協助，使我肯定自己，而深感滿足。

可惜時局動亂，變數難料，臨時奉命調滬，依戀之情，悵憾之深，實難以釋懷！尤其廬山人間仙境般的生活，曾令我有終老於斯的念頭，現在又要奔向驚濤駭浪，恐將難重回舊夢了，說起來，怎能不叫人百感交集，慨嘆萬千啊？

第二十九章　上海盧家灣分局長

侍奉老母遊滬

民國三十七年十一月中旬，國軍徐蚌大會戰失敗，局勢急轉直下，國家前途極為悲觀，我就準備護送老母還鄉回溫州。

我讀警校時，父親因病棄世，母親就一直住在溫州鄉下，由大哥奉養。我接長廬山警察署後不久，母親在大哥學善、小弟毓華、姪女張麗雲的護侍陪同下，到廬山小住，使我這遠離膝下二十多年的不孝子，終能略盡孝心，歡享天倫之樂。可惜好景不長，我突然接到俞濟時局長「立調上海」急電，因時局極不穩定，我決定立即由贛赴滬，於是我在兩天半內將移交辦妥，並請劉裕謙督察長安排家母離山返鄉。

民國三十八年元月三日清晨，我獨自搭乘浙贛鐵路火車，逕奔春申。和我感情特別深厚的警官學校同學蔣志向兄，當時已調任上海市警察局消防處課長，攜妻帶女住在嵩山路警察消防隊宿舍內，他曾多次邀我赴滬一敘，我就毫不客氣的作了他的座上客。

一到上海，我就和廬山家中通了電話，得知一切安好，大哥學善、小弟毓華已回溫州，老母於五日晨，攜姪女張麗雲搭民生公司江輪直航上海，可於七日中午安抵。我對上海是再熟悉不過的了，遠在民國十九年，就讀杭州浙江警校時，我就多次路過上海，後來進侍從室工作，更為春申常客；加上上海市警察局中，我警校同學極多，因工作關係，我一直和他們有聯繫。

高橋分局長葉文昭兄，浙江青田人，是我警校同學，能講溫州方言，此時帶眷住在靜安寺路，當他得知家母到滬，就很誠意的派車親赴碼頭迎接招待。在同學友好之中，我和葉文昭感情最好，關係最深，我卻之不恭，求之不得，就接受葉兄招待，讓老母在十里洋場的上海，過了一生最開心的一週，這是我最感激和永難忘懷的一件事。

上海到溫州，每週有國營招商局輪船公司的定期輪船，以及對開一航次的客貨輪，還有不定期的商船，交通極為方便舒適。母親逗留在上海的一週之內，我奉侍老母遊覽觀光和看越劇，略補我一生在外，不能盡孝之遺憾於萬一。只是萬萬想不到，滬濱一別，竟人天永隔了。

俞叔平學長

記得是三十八年元月五日上午，我在上海警察局會見了俞叔平局長，在禮貌的問候致意之後，我就將俞濟時局長急電呈閱。當時他親切自然的緊握著我的手說：「真高興看到你，更歡迎你來本局服務，不過我要向你道歉，我沒有將善鐘路分局長的懸缺等著你，希望你能諒解，現在你來了，那就太好了，我正需要你幫忙，現在請暫時休息幾天吧！……」

俞叔平局長，浙江警校第一期，畢業後考取留奧學習警政，是校長朱家驊最心愛的學生。當我進警校二期就讀時，他正留校專修德文，和我們二期同學相處幾近一年之久。日後他獲經濟學博士學位，返國後在中央政府服務，更為朱家驊老師所賞識。我進軍委會侍從室工作後，和他素有往來，並相當投緣。

抗戰勝利以後，原侍從室主任錢大鈞為上海市市長，老侍衛長宣鐵吾將軍為上海市警察局局長，叔平學長被邀任上海市警察局副局長，旋升任局長。在他升任局長後，曾數度電函俞濟時局長，調我接善鐘路（霞飛路底）分局長一職未果。

想不到在這時局動蕩、風雨飄搖時刻，他對我熱情依然，我在感激之餘，連忙接口說：「真不敢當！怎麼好怪你呢，這完全是俞（濟時）局長不同意的關係，現在還不是來追隨你了嗎？」

當時中央名將湯恩伯將軍的軍團，駐防京滬杭和衢州一帶，正在調兵遣將，構築軍事，作保衛大上海會戰的部署，市警局配合保衛戰，內外都非常緊張繁忙。而俞局長真是有心人，不出兩週，就以督察長一職，徵我同意，為我婉拒，繼又內定我接長「南市邑廟」分局長，又為轉業軍官群所知悉，認為不公平，而多有議論，當我得知內情後，就婉請俞局長作罷。

遇到毛森兄

然天下之事，多有出人意料之外者……

大約是二月十九日黃昏，我遇見了「京滬警備總司令部」第二處處長毛森兄，他是我警校正科和杭州、南京兩特訓班的三度同期同學，彼此相見甚歡。閒談之間，他問及我近況，我就將離開廬山調上海市警察局工作，正在待命之情說了一番，他聽後很高興的說：「那太好了，我已內定接上海警察局，請你幫忙，擔任總務處處長……。」

這又是出乎我意料之外的事，我當然很高興，也不保留的說：「謝謝你！我非常樂意效勞，但總務非我所長，也不相宜，我實在不敢接受，還有叔平兄已命我接水上分局，如何是好？」

「那好！你的職位，我暫時不安排，至於水上分局，我已請李連福兄出任，你可婉拒……」

二月二十六日下午，俞叔平局長親自來電話召見，我推斷上海市警察局長交接的公文已到，他要對我實踐諾言，要趕在調職命令發表前安置我的工作。相見後果然如此，他命我即日接長水上分局，該分局向為大家爭取的對象，可見他對我信守諾言，我內心真是萬分的感激。

▶上海市警察局長毛森。

但有了毛森兄的吩咐，我不便直說，祇好以搪塞之辭，再度婉拒，使他悵悵，也令我抱歉不已。

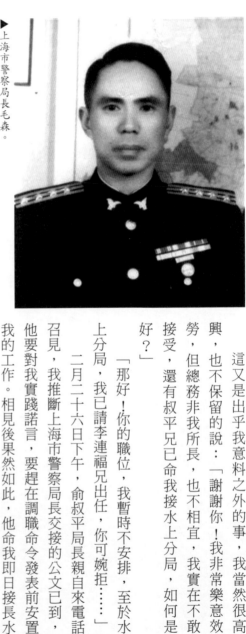

盧家灣分局長

毛森兄於民國三十八年三月二日接掌上海市警察局，當即發表我為「盧家灣分局長」，於

▶出任上海市警察局盧家灣分局長。

三月九日上午就職。

該分局原是上海法租界的巡捕房。自中英鴉片戰爭之後，清廷於道光二十二年（一八四二）七月十四日和英帝國主義簽訂不平等條約，內有五口通商，上海即為五口之一，因而產生了所謂的「上海租界」。這些不平等條約使英國在上海具有特殊的地位和特權，日後演變成為領事裁判權，再變為治外法權，使租界成為「國家內之外國」，喪權辱國，是世界史上少有的奇恥大辱。接著美法兩國也先後在上海成立租界。一八五四年，英美租界合併為公共租界，並容他國加入，但因法國不願合併，保持獨立，因而稱「法租界」，其治安機構則稱「巡捕房」。

至抗戰勝利，我政府收回租界，設上海特別市，及上海市警察局，改法租界巡捕房為「盧家灣分局」。分局的辦公廳舍，都是法國式的高樓大廈，設施完備，為國內一般警察單位所未有。

轄區內電訊密布，控制靈活，能確實而迅速的掌握狀況，對任何緊急或突發事件，都能得心應手，令暴徒或罪犯無以隱藏或脫逃。在上海被日軍佔領、法租界成為孤島期間，我愛國志士，受其威脅和吃過苦痛者，為數不少。

可惜我到差時，高大建築已形陳舊，精良設備僅留痕跡，往日的手采已漸退色，但和盧山警察署相比，仍有天壤之別。我為了解分局情況，除巡視之外，當然也不免俗的來個一一約談。因分局官警不到一百人，我在辦公室閱讀人事資料，很快的就告一段落，從資料中我得知分局員警水準高，富有國家民族意識，大都服務年資長，經驗豐富，工作認真，安於現狀。

我還發現刑警、外事、交通員警中，自法租界巡捕房起，至我接任分局長止，仍在分局服務者尚有數人，尤其一位外事巡官，年逾半百，能通法、英、日三國語言，自稱於民國前二年進分局服務，計歲月，竟在我出生之前一年。看他精神飽滿，身體健康，舉止文雅，談吐坦誠自若，使我不勝驚訝，問其所願和感想。起初他笑而不答，繼而平淡的說：「我以現職為滿足，既不求聞達，也不計去留，但願溫飽平安就好。」後得知他有妻妾各一，子女多人，家中產，生活安定和樂，安分守己，工作表現佳，真是一個飽經世故，歷盡滄桑，看透悲歡離合的樂天知命者。

我接掌盧家灣分局兩週後，時局更為惡化，吾妻宛中奉岳母攜三子女來滬團聚。因她服務於江西省銀行，奉命調福州市江西分行工作，經慎重考慮後，我祇有作苦痛的決定，讓宛中奉岳母率子女即日轉赴福州了！

風雨中的寧靜

自徐蚌會戰失利，局勢已日益險惡，全國有識之士，都警覺到如再不團結一致，撲滅赤焰，大陸之變色，勢將難免。但不料李宗仁副總統等人，竟以「和平」為號召，逼領袖下野。領袖於三十八年一月二十一日宣布引退，並於二十一日起，由李副總統代行總統職權，因而落入中共分化統戰之陷阱，使原已動蕩不安的政局，火上加油，更加速了國家的赤化。

當我接任盧家灣分局長不久，共軍已逐漸迫近上海外圍，中央也調集大軍，積極作殲滅共軍的部署。市區內治安的維持和秩序，由於就任警察局的毛森局長，是軍統局戴笠副局長的高足，和共黨與敵偽日軍鬥爭的經驗極為豐富，他一生驚心動魄，出生入死，智勇雙全，做了許多對國家極有貢獻的事功，為我情報戰史上不可多得的英才。他當時為京滬杭警備總司令湯恩伯將軍所倚重，在暴風雨即將來臨的前夕，上海物價飛漲，人心浮動，共諜造謠滋事之際，毛局長大刀闊斧，鐵面無私，敢作敢為，毋枉毋縱，防制了工潮，鎮壓了暴亂，破獲了共諜，懲辦了奸商，制裁了破壞金融和擾亂社會的首惡，使治安情形，社會秩序，反常的良好，真是事在人為，不得不令人敬佩！

臨時警衛

領袖自引退後，仍以在野之身，不計辛勞危險，為國奔波。民國三十八年四月二十六日，領袖乘太康號軍艦，蒞上海巡視，駐節復興島漁管處。領袖自離艦進入漁管處後，僅稍事盥洗，即開始召見上海有關之重要黨政軍首長和社會賢達，一一垂詢，個個殷切慰勉。

當領袖引退時，原有的侍衛人員大都被遣散。而隸屬軍統局專負領袖警衛任務的「特別警衛組」，也隨政府分散到重慶和廣州，因此直接侍衛領袖的人員，連軍務局俞濟時將軍在內還不到十人，間接擔任警衛的則無一人。

湯恩伯將軍有鑒於此，即和俞局長商妥，從總司令部稽查處遴選十名幹員，成立臨時特別警衛組，命我兼任組長，稽查處雷上校為副組長，受「京滬警備總司令部」陳大慶司令指揮。由是我立即親率幹員赴復興島漁管處行館，負起護衛領袖的任務。在匆忙分配任務及指示注意事項時，我才知道由稽查處遴選而來的臨時警衛人員，都是戴雨農先生特訓組各期學生，說起來，都是我的學弟，關係既深，距離也就沒有了，工作起來，教人非常的放心。

復興島在楊樹浦分局轄區內，地處黃浦江江邊郊區，離市中心繁華區甚遠，環境較單純。但據情報，有共黨活動情事，我們警衛措施，當然針對情況，加強周密部署，以防萬一。好在雷副組長他們忠貞不二，警覺心高，經驗豐富，工作努力，大家同心協力，肩負起這臨時的特別警衛重任。

領袖駐節復興島一宿，即於翌日下午三時許，遷到金神父路的勵志社。金神父路在我盧家灣管區內，盧家灣分局位於紹興路，離勵志社很近，分局旁有警察招待所，使我有地利之便，將臨時特警組安頓在招待所內，對警衛工作大有裨益，如有需要，我亦可隨時調配忠誠的分局員警（也以軍統局出身的同志為主），加強警衛力量。

上海市盧家灣區的商業精華，大都集中在霞飛路。霞飛路是為紀念法國霞飛將軍而命名，路長而廣闊，平坦清潔，建築並不高峻雄偉，但整齊劃一，有都市計劃的格調。金神父路是為紀念金神父而命名，以住宅為主，雖然整齊清潔相差無幾，但風貌格局則與霞飛路大不相同，金神父路一帶，花木繁多，人口不密，車輛稀少，環境清靜。

勵志社為一長方形的平房，面積不大，臨路有高牆，牆內有小花園，花木扶疏，芳草如茵，原是一座普通「洋人」的住宅，幽靜舒適，左右貼近無鄰居，環境頗為單純。但屋後圍牆緊靠一大廟，是安全上唯一需要顧慮之處所。經我多次細密觀察，發現殿宇開敞，設備簡陋，香客甚少，情況並不複雜，但為慎重計，我還是日夜派刑警監視，以策安全。

領袖駐節勵志社共十日，於五月六日馳復興島，換招商局江靜輪離滬。我於領袖駐節上海期間，督率臨時特別警衛組雷上校等十位同志，對外負行館警衛，或秘密緊隨座車之後，以護衛領袖安全，對內則在行館內陪奉經國先生和俞局長，幸保密良好，領袖行止隱密，護衛措施得體，終在誠惶誠恐、兢兢業業中，達成任務，一無隕越。除感激上海稽查處十位同志的辛勞和貢獻之外，我個人以能再度直接擔任領袖警衛之任務，而覺得萬分榮幸。

特別「交通」使命

領袖所乘江靜輪剛啟航不久，還未脫離視線時，忽見軍統局毛人鳳局長的曹副官，手持一封厚厚的緊急情報，奉毛局長命，緊張的趕來託我，要我務必親自交給俞局長轉呈領袖，奈何輪船離岸已遠，無法叫停。

我研判這時到來的情報，必為領袖所急需，於是馬上拿著報告，跳上一艘我管轄的快艇，一面快馬加鞭，催促駕駛，急速追趕，一面高舉右手，作停航手勢，果然事如人願，江靜輪馬上轉慢等我，使我順利的將這份報告，面呈俞局長，達成了「交通」的使命。

這件事使我想起戴雨農先生在民國十五、六年間，當一名小情報員時，他要將珍貴的情報，親呈領袖，曾多次被誤會，遭當時王侍衛長（世和）的擋駕及驅逐等往事。後於民國二十七年十月下旬，領袖自漢口轉南嶽，駐節聖經學校，有一次我和王侍衛長在學校中相遇閒談，出人意料之外的，王侍衛長對我說：「玉麟（我當時尚未改名）！你一定知道我很早以前，為了職責，曾對戴雨農多次不客氣，發生誤會，我想請你找個機會代我解釋解釋，並邀他吃頓便飯……」

王侍衛長於西安事變後，第二度擔任侍衛長，對我們特務組不僅不排擠，反而非常重視，他尤其對我特別信任，我當然遵命，樂意的去達成這項公私難辦的使命。

不久我到了重慶，就特別專程到曾家岩去晉見戴先生，報告了來意，戴先生笑了一笑，很有雅量的說：「沒什麼啦！我來請他好了。」

這一段經過就讓我聯想到這次臨時的「交通任務」，假使不是因為我是侍從室老人，或不被俞局長信任，這件事是辦不到的。由此也使我體會到，「用對人」對一件事的成敗，影響實在太大了！

第三十章　上海撤退

奉命撤退

領袖安離上海後，我回到分局辦公，用心的處理公務。我雖知近日共軍調集大軍，向上海外圍作人海戰術進攻，並以其精銳，向我「楊行、月浦」線的五十二軍猛撲，意圖突破我陣地，切斷上海市區到吳淞之後路，但我軍士氣高昂，戰鬥力極強，在慘烈的拉鋸戰中，共軍因傷亡重大而敗退。上海各界得到捷報，曾舉行慶祝大遊行，此時全市人心安定，治安和秩序良好，毫無恐懼不安的現象。

不料領袖離滬僅十日，五月二十五日上午九時許，突然晴天霹靂，我接到毛局長電話：「上海決定大撤退，速作準備，待命行動。」這電報式的電話命令，若不是我親自接聽，清楚辨明確是毛局長的聲音，我絕對不會相信這是事實。我手持耳機，既震驚又迷惘，一再懷疑自己是否有所誤聽，怎麼會一點風聲都沒有？怎麼會在毫無跡象的情形下，突作如此急轉直下的決定？但在不能置信的驚疑中，我又不能不感覺到事情的嚴重與緊迫。

我冷靜思考以後，就立刻召集副分局長周葛民（我警校同期同學），股長郭哲等宣告撤退命令，並研商撤退的一切緊急措施。我們都了解上海警局員警，大都安於現狀，多少年來，見慣了滄海桑田，盛衰興替，應該不至於驚惶失措。由是我們決定由各股（上海警局稱股不稱課）分別以口頭下令，可作自願「或留」、「或退（離）」的選擇，如選撤退，撤退者於下午三時前到分局集中待命。

約下午二時，警局督察長陸大公代局長發出的通報正式下達分局，我當然立即進行撤退行動，但如何行動，卻一直沒有接到指示。好在當時上海警察局副局長龔橙生是我侍從室老同事、蔣副局長劍民與總務處長葉文昭（毛局長要我接該處處長，我婉拒後推薦他）是我警校同期同學，另主任秘書應志春是浙江警校速成科出身，也是我推薦的，於是我馬上撥電話去找他們，想不到全都接不通。

這使我非常驚異不安，就一面命郭股長將要撤退的同事七人（大部分是軍統局出身者），攜輕機槍兩挺，每人手槍一隻，彈藥多發，分乘兩部警備車，等我命令，一面我換上事先準備好的上校軍服和鋼盔，親自駕駛小吉普車，趕到警察總局，一探究竟。

毛局長坐鎮警局

到了總局，只見警局內外正在紛紛搬運物品，景況既混亂又淒涼。我急忙趕到七樓局長辦公室去見局長，幸好局長隨從沈默組長在門口，他馬上帶我從邊門進去。毛局長很鎮定的將雙足蹺在辦公桌上，正在指揮左右兩位小姐守電話，代勞傳話，因他日夜講話過多，喉嚨已嘶啞，幾無法出聲。

他驟然見到我，十分吃驚，問我為什麼還不走。當他知道我還沒走，是因為還沒接到撤退到何處的指示時，就歉然的說：「你怎麼這麼老實，趕快到吳淞口找宋分局長公言（後任安全局主任秘書），遲了就難撤退了！」我聽了，既頹喪又茫然，只說了聲保重，就淒然告別而去。

不料到了門口，被沈默組長攔著相求：「現在情況已很混亂，高級人員也都紛紛離開總局，而局長坐鎮辦公室不肯走，我真為他的安全擔憂，我知道你們感情很好，現在祇有你能勸他……。」

我目睹當時的混亂，知道警衛鬆弛，安全堪慮，就顧不了自己的處境，馬上再回局長辦公室，勸毛局長趕快遷地為良，以策安全。他笑著以低沉嘶啞的聲音說：「我已有安全措施和撤退的準備，會視情況同陳市長轉乘裝甲車赴吳淞撤退……」

既然如此，我就放心的打電話給待命分局的郭哲股長（以後任中央黨部副秘書長和總統府國策顧問），率撤退同仁直接到虹口分局和我相會。

最後一瞥

我離開警局為下午兩時半左右，估計郭股長等一定還沒到虹口分局，我就利用這段空檔，開車回盧家灣轄區作最後的巡視。沿途所見，情況一切如常，繁華依然，毫無惶恐混亂現象；分局轄區內各崗哨和服勤員警，也都堅守崗位，神色自若，認真服勤，並沒因撤退而有鬆懈的現象。顯然警察基層和一般市民，尚不知大撤退的信息，我頓時悲痛激動得眼淚直流，不敢面對服勤的警員和路人，心中懷著萬般的無奈和無限的感傷，飛馳虹口分局而去。

愀然而別

四時半左右，我幾乎和郭股長等七人同時到達虹口分局。我急急忙忙的對郭股長他們吩咐：「以最快的速度購買乾糧、飲食和手電筒，立即趕赴吳淞分局接洽上船。」

當時虹口分局長沈新興兄是我警校同期同大隊的同學，到差僅十餘日，眷屬亦剛於數日前由浙來滬，我們匆忙相見又告別，我黯然的問他何去何從，他愀然無言相對，亂世人人徬徨失措，惟有聽天由命，這更使我酸楚不已。

當我們五時許經江灣，被駐軍以上級「祇准進（上海）、不准出」之命令所制阻。幸我已換上戎裝，並攜帶總統府侍從室服務證（因我是以侍從室警務員帶薪兼廬山警察所長的，故仍帶原證件），我就靈機一動，向一校級軍官出示身分，說明奉命到吳淞公幹，而得以順利的率兩部警備車和全部車上人員過關。

到了吳淞分局，宋分局長已不知去向，副分局長和局員等亦無蹤影，正當我們徬徨迷惘間，忽見葉文昭處長乘一黑色轎車趕來，當我告訴他宋分局長他們都不在時，他很不高興，竟然發起脾氣來了。我冷眼旁觀，感覺各員警，三三兩兩，或臉帶愁容，或面露憤怒，散在分局各處，反應極為不滿，有人口出污言，也有人向空中鳴槍洩憤，顯然他們親眼目睹大兵團的撤退，心情十分惡劣。於是我急忙將文昭兄拉到身邊，輕聲警告他，要他馬上離開這「是非之地」，他也機警的快步走出分局，我再問與他同來的總務處親信，才知警局撤退的船隻停泊在虬江碼頭。至此我才明白此次撤退，實在太沒計劃了，我相信因撤退無門，而被留困在上海的同仁，一定大有人在。

不料當我們轉到虬江碼頭時，又遭衛兵攔阻。我正準備如法泡製，拿出證件時，忽然看到前面幾輛汽車的司機，一一給衛兵銀元三元，而被放行，於是我也依樣畫葫蘆，照付銀元三元，得以安然通過。此情此景，真令我感慨萬千，搖頭興嘆不已！

開花彈飛來

就因這一而再、再而三的折騰，等我們進入規模龐大的虬江碼頭時，天色已暗，碼頭的燈火管制，時明時滅。共軍的砲彈從隔岸浦東打過來，亂轟亂射，時繼時續，我軍亦在碼頭這端還砲反擊，四面八方，砲聲隆隆，子彈亂飛，完全分不清是敵是我，叫人好不心慌意亂。

我一面強作鎮定，叫大家下車找掩蔽之處，一面沿著碼頭尋找載我們撤退的漁船。幸好我們準備了手電筒，在車前百餘公尺處，遇到聚集在漁船邊的部分警局同仁，我馬上飛奔回去，叫大家攜帶槍枝彈藥，隨我向漁船奔去。

這是一艘美援的全機動漁船，載重量一〇一噸，柴油引擎，性能甚佳，屬於經濟部漁管處所經營之漁船。上海會戰時，有關人員與船員，紛紛離去，因而有三艘漁船停泊黃浦灘頭，無人顧問，此事為「京滬警備總司令部」第二處知悉（毛森兼處長），就派員接管，控制於虬江碼頭待命，權充為上海警察局和「京滬警備總司令部」第二處之撤退工具了。

約夜間九時許，在砲聲隆隆中，我們二十餘人列隊登記上船和分配艙位，忽然飛來一砲彈，在漁船上方爆炸，一枚開花彈的彈片正好擊中一伙伕，伙伕當場死亡，頓時人人驚慌，負責指揮的富英兄就命大家分開登船，立即起錨解纜，航至吳淞江口待命。

海上飄流

我和蔣劍民、葉文昭、李松、應志春，莊心田（以上都是我警校同學）諸兄，盧家灣分局郭哲股長等七人，以及數位警局刑警，共約二十餘人，同乘一漁船，奉命於翌晨（五月二十六日），在煙霧朦朧中，懷著沉痛的心情，向長江口緩緩駛去，黯然的與上海揮別了。

漁船船艙還算寬敞，除船員外，勉強可擠下二十餘人，可是誰也想不到，漁船航到大海不久，發電機發生故障，雖經搶修依然無效，船隻搖擺不穩，頓成飄流狀態，翻覆之危險極大，幸賴姊妹漁船，急忙拋來纜繩拖救，才提心吊膽的，勉強開到了定海。

此等美援新穎漁船，一切設備和操作都很科學化，但平日維護不良，一旦機械出毛病，不僅停駛，而且停電。船隻雖可由姊妹漁船拖行，而飲水與炊事中斷，飲食不能供應，大家祇好忍渴挨餓，在船上度過了一天一夜。幸虧天氣晴朗，風浪不大，未受海上顛簸嘔吐之苦痛，雖然事多曲折艱辛，卻都能一一平安度過，可謂好運！

鋌而走險

更想不到我們到了定海外海，滿眼所見，全是密密麻麻的大小軍艦和船舶，有的停泊海中，有的緊靠碼頭，作船陣排列。原來舟山防衛司令部怕一時大量部隊上岸，無法安置，影響秩序和治安，下令所有在海上船船中的官兵，暫時不准擅自離船，使人疲乏不堪。情緒欠佳的官兵像沙丁魚似的擠在船上，大表不滿，有的鼓噪叫罵，有的抛投什物於海洩憤，幸經安撫和處理得宜，得以平息。

我們除了被困在燠悶的漁船上外，還要忍受飢渴之苦。我在上海時，就早有應變的心理準備，一旦接到奉命撤退的命令，就購買真皮手提、肩背兩用旅行袋一隻，放好換洗衣物，手槍兩支，子彈五十發，銀元數十枚，以便隨時攜帶出走。及正式離開分局，我再加帶毛毯一條，冬衣數件，行李頗為輕便。

不久我在甲板上遠遠望見上海警局交際科袁銘鼎科長過來，他是望族之後，和陳誠、譚延闓兩家頗有淵源，人際關係良好，他很清楚我的出身和毛局長的關係。袁科長乘三〇八號拖船向我們漁船駛來，我判斷他是奉毛局長命令，前來有所指示的，我靈機一動，急忙下船艙，提好我的提包，候在甲板上，作跳船的打算。

因我生長於浙江甌江江邊，深諳水性，懂得一般船隻的操作。當船和船將接觸而尚未穩定時，我就肩背我簡單的小包，輕易地一躍而下，當大家驚訝高叫危險和將阻止的一剎那，我已安然的落在三〇八號拖船上了。

我知道和我心情相同，急於離開漁船者大有人在。一來小船在海上，受到潮流的激動，船舟搖擺不穩，事先無心理準備的人，一定不敢貿然跳船，再說袁科長也怕出事，就急忙命三〇八號拖船和漁船保持距離，將上級命令調查上海警局撤退人數，和毋躁待命、立有安排的傳達使命完成後，就神氣的離開而去。

起初袁科長對我的突然跳船舉動，大吃一驚，極表不滿，及看清楚是我，他就改變態度，笑著對我說：「真想不到原來是你？真行！真行！請坐，請坐，準備怎麼辦？」我先向他禮貌的道謝，再要求他帶我去見陳大慶司令或胡炘副參謀長。

攀繩網而上

因領袖日前巡視上海時，湯總司令為護衛領袖安全，命陳大慶司令成立臨時特別警衛組，飭我兼任組長的事情，他是知道的，同時我也告訴他胡炘是我溫州十中的同班同學，和我私誼很好，而且我又不是違令擅自上岸，現在我去見他們應該不會有問題的，袁是聰明而又四海的人，就毫不顧慮的把我帶到錫麟號巨輪的船邊。

錫麟號是湯總司令的座輪，上海各政要和巨頭，都乘該輪撤退的。錫麟號碇泊在海上，既無碼頭又未放吊梯，要上船必須攀爬很高的繩網，一般人是無法做得到的，但我能。雖在飢渴疲乏不堪的情形下，背著旅行袋，我仍能穩妥的攀登而上。

誰知到達船舷時，為衛兵持刺刀斥阻，我一時情急，大聲的說：「我要見湯總司令或胡炘副參謀長。」天下事真是無巧不成書，剛巧胡炘兄就在旁邊的甲板上。胡炘聽到我的聲音，就馬上過來問：「是毓中嗎？」我喜出望外，興奮的連說：「是的！是的！」因而得以順利的登上錫麟輪。

胡兄見我既疲倦又狼狽，十分關心的帶我進他的高級客房休息。當時我最難熬的是飢渴，好在他房裡有數瓶清涼開水，我就迫不及待的一口氣連飲三大杯冷水，頓時身心有說不出的暢爽。接著他又叫人給我準備了一大碗肉絲麵，我在痛飲飽食之後，精神大振，痛快不已。當時胡兄的同房溫哈熊先生，對我十分同情，慨然以吊床相讓，供我休息，我本已疲困不堪，極需休息，只是一時興奮過度，精神亢奮不已，非但一無倦容，反與胡、溫兩兄暢談起來。

那是五月二十七日上午十時左右，閒談間，胡兄忽然提到錫麟輪還不曉得什麼時候會開航去台灣，問我是否認識空軍周總司令（至柔），他說現在周總司令在船上和湯總司令會商要事，如相識，可以請他准搭便航就方便多了。周總司令原是我浙江警校的總隊長，我想請求他應當不會有問題，於是我就請胡炘兄替我安排。

結果我不但見到了周總司令，而且他在我上海分局長的名片上批寫：「舟山機場賴主任准搭便機飛台」的手諭，並讓我搭他的汽艇上岸。

我這次由吊梯下船，既不必爬繩網，又可搭周總司令的座車到達機場，真是太感激不盡了，尤其到了機場，賴主任因有周總司令手諭，還特別照顧我的飲食和休息，更使我感動非常。

C-46客機

當日長空無雲，天氣晴朗，我在休息室內感到悶熱，就走出屋外，在機場邊端漫步，一面候機，一面散心。此時除了偶有軍機起落之外，一點也看不出有這歷史性上海大撤退的痛心與傷痕，我思潮起伏，茫茫然然，不能不為前途憂傷。

忽然我被身後降落的機聲所驚覺，瞭望之下，原來是我侍衛人員常乘搭的C-46客機，我立即聯想到，可能是和我有關係的官員到定海來了，我就急忙跑過去觀看。

當C-46機在滑停機坪停穩後，機門開啟，第一位下機的是夏武官功權兄，接著的是經國先生，沒有第三者，原來是專機，我馬上急步迎上前去，向經國先生問候，並和功權兄打招呼。

經國先生見到我，平靜的說了一聲你也來了，就馬上問我對定海熟不熟？還不等我回話，他就命我上吉普車為他帶路，去看浙江省周嵒主席，其實定海縣城很小，一問駕駛就知道，我當然遵命，臨時當起副官兼警衛來了。

經國先生匆忙的先訪問周主席，後會石覺司令官，為時約一小時，又匆匆回到機場，諒係代表領袖面諭機密大事。

到機場時，我看到上海市陳良市長、方治先生、胡炘副參謀長、陶一珊局長（上海市民政局局長）等都已在停機坪相候，稍後石覺司令官也趕來，一同搭乘C-46專機飛台，我是臨時副官兼警衛，不用說也是乘客之一，於是我就向機場賴主任道謝，拿回行囊，開始在機場執行任務了。

大約近午時，專機在台灣岡山機場降落，因領袖駐節台南，除我和胡炘兄留岡山休息外，其餘的長官又換汽車直趨台南市行館晉見領袖。胡兄和我蒙中央航空學校胡校長偉克將軍招待，在岡山鎮一高級餐廳午餐，我飽嘗海鮮美味，大吃南台灣西瓜，好好的吃了一頓叫人難忘的美餐。

受經國先生招待

下午，我再隨經國先生等，由岡山飛抵台北松山機場，時已黃昏。當我下機向經國先生告別時，他很關心的問我下榻何處，我就老實的告訴他，這是我第一次到台北，一切都不熟悉，俟到市區後再作決定。「這樣你先到我家吃了晚飯再說吧！」出人意料之外的，經國先生邀我同車去吃晚飯。

同車的還有一位石覺司令官，顯然他和經國先生是有要事商談的。我們出了松山機場，外面細雨霏霏，進入市區之中，既無車水馬龍之喧嘩，又未見燈光輝煌之鬧市，沿途街燈暗淡，幾無高樓大廈！

▶經國先生與胡炘將軍（胡炘將軍後為總統府侍衛長，駐巴拉圭大使與駐新加坡商務代表團代表）。

蔣公館在臺北市中山北路一段，長安東路內，是一棟東洋式平房，很平民化，一點也不起眼。我一進門，就遇到官邸老同事蔣侍衛官堯祥兄，他是抗戰勝利後外調東北，追隨經國先生的。在亂世，他鄉遇故知，倍覺親切，彼此都歡悅不已。

一頓家常便飯很快的就結束了，經國先生要陪石司令官上草山休息，臨行前，特命堯祥兄為我安排下榻之處。此時南京勵志社已遷至台北市八德路（後為忠孝東路），離蔣公館很近，設有現代化的旅館和餐廳，蔣兄就親自帶我免費的住了進去，這是我幾天以來，第一次享受到舒適的生活，當然我也萬分的感激經國先生對我的照顧和厚愛了！

第三十一章　福州接眷

吾妻宛中

我妻吳宛中，原名廷玉，系出名門，祖上曾任雲貴總督、南書房行走等官職，世居杭州大學路學官巷❶。民國三十五年，我曾到她祖居造訪，見御賜榜眼及第、進士及第等匾額多幅❷，高懸中堂。抗戰初期她曾受軍委會政治部教官訓練班之嚴格訓練，出任貴陽貴溪女高師教官、重慶婦聯會縫紉廠組長、杭州民眾實驗學校會計等職。她人心細，學識優，能力強，尤其字清秀，為女性中所不多見，可惜與我結婚後連生一女兩子，無法施展才華，使我引以為不安。

她到廬山後，就進江西省銀行牯嶺辦事處服務。我離開廬山警察所時，迫於時局，逕由南昌直赴上海警局報到，移交細節，概由宛中代為妥當辦理，深受同仁讚佩，一致稱她能幹。民國

❶ 吳家古宅，現位於杭州新華路岳官巷。此古宅建於明萬曆年間（西元一五七三—一六二〇年），曾為太平天國某王府，咸豐二年（一八五二年）由雲貴總督吳振棫購得，一九八六年被定為杭州市重點文物保護單位，一九九五年經大陸文物部門勘定修繕，成為杭州市現存規模最大、保存最完整的明代古宅。一九九九年杭州市政府以「杭州傳統工藝館」（古玩市場）之名，正式對外開放。一九九九年再次核准為杭州市文物保護單位。

❷ 吳振棫，字仲雲，雲貴總督，嘉慶十九年進士；吳慶坻，字子修，吳振棫孫，光緒十二年進士；吳士鑑，字炯齋，吳慶坻子，吳振棫曾孫，光緒十八年榜眼。

三十八年初，我接任上海市警察局盧家灣分局長，宛中即奉岳母帶三子女來滬。時江陰砲臺已失守，長江航運中斷，他們只能乘浙贛鐵路南下，沿途戰亂不安，鐵路被炸中斷，宛中帶著一家老小，歷經了千辛萬苦，始得輾轉來滬與我相聚。

民國三十八年元月，江西省銀行在福州成立辦事處，急需人手，調宛中去襄助，我以為局勢危殆，日亟一日，共軍收買江陰叛將，得以順利渡江，以致共軍氣燄高漲，淞滬頓成中共大軍圍攻之目標，戰事之激烈，使人憂心忡忡，不知時局將如何演變。

我也知道中央有意以廈門及福州沿海為政治軍事的重要據點，所以在徐蚌會戰失利後，中央曾前後派李良榮為福建省主席，施覺民將軍為福建警保處處長，石祖德將軍為廈門警備總司令。李、施、石三位先生都是侍從室老人，此外緊急撤退到福建的文武侍從人員和眷屬，也都紛紛逃到福州和廈門兩地。由是我和宛中幾經商榷考慮，決定立即由宛中奉岳母、攜三子女搭船至福州分行報到。

臨行依依，不免有生離死別的感傷，而戰亂之際，烽火連天，一家人能苟安一時，已是不幸中的大幸了，那敢還有奢求？！

但誰也想不到，上海保衛大戰，在殲敵無數、捷報競傳、軍民振奮不已的時刻，政府為了整體大業，突於民國三十八年五月二十五日夜間，大軍撤退，雖保全了實力，達到政略與戰略的目的，使生靈免於塗炭，上海得以免遭戰禍之浩劫，然卻使中共達到奪取政權的目的，這真是一件叫人痛心的歷史大事！

福州團圓

我住進臺北勵志社，過了兩天非常享受的生活，心裡自然而然的想到福州的家人，因此我對福建的戰況非常關切。冥冥之中似有天助，福州一帶，自五月中旬起，連日豪雨滂沱，莆田、福州等處，氾濫成災，交通中斷，以致中共大軍滯留在莆田附近，無法向福州逼近。

透過關係，我得知中央航空公司飛福州的班機，還在勉強通航之中，於是我託人買到三十八年端午節上午，從臺北飛福州的最後一班飛機機票，我坐在飛機上鳥瞰福州大地，到處一片汪洋，水患極為嚴重。

端午節那天，剛巧天陰未雨，我順利的到達福州，與家人相會，幾經戰亂，出生入死，悲歡離合，我內心的感受，極其複雜之至，實在是無法用任何言語可以形容的！

走投無路

我於民國二十三年初，閩變平定後，曾因公自建甌乘民船，順閩江，抵南台，換海船轉南京，在福州停留一天一夜，飽賞山光水色，暢遊名勝古蹟，大啖海鮮美食，對福州留下極深刻美好的印象。

此次再度重遊，雖然山河依舊，然景色氣氛，都顯得灰黯無望。國幣在市面上已成廢紙，市民生活一片混亂，市府完全放任不管，我體會到福州市將朝不保夕，於是急奔省政府和警保處，去拜會李主席和施處長，希望他們能為我指點迷津，或代購船票赴台。誰知他們都已於數日前調職，離開了福州，我再多方尋找已來福州的侍從室同事，發現他們也都集體轉到基隆和台南等地去了。我這才知道局勢之嚴重，這使我焦慮不安，只好另尋出路，以期早日脫離危城為是。

自宛中調來福州分行後，就在福州大橋頭附近租屋安居，福州的公私營輪船公司，也剛巧都在閩江大橋一帶。我早知福州與台灣之間的民航班機已停飛，若想去台灣，唯有坐船一途，但經我連日奔走，跑遍了所有的航運公司，發現由於時局的緊張，連去台灣的輪船也都沒有了，只有去廈門的輪船還在通行。我的焦急無奈，使家人日夜不安，一再催我先去廈門，以策安全，我也想到廈門警備總司令石祖德將軍，是我侍從室的老長官，他一向對我愛護有加，料想我到了廈門，他一定會給我妥善的照顧，雖然隻身赴廈並非我之所願，但窮途末路，也實無他法了。

一家人困守愁城，心情十分低落，所幸大雨連日不止，閩境多處大水氾濫成災，共軍進攻受阻，使福州的緊張情勢稍趨和緩，我的心情也就稍微的開朗了一些。

亂世奇蹟

我買到赴廈門的船票後，一時無計可施，心中的鬱悶難以抒解，只有走到附近的大橋上，望著混濁的江水，怒氣沖沖，爭向橋墩，衝撞翻騰，奔逝而去。

第二天下午一時許，我又到橋上，以觀看怒濤的狂奔來抒煩解悶，忽見黑色轎車一輛，從我右邊擦身而過。當時局勢已很緊張，市面相當蕭條，轎車幾難見到，因此這輛黑色轎車，特別引人注目，我也好奇的向車內張望，看見車中兩人，其中一人竟酷似我侍從室特務組老同事張開運，可惜汽車一擦而過，還來不及打招呼，就錯過了見面的機會。

由是我守株待兔，第二天再到橋上等候，果真又在同一時間、同一地點，攔到了轎車，還真是開運兄！老友相見，萬分驚喜，他馬上拉我上車，彼此緊握雙手，頻頻相互問好，隨即他邀我到家，奉為上客。和他同車的另一位先生，衣冠楚楚，經介紹，乃招商輪船公司福州分公司經理王濟賢，真是踏破鐵鞋無覓處，得來全然不費工夫，看來我去臺灣有望矣！

原來開運兄，現任交通總局交警直屬大隊長，擁有兵力實權，為福州公私營航運界的保護者，頗得各航業老闆之尊敬，尤其招商局係國營事業，負有軍運重任，每天中午王經理邀他到市區午餐，兩人關係極為密切。我一提到要買船票到台灣，王經理一口答應，並告訴我所有的船期都在保密之中，須另雇小艇到馬尾候船。

又承王經理告訴我，四天之後，剛好有貨船鳳山輪由台灣來馬尾，他就命公司賣給我一家三大三小的船票，使我安了心，覺得自己的運氣實在太好了，意外的遇到了開運兄，解決了我燃眉之急，我真的非常感激他。

開運兄原為軍校六期生，山西人，民國二十五年被戴雨農先生遴選進侍從室特務組服務，在三十一年侍衛長調動時，他被整編離開，以後就音訊杳然。這次在福州偶然相遇，歡敘一回，就又各奔前程去了。以後聽說他帶部隊去重慶，轉輾到西康打游擊，最後為國捐軀了！我們負特殊警衛任務的二十多位夥伴，又犧牲了一人，怎不叫人悲痛懷念啊！

由於船票已買妥，時間不再迫促，天氣又變好，我的心情變得輕鬆多了，於是繼續到福州大橋上，欣賞那洪流洶湧，急衝怒擊，爭先競奪的壯觀。

想不到第三天上午，又發生了一奇事，我在橋上遇見了一個年輕人……他先注視我一下，馬上興奮的跑過來，和我親切的打招呼，我覺得此人十分面熟，卻一時想不起他的姓名，也記不得在那裡見過。經他自我介紹，才知道他姓曾，抗戰勝利還都南京後，有一段時間，曾助我護衛領袖安全，他一再尊我為老長官，並感謝我對他的關照，態度極為尊敬誠懇。

寒暄一場後，他問我在這兵荒馬亂時期，為什麼會在福州出現，我就告以上海撤退，輾轉到福州接家眷的事，同時也問他在福建有何公幹。

萬萬想不到，他會說：「我擔任福建省水上警察局、福州警察所所長。」

天助我也！我眼睛一亮，精神一振，興奮的說：「我正想僱汽艇到馬尾，上鳳山輪去台灣，不曉得你能不能幫我僱一汽艇……。」

「我所上就有汽艇數艘，隨時可奉命指派，馬尾水上警察分所，也是我屬下單位，同樣也可為您效勞……。」

他毫不猶豫的提供了我所急需的汽艇，周到的護送我一家人去了馬尾。

就這樣，經過了一個奇蹟又一個奇蹟，我終於平安的將岳母、妻子和三個子女接到了台灣。

第三十二章　初到臺灣

鳳山輪是一艘千噸的近海船隻，進港後碇靠於火車站左前方的碼頭上，因乘客和貨物不多，我們很快的就辦好了下船手續。

雖然基隆港區顯示出軍運緊張的景象，但秩序毫不混亂，我們輕而易舉的僱到碼頭工人，將行李搬到碼頭附近的空地上，由岳母和宛中帶著三個稚齡子女（張棠七歲、張海六歲、張溪三歲），在衣箱上休息，我則到車站附近去找旅館。

正當我舉步出發找旅館時，忽見一年輕人，朝我快步走來，親熱的說：「張先生，原來是你！真湊巧！很高興在這裡遇到你。」

我一看，馬上認出來，他是我在上海相識的溫州小同鄉，他一邊說，一邊親切的緊握著我的手，很關心的問我去那裡。

我體會出他的誠懇和好意，就將上海撤退到台灣，又轉去福州接眷，剛剛到基隆，正準備去找旅社暫住幾天的情形告訴了他。

想不到，他聽了以後，馬上問我的家人和行李在什麼地方，一面僱了一輛搬運板車，將我們送到車站正對面的「中央飯店」住下，飯店老闆是他的好朋友，他特別交代要開高級房間和三餐上等伙食，他一直招呼到我們都安頓好了，再邀約晚上吃海鮮以後，才似乎意猶未盡的離去。

「中央飯店」在當時可以說是基隆最好的旅社，仍保留老旅館作風，可供客人飲食，我想到每天住這樣好的旅店，費用一定相當昂貴，而身邊的現款實在有限，不免擔心負擔過多，會影響日後生活，於是顧不了面子，就直接問老闆每日連伙食等在內，費用若干，老闆經我一問，就笑盈盈的說：「你是張總經理的貴客，張先生已交代我要特別招待，並一再吩咐，不管你們住多久，飯店裡的一切費用，全由他來支付，不可收取分文，張先生是我的老朋友，也是我們的老主顧，他是在基隆做生意做得很不錯的大老闆呢！」

我聽了這話，心中有所不安，就馬上奔走於台北縣市和桃園等處，四處找房子，但因租金、頂費飛漲，阮囊羞澀，不能負擔。到了第五天，在我看房子的時候，順便到勵志社去，拿回去福州前存放的簡單行囊。在勵志社我看到重慶海棠溪老友李德元兄留下的一張名片，他說他在台南有一個四個榻榻米的房間，附廚房和廁所，可供我暫住，歡迎我隨時去住。這真是喜出望外的好消息，我就回到基隆告訴張兄，決定明天去台南，並特別鄭重的向他道謝和告別。他一再表示沒有好好招待我，並再約我吃晚飯，為我送行，他很誠意的說飯店裡的一切費用和明晨的車票等，都由他招待，如目前手頭不方便，也要我不必客氣的告訴他，他的這番話，更使我感到驚訝和不安。

他是聰明人，當然把我的驚訝看在眼裡，知道我心中在想什麼，就說：

「張先生可能已經記不起幫我大忙的事了吧？那是今年五月，上海戰事正酣，局勢非常緊急，我好不容易設法找到一艘數百噸的輪船，裝上一批貨物，在吳淞港報關航駛基隆，不料被人刁難，不准放行，我走投無路，求助無門，想到你是我的同鄉本家，就冒昧的跑到盧家灣分局，求你主持正義。你看了我的證件，問了我一些問題，就立即打了幾通電話，叫我趕快去見某某、某某人，我的貨因此得以分文未費，順利的再查驗過關，這事對你也許微不足道，對我則是事業成敗、生死攸關的大事，怎能不使我念念不忘、感恩於心呢？但是由於時局緊張，一直沒有機會向你表白，以致內心深感不安，想不到這次竟意外的在基隆碼頭相遇，這豈不是老天爺，要我向你表示一點謝意嗎？……」

原來有這樣的緣由，在戰爭亂世、世態炎涼的時代，天下竟然還有如此有情有義的人，真叫我感動不已！

邀我去住的李德元兄，安徽人，是我抗戰時的友人，因他負責重慶海棠溪與儲奇門間的汽車輪渡管理所，擔任所長，我被侍從室派駐海、儲兩地，負責領袖的安全工作，兩人在工作上有密切的關係，接觸甚多，彼此配合良好，因而建立起深厚的友誼。想不到大陸變

▶與姻親朱佩箴一家於台南安平港。

色，大家都撤退來臺，他聽說我已到臺灣，但因家貲不豐，正在租屋無門、愁苦不安之中，他特地趕到勵志社來，邀我到他家擠一擠，解決我一時無處棲身的窘迫與苦惱。李宅面臨臺南市公園北門，離火車站很近，搬遷甚為方便，唯小房間僅四個塌塌米而已，全家大小六口擠迫其中，似過侷促，然落難時期，能有個地方躲避風雨，已算是極其幸運的了！

德元兄雪中送炭的溫情，我永遠感激。

第三十三章　打游擊

東南人民反共救國軍

台南市是台灣南部的文化故城，令人懷念憑弔的人文古蹟甚多，但風雨飄搖，局勢危殆，國家前途安危難卜，內心的哀傷與悲痛，實難以言宣，人在徬徨無主之際，安有遊樂之心？

幸不久（三十八年八月初）我奉命任「京滬杭防衛總司令部軍官訓練團」上校中隊長，得此職位，有如枯木之逢春，家人可免於飢餓，我不禁心境開朗，精神大振。

接著毛森局長自上海撤退到台灣，得國防部核准正式成立「東南人民反共救國軍」任總指揮，設總部於台北市延平小學內，下設五處和電台等單位，我被派為第五處處長（總務處處長），於民國三十八年十二月二十日走馬上任。

東南人民反共救國軍所屬游擊部隊，在江浙沿海有十七個番號❶，人數號稱數百上千，武器彈藥都極為缺乏，實際和所報數字出入很大，到底實力如何，難有定論。

❶「東南人民反共救國軍」所屬十七個番號為：江淮地區指揮部（指揮官富英，駐小羊山）；蘇浙邊區指揮部（指揮官胡樸人，駐大羊山）；浙閩邊區指揮部（指揮官陳慕頤，駐披山）；江淮縱隊（司令袁國祥）；浦東縱隊（司令張熙明，女）；海北縱隊（司令黃百器，女）；浦南縱隊（司令封企曾）；蘇浙獨立縱隊（司令洪濤）；東海縱隊（司令阮松卿）；浙江縱隊（司令孔祥輝）；富春江縱隊（司令王之輝）；蕭紹縱隊（司令陸士榮）；天台縱隊（司令葛其譚）；雁蕩縱隊（司令陳濟）；溫福地區直屬縱隊（司令趙竹友）；溫福地區第一支隊（司令周松）；第二支隊（司令何中）。

▶任職「東南人民反共救國軍」打游擊時的全家。

其總部內外各級幹部，幾全是軍統局出身，是追隨毛總指揮抗戰戡亂、防諜肅奸，立有汗馬功勞者。他們智勇兼備，鬥爭經驗豐富，反共意志堅定，以定海為中心，分別潛伏於江浙沿海或駐紮在各小島嶼上，從事對敵人滲透、破壞、突擊、奇襲和蒐集情報等之游擊工作。又因金門為閩南沿海反共救國軍的活動根據地，派有總部副參謀長黃炳炎為負責人，受金門防衛部指揮，配合國軍在平潭、東山、廈門等處，從事大小突擊多次，使敵人恐慌不安。初期的東南人民反共救國軍，確實很有成就，屢得上級嘉獎。

毛森兄在出任上海警察局局長之前，也就是在他任浙江衢州綏靖公署，和京滬防衛總司令部第二處處長時，就早有遠見，曾秘密在江西、福建、浙江、上海等處，分別布置秘密電台，作緊要時潛伏通訊之需。後因大陸變色太快，政府的秘密電台，一一銷聲匿跡，毫無信息；而毛森兄的電臺卻都能保持通暢，成為當時中央可取得大陸珍貴情報的唯一來源，因而深受上級重視；尤其空軍總司令周至柔將軍，正苦於飛行員在敵後發生事故時，無法取得情報而予以適當救援，只能空坐焦急，曾命毛總指揮率有關幹部，到空軍總部舉行座談會，研商情報交換，相互支援等事宜。

亂世奇女子

東南人民反共救國軍所屬游擊部隊中，海北縱隊司令黃百器，和浦東縱隊司令張熙明，是兩位奇女子。

黃司令是有名的「雙槍黃八妹」，浙江人，三十多歲，身高、臉大、體壯，皮膚略帶棕褐色，是一位南人北相的女子，也是歷經風霜，飽受危難，堅強傑出的女性。黃司令本名黃八妹，英勇善戰，是一位不讓鬚眉的巾幗英雄。她年輕時和丈夫謝友勝浪跡浙江平湖、乍浦一帶，就大有名氣，我任救國軍處

▶左起：毛森、張熙明、黃八妹。（毛森夫人提供）

長時與她相識，又曾在定海與台灣兩地，和她多次見面。我特別問她有關雙槍神槍手的事情，因大家同事，她對我很尊敬，就非常坦白的告訴我：「雖然我平時總帶雙槍，事實上祇會單手用槍，自信槍法既快又準，在抗戰前，我和丈夫遇到一批兇險的敵人，在千鈞一髮、生命危急時，我就以雙手持雙槍，連續猛擊敵人，始能脫險，為夥伴所見，大呼我為雙槍神槍手，因而揚名。」

詩人何志浩將軍，曾在〈風雨同舟望定海〉文中（《瀛海同舟》）寫黃八妹，有動人之描述：

當時游擊司令黃八妹，有雙槍神槍手之稱，名聞海內，為女中豪傑，余曾見之，初不知其為女將，及黃八妹呈名片，請為題詩，余審視良久，頗以為奇，遂允之，作「黃八妹詩」以贈之，詩云：「雙槍神手黃八妹，巾幗英名震海內，江鄉自古出美人，更有名將女兒身，我為慕名始垂睞，翻恐一見涉冒昧，豈知相見不相識，還問女將今何在，笑談風生論英雄，英雄氣概真不同，惜我丹青未能工，否則寫貌丹青中，英雄本色忠與愛，痛夫死寇家破碎，沿海聚眾呼殺賊，替夫報仇死無悔，年來毛賊愈猖狂，女將慷慨再勤王，異軍突起游擊隊，行動飄忽無阻礙，若非賊子先敗走，必然全部被擊潰，巾幗竟比奇女子，更使鬚眉愧欲死，如此女傑世罕見，凌煙圖畫傳萬紙，可憐鼠輩無骨氣，紛紛乞降作新貴，特將女將比雄風，筆墨恥為史官費，我願同仇與敵愾，坐對八妹起敬佩，欲擲一個好頭顱，流血五步除大憝。」

另浦東縱隊司令張熙明，畢業上海體專學校，教育水準高，中等身材，體壯健，皮膚白皙，留短髮，常年男裝，不詳察，決難相信她為女兒身。她性豪邁，不談婚嫁，抗戰時期，長期潛伏淞滬一帶，率部與日寇作游擊和情報戰，冒險犯難，智勇雙全。她曾從日寇佔領區中，救出跳傘的美國空軍飛行員，將他護送至我後方，安全返回基地，因而獲得美國政府頒發勛章與褒揚之殊榮。戡亂時期，她再度奮起，從事反共游擊戰，活躍於江浙沿海一帶，屢予敵軍重創，她所表現的英勇功績，和黃百器司令不相伯仲，實為一傑出奇女子。

定海

自我大陸錦繡河山，夢魘似的淪陷後，全國志士，悲憤壯烈，奮不顧身，風起雲湧，紛紛組織游擊隊，和共軍作殊死之戰，因而出現了許許多多規模或大或小的番號，或突擊或奇襲或破壞，予敵人威脅和打擊，其中尤以東南人民反共救國軍，可稱為當時最活躍和突出的單位之一。

反共救國軍總部設在台北市，以定海為根據地，因此我大部分時間都駐在定海。定海又名舟山，位於杭州灣口，有三百四十餘個大小島嶼，羅列於浙江鎮海以東之海面，島嶼之間彼此掩護，互為犄角，構成海上之天然屏障，扼守長江出海航道，向為國防重鎮。當大陸陸續變色後，政府即以定海、金門為反攻之跳板，由是定海成為各游擊部隊的根據地，地位更形重要。

三十八年五月前後，浙江省政府遷來定海，浙江各政府單位和工作人員也陸續遷至定海上班，再加上附近杭州、寧波、上海各地的相繼淪陷，撤退或逃亡而來的公務人員和民眾多達數千人，定海頓時熱鬧繁榮起來，由是縣政府遵照省府和防衛部的戰時措施，動員地方力量，軍政民一家，定海一時生氣蓬勃，氣象為之一新。

定海撤退

不久共軍進攻登步島，企圖一舉成功，達成其侵佔定海的陰謀，但為我守軍迎頭痛擊，在海空軍的支援下，血戰兩晝夜，盡殲進犯之敵軍而大捷，使人心振奮，軍民信心大增。後以大勢所趨，中央權衡全盤得失，不得不壯士斷腕，作政略戰略性之撤退，俾先鞏固台灣，再徐圖光復大陸。

撤退之密令，於民國三十九年（一九五〇）五月十日下達，十三日開始行動，十六日完成，安全順利的撤退了國軍計十二萬五千多人，隨軍撤退到台灣的公務人員和忠貞義民約二萬餘人，共計人數十五萬餘。如此龐大的兵團和眾多的官民，在敵軍日夜虎視眈眈之下，居然能在三日之內，未損一兵一物，安然撤退，可稱戰史上之奇蹟。

撤退成功之原因，除三軍訓練、周密合作的優異表現外，各有關方面保密防諜的成功，更功不可沒，再加上當日正好濃霧迷漫，成為最佳天然掩護，真是自助天助，國家之幸，人民之福也。

我是五月十三日奉命撤退的。當時游擊部隊，由總部作全盤措施，在定海辦事的官兵約三十餘人，定十四日上午十時，集中定海沈家門，聽我命令，上「漁高輪」撤退。

因我們是游擊部隊，和正規軍大不相同，依我的經驗和判斷，如果不事先作情況了解，很可能會遇到困擾和意外，所以我下令部屬嚴守秘密和注意言行，並密命警衛隊隊長張朝龍，早一日購儲全輪所需糧食、菜蔬、日用必須品、照明等雜物，並加滿油料和淡水，將「漁高輪」停泊於沈家門海上待命。

我想到軍隊撤退時，難免會有不肖者混水摸魚之情事，尤其是霸佔下海的碼頭和通道（上海吳淞撤退時就有如此經驗），為了保障撤退之無礙，我下令在漁高輪上派兵守衛，又利用地緣和人際關係，僱妥舢板和船夫，隱藏在臨岸的民房旁邊，暗中派員看管，不論潮漲潮落，我們均可用舢板接駁上船：漲潮時，舢板可順潮推入水中，退潮時則可停放在乾涸的泥沱上，由人推滑下水，再划至海上登船。

那天風平浪靜，霧氣仍濃，我們自上船至啟碇，一切順利，大家免不了滿懷喜悅，以為可以安心回台了。想不到，當漁高輪緩緩航行不久，驟聞一陣驚心動魄的輕機槍聲，由沈家門海岸向我漁高輪掃射而來。

幸我對突發事故，早有應變準備，在情況未明，事處緊急時，我一面下令張朝龍隊長遵照應變措施實施，一面冒險跑進駕駛台，命船長加足馬力向前衝

▶漁高輪。

駛。船長閩南人，年五十餘，為一飽經大風大浪的船員，經驗豐富，膽大鎮定，他沉著的緊握船舵，毫不畏懼的加速前進，幸對方僅襲擊一次後，就未再繼續猛射。

在濃霧中，我們隱隱約約的看到一艘軍艦在我船正右方，忽然軍艦擴音器傳來聲音，責問漁高輪為什麼開槍。

我當即大聲回答：「不是我們開槍，是岸上開槍！」

「知道了，你們快走吧！」

就這樣，機槍聲就沒了，我們在虛驚之中，安然的告別了沈家門。

經事後檢查，除甲板上留有數枚彈頭，桅桿上有數點彈痕之外，人員和機件都無損傷。經我們研判，很可能是岸上有人對我漁高輪和船上的財物有興趣而開槍，以便威脅就範，後因軍艦誤會，「為什麼開槍」的廣播聲，使岸上有所警惕，而沒有再繼續開機槍了。

錯駛象山港

由於這場虛驚，使我想起這位船長在本年年初，自基隆航定海沈家門，在重霧中，航差了航道的事件。

因我生長於甌江溫州，對港灣常識略知一二，當我發現輪船周圍的水色混濁，就知大事不妙，一定誤入敵區了。在驚慌之下，我拿出海圖作審慎的研判，仔細研究水流、水色、水紋，以及勉強可辨的山形，再和海圖核對後，確定輪船開錯航線，誤闖敵軍佔領的象山港了。

雖然這是由於大霧和對地形不熟識的過錯，但在這敵我分明，生死搏鬥時刻，誤入敵區，就不能不令人驚愕慌亂了。

好在我們是沿海游擊部隊，隨時隨地都在作應戰準備，當時我馬上下令禁聲，以手勢指揮先停船，再以最慢速度，緩緩調頭航行，由於船的機件性能優越，引擎聲音小，更可能尚未深入港內，竟得以安全脫險，大家免不了鬆了一口氣，不約而同的發出歡呼之聲。

誰知還沒有多久，突然聽到兩響驚人的砲聲，我們以為遭到敵人偷襲了，正在忙亂中作應戰準備時，忽然聽到很響的廣播聲：「你們是什麼船？馬上停船，聽候命令……。」

我們向廣播的方向看去，隱約中可見一艘中型軍艦，好像是封鎖象山港的我國海軍。

在對方砲口監視下，我們只好聽從艦方的指示，升國旗，答覆問題，然後艦上派官兵三人，登上我輪，查驗證照和有關文件等，認明確是東南人民反共救國軍，才客氣放行。

我們高興的揮手向該艦致謝道別，軍艦上忽然傳來廣播之聲：「我是本艦艦長，剛才在濃霧裡發現你們由港裡輕聲慢行的開出來，以為你們是共軍的小艇，偷偷趁著大霧，有所企圖，所以給你們警告，現在我們已清楚你們是東南人民反共救國軍，知道你們是一群真正的反共游擊隊健兒，令我們敬佩，現在本艦除了表示歉意之外，再護送你們一程，以示敬意。」

這是我從事游擊工作中，所遇到最難忘懷的一件驚險、溫馨、感人，又戲劇化的故事！

毛森兄

此時「東南人民反共救國軍」總部仍設在台北市延平北路的延平國小之內，我在撤退航行中，就以急電向毛總指揮報告撤離定海各情，並想到政府主動撤離舟山群島大軍的動機，明顯的是為了政略與戰略的運用，但就游擊部隊而言，就失去了依附的根基地，影響所及，定必重大。我又想到此時在浙江大陳的東海隊，司令程慕頤兄和毛總指揮、與我都是浙江警校二期同學，所以我想到我們如能將定海總部的基地，轉到大陳去，豈非更好？

於是我有些天真的發了一通急電，請毛總指揮准我將船上人員、武器、彈藥、電訊器材和全部補給轉航到大陳，重新建立一處新的反共救國軍基地。

但僅數小時，就接到毛總指揮的急覆電：「1. X電悉。2. 一人一物、均立航台待命。」一度其意，似已不重視東南地區了，我衹得遵命，平安的撤退到基隆上岸，再趕到總部向毛總指揮報告，承情他慰勉一番後，就到總務處辦公室處理公務。

原來毛總指揮正忙著和美方情報人員，計劃在琉球和韓國濟州島之間的一荒島上，籌建大規模的反共組織，我這才了解到，他的雄心大志已轉向海外，難怪他對大陳基地沒有興趣了。

不久以後，東南人民反共救國軍，也於民國三十九年八月下旬奉國防部命令撤銷了。毛森兄本人被安排為總統府參軍，但並無實職，當然有些沮喪，而他所屬總部的大部分人員，都被安置到國防部海上突擊總隊工作，一時無飢寒之虞，後又經改調為第八軍，再分配到總統府資料室、保安司令部、情報局等工作單位工作，大家也就各奔前程去了。

由於湯恩伯將軍來台後，一直沒有機會重任要職和掌握大權，毛森兄也跟著英雄無用武之地。他原先雄心勃勃計劃在國外打天下，但在財力、人力和政治等因素無法突破的情況下，只好作罷，這算是他一生中最不稱心如意的時期了。

可是他始終有雄心壯志，繼續不懈的進行國外反共組織計劃的進行，真是有志者事竟成，終於在三十九年三月一日蔣公復行視事後，他具擬一項發展滇緬泰地區反共游擊隊的計劃，報請蔣公核奪召見。

因他必須向總統府交際科打招呼，就特別要我去跑一趟。當時交際科科長楊鳳藻兄是官邸的老侍衛官，和我私交很好，我當然義不容辭，立即前去懇切面託，總算不辱使命，他三次求見，三次都很快的被蔣公召見。

第三次晉見，是批交俞濟時局長代見的，毛森兄知道後不很高興的對我說：「我第三次求見的報告，老先生批交俞局長代見。俞局長是我的老長官（他曾擔任俞的科長），我隨時可以去見他，為什麼老先生命他代見？」

我回答他說：「你冷靜的想想，你所報告的話，老先生真會全聽得進去嗎？現在改由俞局長代見，很明顯的是要看看俞局長對你的報告有什麼意見，俞局長是你的老長官，一向愛護你，我相信俞局長一定會簽報得很好……」他聽了我的分析，就轉惱為喜了。

為了證實我的看法，也為了安心，我就親自到板橋去看俞局長的秘書劉元，打聽內情。劉元是我小老鄉和老同事，很清楚我和毛森的關係，他一見到我，就先開口說了：「俞局長對毛森的報告簽得太好了，你的老同學一定有辦法了……。」因為我曾事先暗地裡拜託過他，所以聽他如此說，自然十分高興。果真蔣公第三次召見，核准毛兄去泰國，料想毛兄又可東山再起，大展長才了，我真為他高興。

因我和毛森是浙江警校正科第二期同學，同時又在杭州與南京兩特訓班受訓，對他了解較多。他是浙江江山人，民國前四年生，中等身材，沉默寡言。

在特訓班受訓時，我們有「命相學」的課程。上課時，同學間相互研究相理，發現毛森的頭、臉、眼和髮色，近似猴子，而且他生肖屬猴，於是大家依命相學來推論，說他有猴相，將來會大富大貴。

在我們正科第二期畢業前之數月，戴雨農先生被派到警校來當政治特派員，遴選三十八位同學進特訓班受訓，又在三十八人中另挑選八人，加入南京洪公祠特訓班受訓，毛兄遂成為戴先生的學生。正好戴先生是他江山小同鄉，近水樓台，得了人和

▶浙江警校正科第二期在臺師生。

之利，也可能得到江山好風水之所賜，再加上他天生具有特工天才，經安內、抗戰、戡亂等大時代的歷練，尤其在抗戰中期，在淞滬江浙等處，蒐集情報，進行破壞行動，使敵偽聞名喪膽，而威震國內外，真乃英雄人物。

及至抗戰勝利前後，戴雨農先生將他轉介湯恩伯將軍，而被湯恩伯重用，先後擔任重要軍職兼警政：如湯總部第二處處長，衢州（浙江）綏靖公署參謀長，兼公署糾察團團長，無錫指揮所參謀長，浙江警保處處長，上海市警察局局長，廈門警備司令等職，可謂叱吒風雲，威震遐邇。他更以偵破上海榮德生綁架案，震驚京滬，以及逮捕變節的陳儀主席等，名噪一時，成為炙手可熱之人物。他一生得戴雨農先生、湯恩伯將軍兩位重要人物的青睞與恩寵，風雲際會，飛黃騰達，照命理來說，說不定真和他的猴相大有關係呢！

民國三十八年九月中，湯恩伯將軍發表為福州綏靖主任，毛森兄被任命為廈門警備司令，可惜好景不長，局勢多變，廈門沒多久就被赤化了，毛森兄在非常危急、驚險萬狀中撤退返台，他帶去協防廈門的上海警局裝甲營（營長繆良）之數百官兵，卻全部犧牲了，這是他後來念念不忘的深痛。他自廈門中將警備司令下來之後，就有點時運不濟，不如意的事，相接而來。其實就我所知，他在台灣時，曾有兩次機運，都可大有作為。

大約在三十八年底，陳誠長官，為台灣金融擾亂，走私猖獗等事，想到了毛森兄的才華和魄力，主動拍電報給他，請他到台北一談。當時我同他在高雄濱海路，為東南人民反共救國軍之事忙碌，一天吃消夜時（他向有午夜吃稀飯消夜的習慣），他親自告訴我的。我以為陳長官能器重他，雖說有點意外，但可確定是難得的良機，於是興奮的建議他慎重考慮，不料他笑而不答，我也不便多說，直至第二天上午，我看他不但一無上台北的準備，連回電也不打，真使我驚異，不知他葫蘆裡賣的是什麼膏藥？

照常理說，以陳長官當時的地位、聲望和實力，更是一位關係國家盛衰，民族存亡，舉足輕重的重要人物，能得到他的器重，主動邀談，從任何角度來看，都是值得慶喜的大事，但他竟沒有行動，使我百思不解。為了團體，也為了他個人前途，我就不客氣的追問他到底為了什麼？不料他有點無奈的說：「我不能作對不起湯總司令的事！」原來他是為了報答湯總司令的知遇之恩，不肯在湯總司令失意之際背湯而就陳，因我對陳、湯間素有芥蒂一事是知道的，既然鐘鼎山林各有天性，見仁見智，我就不便多饒舌了。

第二件事是俞濟時局長告訴我的，他說：「保密局毛人鳳局長親到我家，要我勸毛森擔任保密局副局長，並說在他退休後，會保薦毛森升任，我高興的轉告了毛森，誰知他對保密局副局長一職，毫無興趣，竟一口回絕了。」

後來還是俞局長幫的忙，在民國三十九年十一月底，他與高釆烈的率領葉文昭，和對反共事業有興趣的高級幹部去了泰國。我在此時也回到總統府工作，自此音訊阻梗，失去了聯繫。

後來聽說毛森兄到泰國以後和我國政府所領導的「滇緬泰邊區反共軍」發生摩擦，於是種種對他不利的情報，都紛紛傳入經國先生耳中，經國先生就以國防部命令，調他返國。他沒有理睬，過了不久，他在香港《新聞天地》發表對經國先生評論的文章，走上了違抗命令的不歸路。

▶毛森與夫人胡德珍女士。(毛森夫人提供)

毛夫人胡德珍女士

民國四十六年冬，我忽然接到毛夫人胡德珍女士的電話，知道她終得陳大慶先生襄助，獲准出境去勸毛森兄返台（陳大慶先生是湯恩伯將軍舊部中最獲重用的將領之一，後出任台灣省省主席，在任上病故）。

毛夫人也是軍統局同志，和毛森兄是革命夫妻，也是工作夥伴。抗戰時期，兩人在淪陷區，攜手和敵偽搏鬥，出生入死，歷盡艱危。毛森兄數度失事，被敵偽逮捕，均賴夫人處變不驚，鎮定應付，在暗中設法營救，且能和上級保持聯絡，作種種安全處理，毛兄始得一再化險為夷，逃出重危。

當毛森兄離台後，毛夫人帶著三歲至十四歲之七個子女，閉門謝客，不問外事，專心教育子女，世態炎涼，人情冷暖，我偶而探訪，也只能相對唏噓而已。

得悉毛森兄回台有望的消息後，我真為他高興，毛夫人更是信心滿滿，期待一家即將回臺團聚。行前她曾分赴俞濟時、鄭介民二先生家辭行，預定半年內偕毛兄一同回來，當時他們的長、次二子均已進台大就讀，另一女三子也已就讀高、初中，子女均能體諒家中情勢，發憤上進，不必多操心，所以毛夫人此次出國僅攜十歲幼女同行。

誰知她這一走，又音訊杳然了。

十多年後，毛森兄留台子女，先後獲美國大學獎學金，赴美深造，各有所成。毛森夫婦也就赴美依親退休，兩老平時蒔花種菜，照顧孫兒，閒來垂釣湖畔，結伴旅遊，不再過問世事！知其子女媳婿皆能盡孝，孫輩繞膝承歡，盡享天倫之樂趣，毛森兄老境堪慰，使所有對他關心的人都為他欣慰不已！

第三十四章 三返侍衛室

失業軍官

自東南人民反共救國軍撤銷後，我被分發到國防部海上突擊隊當上校隊員，繼調到國軍第八軍任上校附員，都是掛缺不上班的工作，後來再調到臺灣省保安司令部服務。

我聽說領袖引退前，安排總統府警衛旅換番號為「保安司令部警備旅」時，曾遭到歧視和排擠，旅長任世桂、團長王承乾（即以後《聯合報》的王惕吾）等人均不得安於其位，而一一離開。那時國家政局混亂不清，我想到過去多次被歧視的苦痛經驗，就遲疑了一下，未去報到。可能因我是侍從室出身，不是正式軍人，馬上未經警告，就以「久未報到，應予除名」為由，毫不留情的將我除名，使我頓成無職軍官。

好在我近二十年來，在各單位服務的表現不差，人際關係也不錯，友好長官聽到我的遭遇後，都主動的為我安排工作：其中臺北市警察局局長李德洋兄推薦我給當時警務處處長王民寧先生到警務處服務；中央電影公司邀我去幫忙；保安司令部林參謀長秀欒將軍，要替我辦復職。

這幾個機會的同時發生，使我感到興奮與欣慰，經過慎重考慮後，我決定接受林將軍的美意，而分別向德洋兄、倪文亞鄉長（倪那時任臺灣省黨部主任委員，中影屬於黨營事業）致歉和婉卻了。其實林參謀長和我素不相識，為什麼會對我關心，經打聽才知是保安處處長李葆初兄的關係。李是我在臺灣才認識的朋友，交情並不深，他又為什麼推薦我呢？原來是郭哲兄的關係。

郭哲是我上海盧家灣分局的行政股長（科長），又是我東南人民反共救國軍總務處的副處長，我們是在戰亂中出生入死的患難之交，所以他對我的為人處事、道德風格等，認識較深；而郭哲同李葆初有同鄉（陝西）、同學（包括軍統局特警班）和至親關係，來臺後他們經常見面，言談中難免會提起我來。自東南人民反共救國軍撤銷後，郭哲分發到總統府資料室，我被派到保安司令部，日後他一帆風順，歷任中央黨部副秘書長、高雄市黨部主任委員、中央廣播電臺董事長、國策顧問、國大代表等職。

當時我因聽說保安司令部對侍衛室人員有歧視，起了反感，就未及時報到，而被除名，這件事引起郭、李的關懷，反映到林參謀長那裡，才有林參謀長為我復職的事。於是在約定時間，我準時到保安司令部拜見林將軍。林將軍南人北相，體格健壯，態度親切，性格開朗，談吐優雅，大有儒將之風。他自然、愉快、親切的握著我的手，滿臉笑容的開口了：「很高興見到你，我誠意的歡迎你！你被本部除名一節，我聽了李葆初處長的報告才曉得。從你的資料裡，我知道你是戴雨農先生杭州特訓班的高足，在侍從室服務很久，並擔任過江西盧山警察署長、上海市盧家灣分局長，這樣的資歷及經驗，是本部最歡迎的同志。至於除名一事，完全出於疏忽與誤會，我代表司令部，向你表示歉意，你如肯屈就，我會馬上交人事處，趕辦你的復職公文……」原來他還是一位能言善道的將軍，我還能說什麼呢？加上我受過特種訓練，做過和保安類似的工作，進保安司令部服務，當然是最合適不過了，尤其不該辜負李葆初、郭哲兩兄的愛護，於是我就毫不遲疑的答應了：「承蒙栽培，非常感激，我願意追隨參座左右！」「那太好了，請你馬上回去，寫一份要求復職的報告給我，至於復職理由，等下我會叫參謀寫給你，我收到報告後，會很快的為你辦理復職……」他又說：「你是我們最歡迎的人，我絕不會隨隨便便安排你的工作的，現在我們正在東南亞地區設立一個特別機構，我認為你是最佳人選，要你去負責……」這是一件近乎傳奇的故事，使我十分高興，也覺得有點意外，但也敏感的體會到政治的意味。

突來轉折

天下事，多巧合，又多變化。我和林參謀長面談後的第三天下午，忽然接到警衛室陳副主任善周的電話。陳副主任自民國二十二年六月，侍從室成立偵察班開始起，一直擔任副職。民國三十四年十一月，抗戰勝利後，委員長侍從室改組，侍衛室改為「警衛室」，原侍衛室特務組組長黎鐵漢升為「警衛室主任」，他就由副組長升組長，以後他始終苦守崗位，深得俞濟時將軍的信任和倚重。日後他又調任南京警察廳東區署長，重慶市警察局長，後來由於政局之急變，他輾轉來臺。在領袖復職視事後，受命任總統府警衛室副主任，他一向和我相處愉快，感情深厚。他在電話裡說：「毓中嗎？我告訴你，俞局長（濟時）要我通知你，要你回警衛室接警務組組長的位子，他要你馬上將有關資料，寄到士林官邸給我，你現在就等著召見（領袖召見）好了……」我記得那天是民國四十年三月二十九日的上午，我以為他只是和我閒聊而已，絕對想不到俞局長會突然命我接替警務組組長的位子。我知道現在警務組的任務是內衛、外衛兼顧，責任非常重大。尤其外衛除了「特別警衛組」外，還加了「警務處警官隊」、「憲兵特勤隊」，這三個單位直接受警務組指揮，人員既多，關係又不單純，責任實在太沉重了。

同時我又想到陳副主任和我的關係太深，我想一定是他「拉我下水」，而非俞局長的本意，再說我對俞局長過去的強勢作風，並不很贊同，再加上我剛剛才承諾林參謀長，不好推辭，於是我就不客氣的說了：「副座（他當我的副組長多年，我一向以副座尊稱他）！這是一件令我受寵若驚的喜訊，我覺得很高興，該先謝謝你！但我也清楚俞局長對我的印象並不太好，不會主動要我當組長的。照理說，我應該追隨你，不可說不的，但也實在不願一再吃回頭草，我現在實在抱歉，要說個不字了，請你原諒，也懇託你，隨便說個理由，請俞局長另選他人吧！同時我不清楚現任警務組組長民祉兄會怎麼想；還有，我剛於三天前答應了保安司令部林參謀長，要到東南亞地區去負責一個單位，在道義上、情感上我都不能言而無信，我的失信不但會對不起林秀巒參謀長，也會對不起推薦我的李葆初和郭哲兩兄。」

這件事我想是陳副主任的好意，就毫無所謂的回絕了，但是想不到他在電話裡，帶著焦急不安，甚至有些責備的語氣說：「你不要開玩笑和胡亂猜測了，這件事，真是俞局長突然交代的，俞局長現在對外圍警衛的看法，不但大有轉變，而且還特別重視，所以我相信他會突然作出這樣決定，一定有他的道理……。其實俞局長在大陸期間，對你非常器重，總把最複雜艱鉅的任務，指定由你擔當，例如抗戰期間，領袖出巡時，大部分的先遣任務，都指定由你負責，尤其抗戰勝利以後，領袖巡視上海、杭州、瀋陽等處的先遣工作，也都指定你去擔任。以後他又推薦你當廬山警察署長，甚至在領袖引退前，還特電江西省胡家鳳主席，調你到上海市警察局服務，就從這後面兩件事看來，就足以說明他對你的特別看待，現在他又主動要你擔任警務組組長，你實在應當感到高興和欣慰了……。再說，你也應為領袖的安全、警務組光榮的歷史著想，千萬不要意氣用事了。民祉的調職，跟你我都沒有關係，你不必放在心上，至於林、李、郭三位先生，我相信他們都很清楚你的人品，祇要加以解釋，不會有所誤會的……。」

這是真情流露，令我感動與敬服的一番話語，縱然我倔強愚昧，也不忍再說一個「不」字，就決定第三度重返官邸，再負警衛的重任了！

晉見俞局長

不料第二天，陳副主任又打電話來說：「俞局長剛才面諭，要你四月一日下午二時到士林官邸來見他，要你先報到再候召見，現在就請你趕

▶一九六三年與黎鐵漢（中）、陳善周（右）。

快準備，屆時我會派車來接你。」何其急也！真叫人詫異不已。

領袖一直有「先召見後任用」的慣例。民國二十三年元月，我在建甌首次進侍從室服務，就是由宣鐵吾侍衛長，帶我進領袖辦公室晉見領袖的，以後我短期調任侍衛官，以及從部隊重回侍從室等，也都不例外，都是先由領袖召見後才被任用的。

俞局長飽經世故，處事一向謹慎穩健，而這次對警務組組長的調動，似乎特別急切，現在忽然改變領袖任用侍衛人員的慣例，要我「先到差上班，再恭候召見」，真使人覺得非比尋常，詫異不已。

現任兼警務組組長鍾民祉，原係警務組前身偵察班成立時之老人，抗戰勝利後警務組變動極大，在短期之內，歷任組長、副組長和資深警務員都外調重要地區，負警政警備等任務，獨留鍾民祉接第四任組長，後升警衛室少將副主任兼組長迄今，一直是警務組中最好運的人，現在卻不知何故，突然命我去接他的位子。

四月一日下午二時，我到總統府去見第二局局長兼領袖安全警衛負責人俞濟時將軍。老實說我當時腦海裡還留著他以往神情嚴峻、專制獨斷的印象，這就是為什麼我一直對他敬而遠之，從上海撤退後不去拜見他的原因。這次突然被他召回重返侍從室，一想到日後如何容忍與應對的種種難題，心中就忐忑不安起來。

真想不到，事情完全出人意料之外……。我敲門喊報告，聞「進來」之聲，推門而入……，面對的俞局長，居然面露笑容，親切和藹的叫我就座，和昔日的他相比，簡直像換了一個人似的。

他一見到我，就開門見山的說：「當領袖復行總統任務，令我任總統府第二局局長兼安全警衛工作時，深感此時此刻安全職責的重大艱鉅，必倍於往日，於是我立即以總裁辦公室第八組為基礎，命散居於臺灣各處的侍衛人員回來服務（人數只有往日的一半），恢復警衛室，命樓秉

▶一九五三年元旦與鍾民社（前左）及警務員（後排）。

國將軍為主任，警衛室下之組織一如舊制，有侍衛組（第一組）、警務組（第二組）與內衛股，分負內衛與外衛任務。但鑒於環境之變遷，我在深思之後，作了許多的革新與調整，在內衛方面，因為任務的保密性，所以仍以傳統的值衛、隨從、先遣三項為主。外衛方面，仍由『特別警務組』負責，但加了一個『警官隊』，再增設武裝的『憲兵特別勤務隊』，這兩個便衣單位和一個武裝單位，全歸總統府『警衛室』統一指揮，採便衣與武裝混合的警衛方式，從事警衛工作，就警衛力量而言，比過去高出三分之二，就警衛方式而言，這兩個便衣單位和憲兵特別勤務隊可明暗配合，彼此呼應，對整體警衛的效力，更可臻嚴密周全。由於這些革新，以往駐於官邸外之警務組人員，現今同駐士林官邸，成為一體……。為了外衛警衛的改進與加強，我要你回來負警務組長的責任，現在我給你十天的時間，你先去對警衛狀況作一全盤了解以後，再來正式工作吧！」

自民國三十一年，俞局長擔任侍衛長至今，我在公事上時常與他見面，對他的行事作風十分清楚，而這次見面，我發現他的變化實在太大了，他不但態度和藹，而且還講了這許多話，真令我吃驚不已。

現任警衛室主任樓秉國、副主任陳善周（警衛）、竺培基（侍衛）三長官的辦公室兼臥室都在俞局長房間的旁邊，我敲門去見樓主任時，剛好陳、竺兩位副主任也在，他們客氣的表示歡迎，我也禮貌的向他們致敬問好。樓主任特別問我俞局長和我談了些什麼話，我就照實報告，陳、竺兩人會心的笑了一笑，沒說什麼。樓主任似乎有些訝異的問：「真的就這些了嗎？」聽他的口氣，以為我有所保留。想來是因為他以前在大陸時期，一直在外擔任警衛隊的隊職官，對我不了解之故吧！

亂後喜相逢

現在警務組的人員和侍衛組一樣，都駐在官邸之內。下午三時，我晉見了俞局長和樓、陳、竺三位長官後就逕往警務組報到了。

因為陳副主任事先告訴了警務組的值日官，全組同仁都在會議室（餐廳）迎接我。當我一跨進餐廳，大家都笑著向我圍擁而來，親切熱情的和我握手致意……。

萬劫歸來，恍若隔世，溫馨的友情深深的感動了我，千言萬語，萬語千言，我們以茶代酒，暢談往日悲歡。我問本組來臺後的狀況和處境，大家都說比大陸時期好太多了。於是大家懷著複雜興奮的心情，憶舊話今，一直到了下午六時許，值日官叫廚子開晚飯，大家仍意猶未盡，一

▶與警衛室副主任陳善周（左）。

面用餐，一面暢談，用餐後，仍欲罷不能，一直談到就寢時才不得不停止。

此時警務組的警務員有潘一平、王興詩、王瑞松、趙品玉、王學訓、范子堅（以上六人為資深警務員）、李鳳超、林浩然、石鎮南、吳親仁、劉永堅（以上五人係陸續由軍統局遴選而來的）、周星環、童兆鴻、呂其廣（以上三人係來臺後由侍衛組侍衛官調任）等十四人，都是資歷深，思想純正，經驗豐富，刻苦耐勞，盡忠盡責的侍衛人員。

問到當日偵察班的老人，現在組員中已無一人了！

▶（左起）王瑞松、張毓中、趙品玉。

第三十五章　士林官邸

第二天，我特請資深警務員趙品玉兄陪我去了解士林官邸的警衛措施。

領袖的官邸，位於臺北士林福林路，坐南朝北，東近陽明山腳，南依臺北圓山大飯店北面的山麓，西鄰士林園藝試驗所，北靠士林福林路。

圓山東由陽明山山系綿亙至臺北圓山劍潭而中斷，離中山北路約百公尺處的山腰處歧分出一小山脈，小山脈不大不高，向北橫突而出，成龍形，由大而小，由高而低，迤邐至福林路而隱沒。小山之上林木茂盛，灌木叢生，領袖邸第就興建在大小兩山分歧之山麓之下，是一幢普通的二層樓房，面積不大，外形也不雄偉，內部裝潢擺設更不富麗堂皇，但房舍堅實樸素，開朗整潔，典雅莊嚴。

自福林路外大門口至邸第，開有一條高級馬路，沿分歧小山山腳的地形，至福林路成T字形，一面可暢

▶士林官邸大門。

通臺北、陽明山、北投、淡水各處，一面到官邸。離官邸外大門約三十公尺處，有一行約三十多株的人行道樹，樹幹粗大，枝葉茂盛，挺聳入雲，氣魄雄偉。

在邸第右前方約數十公尺處，沿小山斜坡的樹林下，有平房木屋多幢，為侍衛長劉牧群將軍和侍衛人員、機要祕書、隨從祕書、侍從武官、參謀等文武官員食宿、休息、辦公之房舍。

在官邸外大門有一廣闊土地，闢為停車場，停車場後有一排車庫，庫後修建數平房，專供總統府第三局交通科之交通股股長、司機、技工等食宿、休息、辦公、保養之處。另在小山東邊，有一廣大山谷，建有總統府警衛大隊營房，及專供軍用電臺和交通部電信總機所需之房舍。

▶士林官邸前的一排椰子樹。

士林園藝試驗所

官邸西鄰有一所「臺灣士林園藝試驗所」，為日據時代所設立，位於士林中山北路之東，士林福林路之南，士林官邸之西，圓山飯店之北，面積萬坪，方正平坦，土壤肥沃，為一優良園

▶士林官邸內之警務組。

藝場所。自政府接收後，經專業人員多年的努力，曾經培育出多種奇花異草，十分有名，尤其培養成功的蝴蝶蘭更馳名中外。

該所正門在園地之西有一長約四十公尺的馬路，成T字形，與中山北路銜接，可暢通各處，馬路兩旁刻意種植了兩排挺直細長的棕櫚樹，夾道成蔭，掩映成趣。

自該所南端的中山北路圓山山麓起，沿界線至士林福林路口右折到官邸外大門口外止，又用心的培植有高越人頭二尺，長逾數百尺，茂密青翠的冬青樹，整修得平整齊一，成L字形的圍繞著園地西北兩面，成為一排生趣盎然的冬青大圍牆。加上官邸背後有一排自然的圓山山麓峭壁，和官邸右邊分歧的小山相聯，將園藝所和官邸懷抱其中，翠綠青蔥，亮麗超俗，賞心悅目。

該所面積萬多坪，除禮堂、餐廳、辦公室、宿舍、庫房、試驗室、展覽室，和一所凱歌教堂外，其餘的大片土地全是培育花卉青苗的園地。

園藝試驗所的東邊有一塊平正的四五千坪土地，當領袖於民國三十九年三月一月復行總統職務時，就選定此地為總統官邸。一旦士林園藝試驗所與總統官邸為鄰，士林園藝試驗所立即成為神秘、特殊、極關重要的地方了。領袖為不影響該所之園藝研究，便於民眾參觀，同時又為自己得一休閒遊樂之處，就令有關人員仍將園藝試驗所維持原狀，供民眾參觀玩賞，和繼續園藝的研究和實驗。

就警衛來說，這一決定實為警衛人員的一大挑戰。我在地形環境和警衛狀況進行了解的過程中，看到自官邸外大門停車場起，沿著官邸馬路外側，至南面圓山山麓止，都是相連的大圍牆，這大圍牆既非銅牆鐵壁，也沒有鐵網阻擋，僅有園藝試驗所為維護花卉苗圃所作的一般設施而已。這本來是安全上的一大顧慮，幸負領袖安全重任的俞濟時局長，經驗豐富，追隨領袖多年，深知領袖雖然非常重視安全警衛，更喜親近民眾，而且一旦領袖決定的事，是絕對不會輕易更改的。所以我猜營建官邸一事，俞局長一定請教過經國先生，在他們深思熟慮，用盡心機之後，密邀忠實優秀的專

▶士林官邸內之警務組宿舍大門。

▶陽明山警務組舊址。

家，針對地形環境和園藝所狀況，作了周密的警衛規劃，成為表面上看不出官邸和園藝所有關聯的破綻，至於園藝所方面的安全措施，當然會特別重視，一定會併在整體安全警衛系統內實施的。

據陪我同去園藝實驗所的趙品玉兄說，領袖伉儷喜好園藝所，常雙雙或單獨，由官邸左邊一條小徑走進園藝所，漫步於花卉樹苗之阡陌間，或散步，或賞花，狀極悠閒。只要領袖伉儷在士林官邸，每逢禮拜天上午，領袖伉儷必步行至園藝所凱歌堂作禮拜，所以我們如指園藝實驗所是領袖官邸的花園，也不為過！

大約花了兩個小時，我對士林官邸的地形環境，和警衛狀況就有了一個全盤的了解，使我清楚了士林園藝所與官邸的關係，以及安全措施等。同時我也有計劃的晉見了長官，拜會了各單位同事，在官邸內工作的同仁，除警務組之外，十之八九都是侍衛組和內務科的人，他們大都是我的舊識，大家相見時莫不喜悅萬分，親切的歡談往事。

總統府警衛室

然後我回到官邸，埋首檔案，研讀有關領袖警衛的有關資料。由資料裡，我了解到領袖於民國三十八年元月引退後，仍有少數侍衛人員，以其他身分與保密局「特別警衛組」同志，在俞濟時將軍的領導下，忠貞不移，繼續擔任護衛領袖安全的工作。

▶警務組組長（一九五一——一九五六）。

民國三十九年三月一日，領袖為順從民意，拯救國家於危亡，乃復行總統職務，恢復了侍衛室，將原總裁辦公室俞濟時將軍屬下的第八組（警衛組），改為「總統府侍衛室」，任空軍中將劉牧群為侍衛長，俞將軍為第二局局長。但警衛工作仍由俞局長兼任，也就因此，另有「總統府警衛室」的成立，來負責領袖安全警衛的工作。

現任警衛室主任樓秉國中將，副主任陳善周（管外衛）、竺培基（管內衛）兩少將和所屬之「侍衛組」組長周國成上校，「內衛股」股長沈剛上校，與我（警務組組長），都是俞濟時將軍之老部下，負領袖安全警衛任務多年。

就領袖安全警衛史來說，本來是沒有正式內衛、外衛之分的，到民國二十二年夏，正式有了「偵察班」與「警衛班」以後，才有擔任領袖安全的「外衛」警衛。至民國三十一年底俞濟時將軍接任侍衛長，將特務、警衛兩組合併為「警衛組」，並和軍統局合作，成立「特別警衛組」來護衛領袖，從此我「警衛組」成了內衛，而軍統局「特別警衛組」成了實際擔任護衛領袖的「外衛」。

自政府來臺後，除專任「外衛」警衛的「特別警衛組」之外，又增加了「臺灣省警務處警官第一中隊」、「憲兵司令部特別勤務隊」兩專任外衛單位。現在這三專任單位，都受總統府「警衛室」指揮，歸警衛室「警務組」督導。

▶與第一組（侍衛組）組長周國成（右）。

終受重視

到臺後「內衛」（侍衛組、內衛股）的工作基本上沒有什麼改變，仍以值班、隨從、先遣為主。

▶與同時進偵查班的老同學馬壬。

而「警務組」則改變太多了。在大陸時期，「警務組」一向駐於官邸之外，現在不但破例，和侍衛組、內衛股同駐於士林官邸之內，也要和侍衛組、內衛股一樣，擔任值班、先遣、隨從，及官邸「外大門」的門禁管制等任務。

此外，「警務組」是「外衛」之中心，負專任、外衛、警衛三單位的調度、督導，與考核；並密切和警察、警備、調查、政工、保防等有關單位聯繫配合。「警務組」也是勤務發號施令的中心，警務組員要輪值擔任值日官：那就

▶侍、警衛人員在護衛總統伉儷出行。

是每日武官室將領袖當日之節目單（或臨時任務）知照本組，收到節目單後，本組立即會同侍衛官、侍衛，服先遣與隨從等任務，同時以專線電話用暗語通知警衛室指揮的專任（保密局特別警衛組）、外衛（臺灣省警務處直屬警官第一中隊）、警衛（憲兵司令部特別勤務隊）三單位，依節目出勤。

這都是俞濟時將軍，秉承領袖意旨，針對國情，藉多年經驗，加以檢討反省，再照總統府組織法，擬訂的全盤警衛計劃。

由於這些改變，警務組組長的責任也就相對的加重了：除了與一般警衛機構的督導聯繫之外，又增加了出席警衛會議；擔任內衛夜間巡查；擔任先遣專機指揮官；中央黨部轉來黨員「社調反映」有關

一九五四年，隨侍總統訪南麂島。

總裁安全警衛意見之處理；領袖乘車散步或巡視時，在途中遇見懊惱事件、面諭隨車侍衛官查報而轉飭警務組辦理之事項；俞濟時將軍飭令密查案件等的工作。

單就警務組本身來說，雖然變化大，職責加重，工作更為艱辛，但本組畢竟有被重視和肯定的一天，使我們深感榮幸和欣慰。

外衛警衛之單位

由於我曾擔任過短期的「內衛」和多年的「外衛」，連日又在官邸內靜靜地研閱有關的警衛資料，再從旁見習「先遣」、「隨從」、「值班」等勤務，使我很快的就進入了現階段的全盤警衛狀況。

領袖官邸在士林，避暑行邸在陽明山湖底路，因此領袖伉儷春秋冬三季駐蹕士林，夏天則避暑陽明山，領袖安全警衛的措施，當然也就按季節，以兩邸為中心，作整體警衛布署。

領袖在臺北的時間最多，固定必去辦公的地方為總統府和中央黨部，經常要去的場所，有陽明山革命實踐研究院、士林石牌軍官團、臺北介壽路的臺北賓館。此外，領袖幾乎每天下午都要去臺北市區，及臺北縣的北投、淡水、金山、二重埔、新莊、汐止、八堵，桃園縣的龜山、桃園等處乘車「散步」。

根據領袖工作和生活習慣所部署的幾條警衛線，就是我的工作重點，為了對這幾條警衛線作深入的了解，我從第十日開始，分別到「特別警衛組」、「警官第一中隊」與「憲兵特勤隊」訪問，並作實地視察。

一、特別警衛組

「特別警衛組」簡稱「特警組」。特警組是在重慶成立的，俞濟時將軍接任侍衛長之後，將原特務、警衛兩組人員減半，再與戴笠局長協商，於民國三十二年一月初成立軍統局「特別警衛組」，正式擔任領袖「外衛」任務，一直迄今。多少年來，「特警組」配合侍衛室，護衛領袖安全，歷盡艱辛險阻，立有汗馬功勞，頗得俞濟時將軍的信任。現任組長為張堯亮上校，他是軍校和軍統局特訓班出身，河南人，為該組最資深的老人之一，率清一色受過軍統局特種工作訓練的同志近一百多人，駐陽明山山仔后，負責領袖專任外衛的警衛和機動工作。

十日上午七時許，張堯亮組長親到警務組接我到陽明山山仔后組部，我當即以訪問座談方式與各位同志見面。張組長介紹我是新任警務組組長時，受到大家熱情的鼓掌歡迎，我行禮答

▶在南麂島擔任經國先生之翻譯（溫州方言）。

謝，放眼一看，才知道大多數都是我相識的老同志，不禁興奮欣慰，一面又不能不有千萬個感慨。

二、警官大隊第一中隊

臺灣省警務處直屬「警官大隊第一中隊」，簡稱「警官隊」。於民國三十九年三月領袖復行總統職務時成立，成員一部分是由領袖警衛部隊已退（除）役校尉級軍官中，慎重甄選和再受嚴格訓練後轉業而來的；另一部分則由警務處現職薦委警官、出身於軍統局者中遴選而來，隊員不僅盡忠盡職，而且大多具有警衛經驗。現任隊長李克煉（我中央軍校第十期高教班同期同學），山東人，是軍統局訓練出來的幹部，精武術，擅氣功，工書法，為軍統局一奇才。該隊駐於士林官邸附近的泰北中學左側，轄三個區隊，分駐於士林、北投、淡水、汐止、大溪等各重要據點，負責領袖的專任外衛與臨時任務。

我的視察由隊長李克煉、副隊長趙漁陪同，攜帶各警衛線的布置圖和遵守事項等資料，視察該隊所負責的警衛各線，以實地演習出勤方式，分兩天完成。其中淡水、金山、野柳海濱是領袖所喜愛之處，亦是領袖偕夫人攜愛孫野餐之場地，更是領袖伉儷公餘閒暇，驅車散步遊覽之地區。

三、憲兵特別勤務隊

「憲兵司令部特別勤務隊」，簡稱「特勤隊」。依憲兵勤務令的規定，全國各政治區，及各軍事重要地區，依勤務之需要，得設憲兵隊。

憲兵人稱「中央鐵衛軍」，本來就有護衛最高統帥的責任。就領袖警衛史而言，憲兵和警務組在警衛上的配合，為時最早。抗戰和戡亂時期，我組和憲兵的聯繫配合更為密切。記得民國二十三年，我初進侍從室工作時，為了掩護身分，執行警衛任務，曾領有憲兵司令部警務處上尉「警務員」的證件（後來「特務組」之改為「警務組」，就由此而來）。

後於民國二十四年暮春，領袖巡視重慶、成都，並駐守峨眉山，開辦軍官訓練班期間，「偵察班」改為「特務組」，我們正式領有「憲兵司令部警務處」警務員服務證後，我組與憲兵配合之工作，就更進了一大步。

又有一次在昆明機場，我空軍警衛旅和龍雲護衛團，發生衝突，情勢緊張，領袖駐守遂寧溫泉勝地，為防範萬一起見，曾密調憲兵更換便衣，成為特務組組員，可見憲兵和侍衛室之間的密切關係。

至抗戰起，政府遷都於重慶，領袖駐蹕陪都，侍衛長王世和將軍為強化安全警衛起見，命

▼總統、經國先生與侍、警衛人員。

侍衛室特務組駐領袖官邸曾家岩，並派出資深組員分駐：兩路口、儲奇門（軍委會）、海棠溪、黃桷埡、黃山五個據點，擔任警衛與情報蒐集等工作，同時協調憲兵司令部，派出憲兵，和五處特務組組員，密取協調會商，這是憲兵正式開始擔任外衛警衛的開始。

自政府播遷來臺以後，為了加強領袖的安全警衛，特別成立憲兵「特別勤務隊」，協同便衣的保密局（前軍統局）「特警組」、與「警官隊」，採武裝與便衣混合的警衛方式，正式擔任領袖的專任外衛工作。因為武裝、便衣之混合，可收互補互利之效，更能嚴密周全的護衛領袖安全。

因為「憲兵特勤隊」的警衛線，和「特警組」與「警官隊」相同，所以我這次對憲兵特勤隊的視察，就併在「特警組」與「警官隊」一起辦了。

四、其他外圍單位

警察、警備、調查、政工、保防等單位，雖然都不是專任的「外衛」單位，但實際上對領袖的安全，直接或間接都有極大的關係。尤其警察單位，過去很少擔任領袖的安全警衛，但自政府遷臺後，警察在改進革新之下，不僅素質提高，工作勤奮，而且都受過專業訓練，業務熟悉，辦案能力強，可稱得上是國際水準，因而成為國家安定力量之一環，也是現階段安全警衛的重要外圍單位。至於警備、調查局各單位，不論直接間接，對領袖安全的警衛工作，都有極大的關係，當然也都是警務組必要密切聯繫配合的對象。

▶蔣夫人與警務組的眷屬。

▶全家照，（左起）張棠、張溪、張海（一九五二年）。

警務組組長

侍衛室警務組，自民國二十二年夏在江西廬山成立至今，計時近十八年，共有五位組長：第一任黎鐵漢（軍校二期），第二任陳善周（軍校六期），第三任劉樹梓（軍校五期），第四任鍾民祉（軍校六期），到我是第五任（浙江警校第二期，軍校高教班第十期），都是軍統局戴笠局長早期特訓班的學生，受過特種工作的訓練。

警務組組長的工作緊張繁忙，自接任後，我經常巡視各警衛線地形道路狀況、崗哨位置及服勤等各況，裨作日後改進考核之參考。例如從士林官邸至陽明山線，自芝山岩起的山坡，路左有高坎，兩旁雜草茂密，地形複雜隱蔽，安全顧慮多，我親自徒步作實地偵察勘查，確定警衛崗哨，擬定特別守則，使特別警衛縱深與立體布置，更臻周密；我也親自駕車邀「龍頭侍衛官」（坐領袖座車前面者）周國成組長，一同偵察名

▶蔣夫人接見吾妻吳宛中。

勝古蹟，事先研商警衛計劃等等。

這些工作，加上其他繁重的組長職責，使我日以繼夜，幾不得休息，幸警務組同仁，都經過特種工作訓練，擁有多年警衛經驗，對警務員應負之任務，人人自動自發，勝任愉快。

優良傳統

我們隨從人員的工作和一般軍公人員的性質大不相同，因為工作的保密性，雖係軍職而穿便服，雖有階級而不顯露。扈隨領袖左右，因任務之不同，各有固定位置，但個中差異，則非局外人士輕易所能分辨。除了少數安全警衛的領導人之外，大部分侍衛人員平時都住在官邸之內，像一個大家庭，只有在個人休假期間，才各自回家。

在我擔任侍（警）衛工作的二十餘年中，深切的體會到各侍衛人員，人人忠貞盡責，潔身自愛，誓死為確保領袖安全為己任，因此紀律嚴謹，風氣良好，從未聞有招搖撞騙、狐假虎威、欺壓善良之情事，也無趾高氣揚、作威作福、態度傲慢之現象。因此自我就任警務組長以後，就特別重視此一優良傳統，一再勉勵同仁將此優良傳統發揚光大，也就因此，多年以來，我組與有關人員，以及指揮督導之單位，莫不相處融洽愉快，大家工作情緒高昂，每一經常或臨時勤務，均能圓滿順利達成，這是為我生平最感得意與告慰之事。

永別侍衛室

我任組長後不久，經國先生聲譽日隆，侍衛室年輕化的聲浪日起，起先俞局長濟時以身體衰弱，一再請辭，接著施覺民將軍調總統府第三局局長，警衛室主任樓秉國將軍調總統府參軍。施、樓兩將軍追隨俞局長為時甚久，是「內衛」、「外衛」的兩大得力主將，這些變化都使我敏感的感覺到政情的變化。

民國四十五年四月間，我接到調職命令：「侍衛官兼

▶俞濟時顧問六十大壽，與前侍衛室同仁合影（一九六三年）。

▼俞濟時局長與侍衛人員在官邸的最後一張團體照（一九五六年）。

組長周國成，警務員兼組長張毓中，免去兼組長職務，調為侍衛室督察，直屬第一、二副侍衛長，分別協助第一、二副侍衛長督導內衛、外衛勤務。並派侍衛室第一副主任陸軍上校王以輝兼任侍衛組組長，第二副主任憲兵上校葉冠軍兼任警務組組長。」

王、葉兩人和侍衛室毫無歷史淵源，對內、外衛的工作也沒有實務經驗，這次的命令，可以說改變了一向「近乎」世襲的警衛傳統，也改變了侍衛室家族、弟子、門人等的特性，很明顯的，這次的大改革，意味著一個新時代的到臨。

▶台灣省警務處處長郭永將軍。

民國四十六年（一九五七），我應臺灣省政府警務處處長郭永（我中央軍校高教班第十期同學）之邀，出任桃園縣警察局局長（後任高雄市與台北市警察局局長），我又再度回到了警察崗位，但也從此，永遠的離開了侍從（衛）室。

民國六十四年（一九七五）四月五日，蔣公仙逝，我們侍從室的老人，又重回蔣公身邊，以最後一夜的守靈，向我們最敬愛的領袖永遠的告別了。

▶與行政院院長嚴家淦握手。

▶台北市警察局舊址。

後記

我以一溫州鄉下青年，有幸受到一代特務奇才戴笠將軍之栽培與教誨，投入大時代的洪爐，被派到中國最高領袖身邊，擔任警衛之重任。二十多年來，殫精竭慮，盡忠負責，無怨無悔，圓滿的達成了護衛國家最高領袖的每一項使命，這是我的自豪，也是我畢生的榮耀和驕傲。

張毓中先生小傳

張棠

我的父親張毓中先生，於民國前一年（一九一〇）陰曆六月初十，出生於浙江省永嘉縣（今青田）竹林鄉學詩村。父親本名張毓靈，後因在「中央陸軍軍官學校高等教育班」與人同名同姓，而改名張毓中。我祖父張作美先生在永嘉縣城開木炭行，是一位殷實的商人，祖母尹美蘭女士則是農家出身的家庭主婦，他們共育有子女六人，父親排行第四，上有一兄兩姐，下有一弟一妹。

我祖父從小父母雙亡，一生沒有讀書的機會，全靠自己努力，白手成家，在生活寬裕以後，他就送他的第二子，也就是我的父親，去學校學習寫信與記帳。父親生於我國新舊教育制度急速轉型的時代，他先在家鄉讀私塾，到了十四歲，才在鄉人的勸說之下，進入「縣立第五高等小學」就讀，而後考上溫州最有名的「浙江省立第十中學」，畢業後，再以同等學歷，考取杭州「浙江省警官學校」。

父親二十二歲畢業於浙江警校時，戴雨農（笠）將軍前來浙江警校選拔人才，從二百名畢業生中遴選三十八人，給予特別訓練，父親為其中之一人。特訓班結業以後，「戴先生」再從三十八人中選出八名去南京特訓班受訓，父親又是八人之一。閩變後，父親二十四歲，又被「戴先生」選派至「軍事委員會侍從室偵察班」，擔任維護蔣委員長安全之重任。抗戰期間，父親被侍從室保送入重慶「中央陸軍軍官學校高等教育班」第十期深造。抗戰勝利後，侍從室改組，父親被外調，擔任江西省廬山警察署（所）署長，以及上海市警察局盧家灣分局長等職。

民國三十八年（一九四九）五月，父親奉命從上海撤退至定海後輾轉來臺，又幾經轉折，才得以在福州淪陷前之最後一刻接眷來臺。父親初到臺灣之時，既有大陸淪陷、家國破碎之傷痛，又有家人衣食無著、生活困難之窘迫。此時，父親警校同班同學、上海市警察局局長毛森將軍在臺北成立「東南人民反共救國軍」，在定海一帶打游擊，邀我父親擔任總務處處長，駐防定海。後因政府整體戰略之考量，決定放棄定海，將定海軍民撤至臺灣，我父亦於此時奉命率員返臺。

民國三十九年三月一日蔣總統在臺復職，第二年四月父親接到總統府安全警衛負責人俞濟時將軍之命令，再度返回總統府侍衛室服務，歷任總統府警衛室第二組（警務組）警務員兼組長，以及侍衛室督察等職。

民國四十六年，郭永將軍調任臺灣省警務處處長（郭將軍為我父中央陸軍軍官學校高等教育班同學），郭將軍徵得總統同意後，外調我父親回警界服務。父親回到警界後，先擔任桃園縣警察局局長，後又調任高雄市與臺北市警察局長。

民國五十三年父親離開警界，先到警備總部報到，一年後，再接長招商局安全室主任。在招商局退休後，父親又被招商局（此時已改名陽明公司）聘為顧問，一直到八十三歲時才完全從工作崗位上退休。

父親的個性熱情開朗、豁達幽默、熱心助人，為人正直清廉，做事忠勤負責。他一生為國、為黨、為領袖捨性命、拋頭顱，在維護領袖的安全警衛工作上，曾經有過極卓越的貢獻。

父親在擔任警察局長期間，勤政愛民，為維護所在縣市之治安，夙興夜寐，席不暇暖，深受部屬與民眾之愛戴，曾在國民黨黨代表選舉時，以全臺北市最高票當選。

當父親被調離警界的消息傳來之時，全臺北市一片惋惜之聲，媒體一致稱他為「好警察」，臺北市警察局同仁將各大報紙對父親的評論，剪貼成冊，送給父親作為紀念，這報剪冊是我父親一生中最珍貴的禮物，也是他最大的驕傲。正如當年《聯合報》「黑白集」社論所言：「將近三年的任期，能得如此評語，張局長亦可自慰矣。」宦海無常本是政壇常態，父親長期在中國最高領袖身邊工作，一定比常人更有所體會，父親的個性樂觀豁達，身為一名總統的侍衛人員，能不辱使命，在擔任警察首長期間，得到民眾與同仁部屬一致的肯定與讚許，父親有如此傲人的成績，確可自慰與自傲了。

父親於二〇〇二年十一月十六日上午八時十五分，因肺炎引發肺功能衰竭，在臺北市立關渡醫院去世，享年九十二歲。

父親一生清廉，兩袖清風，但他為人慷慨大方，職位雖不高，卻總能盡一己之所能，熱心助人，錢財雖少，卻總能盡一己之所有，與朋友分享。父親對朋友有情有義，朋友也以情義相報，所以他相知滿天下，可說是天下最富足之人了。

我的母親吳宛中女士，原名廷玉，是錢塘（浙江杭州）望族之後，後因戰亂，家道中衰。我的外祖父吳崇瀚先生，工詩文，是清朝最後一屆舉人，我的外祖母殷肅珊女士，出自湖北富商之家，他們育有二子二女，我母親排行第二，上有一兄，下有一妹一弟。

母親生於民國六年（一九一七）陰曆四月初三，在戰亂中辛苦成長，但才藝天生，精國畫與書法，晚年子女成長後始學國畫，師從國畫大師黃君璧，作品曾入選臺灣省美術展覽，書法則追隨陳瑞庚教授，數十年未曾間斷。我母親六十歲左右，罹患紅斑性狼瘡（Lupus，一種免疫系統自我攻擊之重病），幸得醫生之悉心照料與病人之堅強毅力，病情始得以控制。母親於二〇〇六年十二月九日，上午一時整，因壞血病病逝於臺北石牌榮民總醫院，享年九十，是當時臺灣「紅斑性狼瘡」病患最長壽紀錄之保持者。

我父母共育有三名子女，均生於重慶海棠溪，分別以棠、海、溪三字命名。我是長女張棠，臺灣大學商學系國際貿易組畢業、美國南加州大學（USC）工商管理碩士（MBA），從事市場行銷研究（Market Research）工作，曾任職美國聯邦人口普查局（Census Bureau）洛杉磯分局；先生關德松，畢業於加拿大University of Columbia（UBC）化學系，獲南加州大學（USC）化學博士，並在加州大學洛杉磯分校（UCLA）作博士後研究，曾在美國各大公司從事化學研發之工作；我弟張海，是長子，臺灣大學化學工程系畢業，曾就讀美國德克薩斯州 Rice大學研究院，從事工程工作；弟妹孫渝，臺灣大學經濟系畢業，在工程公司擔任工程繪圖；次子張溪，詩人，畢業於中原理工學院物理系；弟妹陳盈伶，國立藝術專科學校音樂科聲樂組畢業，現為花腔女高音。

跋　女兒的話

張棠

我父母的個性相差極遠。在我心目中，父親是個不拘小節、大而化之的人，而母親的個性則剛好相反，她作事細心瑣碎、敏感多慮。這兩種截然不同的個性，和相互抵觸的基因，造成了子女性格上的錯綜與複雜，是外人難以理解的。我家姐弟三人，以我的個性最像父親，整理父親自傳的工作，會由我來完成，應該是命中注定的必然吧！

父親在擔任警察首長期間，工作重、壓力大，二十四小時當四十八小時用都還嫌不夠，但自警界退休以後，他的工作變得十分清閒，也就是這段清閒，給了他寫自傳的機會。

像父親這樣來自文盲家庭，又以警察、警衛為終身職業的人，一定沒人會相信他在槍桿之外，也能拿筆桿。據我所知，他本來是要和小兒子合作寫自傳的，溪弟是我家文筆最好的一個，他得過「洪健全教育文化基金會」兒童創作獎（童話組）第一名，那時溪弟在三峽讀書修行，比較空閒，是當然人選。想不到父親的提議兒子沒有興趣，父親只好自己動筆。現在回想起來，都虧溪弟當年莫名其妙的冷淡，才有這本原汁原味自傳的誕生。這本自傳之所以珍貴，也就在於文中的每一個字、每一句話，都是父親的真實感情，沒有妻子兒女在中間加油添醋。

父親寫這本自傳確是很認真的，從我第一次看到他的初稿，到後來的幾種版本，前前後後十幾年，他的每一個新版本都比以前的版本進步。父親過世後，我開始著手整理他的原稿，發現他曾用文言文寫過一些章節，開頭的第一章至少寫了十五次。父親的毅力，真叫子女們慚愧，就連最愛挑剔的母親都跟我說：「你爸爸真的很認真，寫得中指的關節都凸了出來！」

對於父親寫自傳，我的態度是比較積極的，因為我覺得老人家有事可忙是件好事，談政治，我不懂，講歷史，我所知有限，替父親整理文稿，我只有「可讀性」與「趣味性」兩個原則，這完全是從讀者的角度著眼的。父親寫的自傳，好像天方夜譚一樣，一個故事接著一個故事的寫。他跟著中國當時最高領袖東奔西跑，負有先遣警衛的重任，所見所聞幾全是獨家新聞。例如桂林的南薰亭，峨嵋山的基督教堂，四川的遂寧溫泉等等，都寫得迷人傳神。我去了桂林，要找南薰亭，沒人知道；我上峨嵋山，要找基督教堂，導遊覺得好笑，峨嵋山上怎會有教堂？我問來自成都的朋友，你們會打網球嗎？不會，你說的網球場，我們都沒聽過。不到一百年，中國的變化這麼多、這麼大，多虧父親當年的工作，可以隨處「亂走」，可以到處「詳查細審」，從他的描繪，從他的照片，我們看到了一個一般人所不知道的世界，或是一個已經從歷史上消逝的時代。

因為父親會說故事，許多人就以為我一定從他那裏聽到很多故事，其實他的故事，我也和別人一樣，都是從他的自傳中看來的。父親的警衛工作需要極高度保密，生活作息完全不由自主，他平時住在「警務組」組部，只有休假才能回家，所謂休假，一個月也不過三、五天而已，國家多災多難，領袖安危堪慮，警務組的責任重，壓力大。父親朋友多，家不是他的生活重心，為此母親感到不平衡：「最危險的時候，你爸爸都不在，把我丟下不管，讓我一個人帶著三個好小的小孩。」

本來我的記憶就不好，對父親的警衛大事，既無興趣，也不想知道，一直到父親九十二歲，我學會了中文電腦，想把溫州家鄉的風土人情用電腦打出來。在燈光之下，父女對坐閒談，就一個「溫州學詩村」到底在那裏，我前前後後問了一、二個鐘點，父親都答不出個所以然來。那是二〇〇二年四月的事，當時他看起來很健康，有問必答（只是答不到重點），誰知到了十一月，他就過世了。後來回想起來，四月的時候，他的健康就已經不行了，但是他聲音響亮，說起話來理直氣壯，我們萬萬沒有想到，七個月後他會永遠地離開了我們，我也就因此錯失了向他「求證、查證」的最後機會。

母親比父親小六歲，他們第一次見面，父親二十二，母親才十六歲。母親六十歲左右罹患「紅斑性狼瘡」重病，後來痊癒了，活到九十高壽，他們一起生活了六十幾年，一直到父親去世，他們才找到了共通點。父親去世後，母親似乎找到了生命的意義，她日以繼夜的為父親處理遺物，她告訴我，在她公寓頂樓的樓梯旁，有一塊空地，有人在上面放了一張大桌子，她就在那張桌上瘋狂的整理父親的遺物，然後厚厚實實的紮成一小捆一小捆的四處捐贈，每一包都很沉重，我要幫她提拿，她拒絕得很堅決。父親的遺物處理完了，她開始處理父親的照片，每天「加班」到半夜三更，父親過世後四年，照片整理完了，她也離開了人世。只可惜她所謂的整理只是歸類編碼而已，並沒有作人物的指認。當父親的自傳在《傳記文學》連載時，我拿了幾張照片去請她辨認人物，發現她也都不認識，她所看到的，都是到了重要關頭，丈夫就不知所蹤的痛苦回憶。

和母親一樣，我也把父親單一化了。在我眼中，父親就是父親，他是一把永遠的傘，把風雨和烈日擋在外面的傘，不論外面的天氣如何惡劣，我們子女都能躲在傘下，平安的成長。父親去後，我的一位同學說：「我記得伯父長得很英俊」，在此以前，我從未想到父親的容貌和「爸爸」有什麼關係，聽了同學的話以後我才發現，父親除了「爸爸」的角色之外，他也和其他人一樣，有他多元的面貌。

父親生在苦難的時代，窮人的孩兒早當家，他和他們那一代的許多青年一樣，才二十出頭，就被戴笠選出來，「投」入闖變戰場，自生自滅，接受時代的考驗。戴笠訓練年輕人確有一套，在「戴先生」的感召之下，他的學生們為國家、為民族，為黨、為領袖，無不灑熱血、拋頭顱，鞠躬盡瘁，死而後已，最叫人感動的是學生們對戴先生的愛戴，至死不渝。父親以九十二高齡去世，臨終前喃喃不休，子女聽不懂父親濃厚的溫州土話，母親的重聽已十分嚴重，她俯身傾聽，只聽到：「我們都是好同志！」一個九十二歲的老人，在彌留時講這樣話，怎能不叫人感動？

一個重感情的人，在命運的安排下，接受了特種訓練，從警校畢業後，父親和同志的每一次握別，都可能是永別，每一個同志死去的消息，都叫他傷心難過。從父親的自傳中，我看到了一群熱愛國家民族的青年，他們為了理想與信仰所作出的種種犧牲與貢獻。

在兒女面前，父親是個幽默風趣，大而化之的人。看了他的自傳以後，我才知道他的責任多麼嚴肅、多麼複雜、多麼繁瑣、多麼艱辛、多麼危險。在總統府、在侍從室，父親和他的工作同仁是一批「沒有臉的人」（invisible face），他們在領袖身邊護衛，殫精竭慮，默默工作。領袖曾經有過兩大災難，西安事變時，特務組被排斥在外，沒有隨行；後來陽明山的大車禍，發生在父親他們那一輩告老退休以後。不論是偵查班、特務組或警務組，父親他們在護衛領袖的二十幾年之中，領袖的安全從未出過問題，這是何等傲人的成績！領袖的幾次死裏逃生，有驚無險，這又是何等的運氣！

雖然這本自傳是以父親個人的前半生為主軸而寫的，但因工作的關係，他的所見所聞，幾全是第一手資料，可以作為歷史的補充或見証。

從父親的自傳中，我看到中國最高領導人的勞心勞力，從閩變、四川軍閥、雲南昆明、兩廣事件、西安事變、日本侵華、到國共內戰，領袖戎馬倥傯，四處奔波，他的生命不斷地受到嚴重的威脅。尤其在日本侵華時期，日人幾次得到正確情報，出動大批轟炸機前來轟炸，要置中國最高領袖於死地。八年艱苦抗戰，終於贏來世界的尊敬、人民的愛戴，領袖伉儷在全國的每一大都市，都得到人民真心的仰慕與擁護。當年萬民歡呼、熱烈擁戴、幾近瘋狂的盛況，才短短數十年，就已經成為被人遺忘的歷史鏡頭，撫今追昔，怎能不叫人掩卷長嘆？

上海撤退時，一個地方官員的親身經歷，該是最寶貴的紀錄。在奉命撤離以後，父親到管區作最後的巡視，看到基層員警仍在街頭認真地執行任務，他忍不住熱淚直流，不敢面對服勤的警員和路上的行人……一批忠貞的同志，奉命撤退，他們在槍林彈雨中，乘坐著一艘小船，從吳淞口黯然離去……我相信這樣的情節，這樣的故事，在人類歷史上一定發生過千回萬回，但無論發生在那一個國家，那一個時代，這些情景都是發人深省，叫人心痛的歷史故事。

因我一直住在國外，對父親撰寫的經過，所知甚少，但我相信他寫自傳一定參考了許多資料。父親八十三歲時從招商局正式退休，由於老友們衰老的衰老，凋謝的凋謝，他在外面的活動逐漸減少，我才有機會在家中陪伴兩老。在家中無事時，我唯一的消遣就是看他搜集的《傳記文學》，在他書房裏我也看到不少文史資料和有關的傳記，特別是影響他大半生的俞濟時將軍，和俞將軍所寫的《八十虛度追憶》。父親在自傳中對時間的記述相當仔細，仔細得叫人驚訝，很多人以為父親必有日記，我知道他沒有記日記的習慣，我也沒見過他的日記。我想他文中說的某年某月某日，必有所本，只是我不知道出處，也不知道是否正確，重大的歷史事件可以查證，其他的就只好由他去了。

父親的自傳寫到離開總統府就戛然而止了，有人問我他有沒有寫過擔任警察局長的事，我說沒有，至少我從未見過，他只留下了一些警察局長時代的照片。他的攝影是在特訓班學的，以後變成他的終身嗜好。父親愛交朋友，又愛照相，他照片中的人物我大都不認識，連母親也不認識，想必是他在各個地方，各個時期的朋友。他出任桃園縣警察局長時，我剛進高中，後來他調任高雄市、臺北市警察局長，我已經讀大學了。他是知名度很高的警察局長，我從報上常常看到他的消息，像是高雄港油輪爆炸，他冒著生命危險上船察視，差一點被炸死；凌波來台轟動一時，人山人海，爭看「梁兄哥」，他用了金蟬脫殼之計，保護凌波突出重圍等等。我相信父親擔任警察局長的這段經歷，一定也很精彩，只是他隻字未寫，既然他沒寫，他的真實感受也就無從知曉了。

從父親動筆寫自傳到完成，歷經十多個歲月，中間得到許許多多人的鼓勵與支助，其中出力最大最多的是住在高雄的葉國星先生。葉先生是父親的溫州小同鄉，他周到的照顧我耄耋之年的父親，他不但鼓勵父親寫自傳，還特別找了一位大學生為父親整理文稿。寫自傳成為父親退休後唯一的精神寄託，尤其到了人生的最後，他整天講自傳，談自傳，同樣的篇章，一寫再寫，就是不肯收尾。父親過世後，葉先生特地從高雄趕來，送上十個花圈，向父親告別，並特別提醒我，不要忘記整理父親的自傳。

我相信奇蹟。在整理父親自傳的時候，我感覺到父親就在我身邊，一步一步的指引著我。最奇怪的是，在出這本自傳的每一個階段，都有想不到的「貴人」一一出現，這使我深信，這些奇蹟都是父親的安排，是他要我幫他完成出書的願望。

父親去世時，我還在工作，剛學會中文「手寫」輸入法，初生犢兒不畏虎，居然想自己動手「打字」，想不到二、三個月以後才「輸入」了一萬字，眼看父親自傳打字的完工，遙遙無期，我開始有些沮喪。然而就在這低谷時刻，我收到了葉國星先生的《警聲》雜誌，在信中他提到他的公子葉忠也住美國，在加州有事業，我平生最不喜歡麻煩別人，但又不得不找人中文打字，想來想去，想到葉先生多年來對父親的照顧，我就鼓足了勇氣，打電話給葉忠，請他幫忙。原來葉忠在台灣也有企業，他二話不說，就叫我把手稿寄給他，兩天後他回台灣，把手稿帶了回去，不到一個月，我就收到了全部的電子手稿。

毛森將軍是父親警校的同班同學，他在上海擔任警察局長時還不到四十歲，就能大刀闊斧，敢作敢為，把風雨飄搖中的上海，整治得井井有條，至今猶為人稱道。大陸淪陷後，父親曾隨毛伯伯在定海一帶打游擊，毛伯伯的游擊隊，就是我自小到大、耳熟能詳的「毛總部」。毛伯母胡德珍女士賢淑能幹，是毛伯伯的賢內助，也是工作上最有力的幫手，一直是「毛總部」的精神領袖，大家尊稱她為「毛師母」。父親過世後，我在台灣第一次見到毛伯母，想到毛伯伯是父親同學，伯母一定會對浙江警校感到興趣，我就把父親自傳的前三章帶去送她。毛師母就是毛母，她不但仔細閱讀了父親自傳的前三章，還寄給我整頁的錯別字勘誤表，我這才發現，我出國日久，在整理的過程中，寫（打）了這麼多錯別字而不自知。毛伯母的國學根柢深厚，對我父親的時代極為熟悉，許多歷史人物又都是她的老友，她的指導、鼓勵與襄助，就成了我整理父親文稿時最重要的依賴與支柱。

接著，詩人瘂弦出現了。我久聞瘂弦大名，但不相識，感謝洛杉磯聖谷作家協會會長劉於蓉，她和她先生邀瘂弦遊洛城亞市植物園，約我夫婦作陪。在遊園時，我靈機一動，問瘂弦可不可以看看我父親的部分手稿，他不但在百忙中看了汪精衛被殺的一段，還給了我許多寶貴的建議。他說整理老人家的自傳，最好原汁原味，長一點不要緊，他建議我先投稿《傳記文學》再出書。這以後我還沒見過瘂弦，他大概也沒想到，他的建議會被一個萍水相逢的陌生人照單全收了。

就在我「心」想《傳記文學》的時候，傳記文學社長成露茜女士，飄然來到洛杉磯。那天午宴的主人李兆萱教授，和學妹李玲玲交待我坐在成社長旁邊，負責招待遠客。成社長是加州洛杉磯大學UCLA的教授，是我台大的學姐，她以前住洛杉磯時，我們曾經相識，偶有來往，我就趁機問成社長在《傳記文學》上刊登的可能性，一個月以後，父親的自傳就在《傳記文學》上連載了，第二個月，父親二十三歲的照片上了《傳記文學》的封面。從這件事上，我們看到了成社長的魄力、果斷和效率。現在父親的這本自傳能由台灣最著名、最有水準的傳記文學出版社出版，不僅是我父親的心願，也是我們全家的榮耀。我們非常感謝成社長的眼光，以及她對本書的肯定。

我們家人也很感謝《傳記文學》編輯部的簡金生先生，因為他的評估與推薦，本書才得以出版。在連載與出書的過程中，簡先生給了我非常多寶貴的意見，我特別欣賞他對傳記文稿的嚴肅與認真，從他的嚴肅與認真中，我看到他不只是在負責編輯一份雜誌而已，更看到他對歷史的一份使命感。

歷經兩代二十長載，父親的自傳終於要出版了，除了以上提到的諸位之外，對本書幫忙出力的人，人數極為眾多，其中有些人是我知道的，但是還有更多的人是我所不知道的。我們家人非常感激他們每一位對父親的愛護與愛戴，更感激他們對本書的幫助、指導、鼓勵與祝福。

我個人要特別謝謝我的母親和海、溪兩弟，在整理父親自傳的過程中，他們任由我全權處理，只有在我有問題問他們時，他們才給我意見。在一個人人個性鮮明，行事獨特，個人意見極為強烈的家庭之中，他們知道，只有這樣的支援是最好的支援，也是我最需要的支援。

父親在我生日那天去世，父親的過世使我領悟到生與死的奧祕，我以宿命的虔誠，完成了父親的心願。

二〇〇九年九月一日
張棠寫於洛杉磯

國家圖書館出版品預行編目資料

滄海拾筆／張毓中著. ——初版.
——臺北縣新店市：傳記文學, 民98.09
面； 公分. --（傳記系列；13）
ISBN 978-957-8506-70-1 （平裝）
1. 張毓中 2. 台灣傳記
783.3886 98017017

傳記系列013

滄海拾筆

追憶侍從蔣介石的特勤生涯

著 者：張毓中
出版者：傳記文學出版社股份有限公司

社 長：成露茜
特約編輯：林伶蓁
封面設計：林伶蓁
責任編輯：簡金生

地 址：231臺北縣新店市復興路43號1樓
客服部電話：(02) 8667-5461
編輯部電話：(02) 8667-6489
傳 真：(02) 8667-5476
E-mail：nice.book@msa.hinet.net；biogra-phies@umail.hinet.net
郵政劃撥：00036910・傳記文學出版社股份有限公司
登 記 證：局版臺業字第〇七一九號

總 經 銷：聯合發行股份有限公司
地 址：231臺北縣新店市寶橋路235巷6弄6號4樓
電 話：(02) 2917-8022
印 刷：世新大學出版中心

定 價：新台幣四〇〇元
出版日期：中華民國九十八年十月十日初版
中華民國九十八年十二月二十日（一版二刷）
中華民國一〇二年四月二十五日（一版三刷）

ISBN 978-957-8506-70-1